ZAMBIA

깡촌에서
잠비아까지

이끄신
하나님

선교사 **김영민** 지음

연약한 종을 택하시어
땅끝 잠비아에서 25년간 복음을 전하게 하시고
전도의 불꽃을 꺼지지 않게 하시는 하나님!

북산책

Dedication

저를 이 세상에 보내시고, 죄와 사망과 지옥과 사탄의 권세에서 건져 주시며, 지금까지 한 걸음 한 걸음 인도해 주신 하나님께 이 간증집을 올려드립니다. 그리고 한마음, 한 비전, 한 방향을 향해 평생을 함께 걸으며 하나님 나라 확장을 위해 동역해 온 사랑하는 아내, 그레이스 선교사에게 드립니다.

또한, 이 책이 세상에 나오기까지 바쁜 중에도 시간을 내어 함께 지난 사진첩들을 뒤적이며 기억을 나누고, 아름답고 생생한 이야기들을 보태어 하나님의 이야기를 더욱 빛나게 만들어 준 사랑하는 동생들에게도 깊은 감사를 드립니다.

아울러 지난 44년 동안 저의 목회와 선교 사역을 물심양면으로 아낌없이 후원해 주신 미국 남침례교 총회 성도님들, 그리고 북미 한인 남침례교회 총회 소속의 850여 교회 성도님들께도 감사드립니다. 또한 제가 하나님을 영접한 이후 지금까지 믿음의 길을 함께 걸어오며, 교제하고 기도하며 섬김으로 동역해 주신 모든 믿음의 형제자매 여러분께도 깊이 감사드립니다.

"자서전을 써보세요"라는 예상치 못한 한마디로 제 마음에 비전을 심어 주시고, 매번 용기와 긍정의 권면으로 이끌어 주시며, 이 간증집이 세상에 나오도록 끝까지 함께해 주신 이지춘 목사님께 감사드립니다. 아울러 『깡촌에서 잠비아까지 이끄신 하나님』이 잘 출판되도록 정성을 다해 주신 김영란 「북산책」 출판사 대표님께도 진심으로 감사드립니다.

목차

| Dedication | 3 |

추천사
- 이지춘 목사 : 복음 따라 걸은 믿음의 발자취 … 8
- 김상민 목사 : 땅끝까지 이르게 하신 하나님의 손길 … 10
- James Adair 말라위 / 잠비아 IMB 책임자 : … 12
  전도 열정과 리더 훈련에서 받은 감동과 도전
- Dr Gordon Fort 전 IMB 부총재 : … 13
  미국에서 잠비아까지 걸어 온 복음의 발자취
- Daren Davis 중남부 아프리카 IMB 선교사 총 책임자 : … 14
  잃어버린 영혼과 교회를 향한 기쁨과 열정

머리말: 하나님의 속셈을 눈치채다 … 18

| 제 1 부 | 보릿고개를 지나온 은혜

1. 깡촌 농사꾼 집안의 장남 … 22
2. 학교 졸업 일등공신 송아지 … 25
3. 민망하고 초라했던 교복 … 26
4. 배고파도 놀이는 배부르게 … 27
5. 달맞이 명절 풍경 … 29
6. 꿈은 접고 흙을 일구며 … 31
7. 냉동기술 배우며 마주한 세상 … 32

| 제 2 부 | 태평양 넘어 약속의 땅

1. 꿈을 이룰 아메리카를 향해 … 38
2. 열 손가락 물집 잡히며 … 42
3. 숨은 덫과 남은 빚 … 44
4. 막장 인생을 돌아보며 … 48
5. 지푸라기라도 잡고 싶을 때 … 53
6. 한 줄기 구원의 빛 … 55
7. 죄인이라고 공개 선언 후 … 60
8. 순간에 변한 내 마음 … 63
9. 메마른 마음에 쏟아진 단비 … 65

|제 3 부| 하나님은 계시다

1. 말씀에 녹아버린 내 영혼　　74
2. 자신도 모르게 변해가는 나　　76
3. 가족과 한 걸음씩 주님께　　80
4. 작은 성경책 큰 깨달음　　82
5. 변화를 향한 몸부림　　87
6. 한 발은 교회, 한 발은 세상에　　91
7. 회개의 통곡 끝에 받은 응답　　94

|제 4 부| 은혜의 선물 돕는 배필

1. 최초의 총각 집사　　100
2. 미련 없이 회사에 낸 사표　　103
3. 전도사로 섬김과 신학공부　　106
4. 금식 기도로 간구한 배우자　　108
5. 혼란 속에서 흔들린 믿음　　111
6. 의심을 거두게 한 하나님의 사인　　113
7. 믿음으로 연 인연의 문　　117
8. 기도에 응답해 주신 주님　　120
9. Grace, 은혜와 결혼하다　　125

|제 5 부| 부르심에 순종하며

1. 골든 게이트 신학대학원 (GGBTS) 입학　　132
2. 이 졸업장은 당신 겁니다　　136
3. 치노에서 시작된 목자 여정　　138
4. 하나님! 우째 이런 일이　　141
5. 하나님의 계산법　　145
6. 한 권 주석서가 준 깨달음　　148

|제 6 부| 스포켄 목회와 열매

1. 두 번째 개척지 스포켄 교회　　154
2. 스포켄에서 드린 첫 예배　　156
3. 첫 열매와 구원의 확신　　159
4. 감격의 첫 부활주일 침례식　　164
5. 성령의 바람 분 어머니 주일　　166
6. 복음으로 물든 사역　　167
7. 5단계 축구식 선교 전략　　171
8. 저도 이제 한글 읽어요!　　173
9. 하나님 훈련소에서 자란 9년 열매　　175

 목차

| 제 7 부 | 잠비아 선교사가 되기까지

1. 정착과 순종 사이의 기도   180
2. 선교사로 길을 정하다   185
3. 지상명령에 헌신하며   187
4. 부르신 곳으로 가리라   189
5. 죽으면 죽으리라   192
6. 아프리카 안 가면 손해예요!   195
7. 전도를 위한 이름 치상가(Chisanga)   196

| 제 8 부 | 이별, 그리고 또 다른 만남을 기대하며

1. 먼저 흔드는 자가 망고의 주인이라!   202
2. 정말 대단하신 하나님   205
3. 저희가 뭘 잘못했나요?   207
4. 사랑의 빚 몽땅 갚고 오리   209
5. 밥과 김치 없어도   212
6. 감격의 파송 예배   214
7. 아무 것도 두렵지 않아   217

| 제 9 부 | 주님 부르심 따라 갑니다

1. 부르신 현장을 향해   222
2. 두 팔 벌린 보랏빛 환영   224
3. 분수 넘치는 트럭과 지혜로운 차량 전략   226
4. 질병을 통해 드러난 하나님의 능력   228
5. 언어를 정복해야 선교가 된다   230
6. 말씀과 언어, 두 기둥 위의 사역   234
7. 복음과 이단이 공존하는 나라   236
8. 1960년대 대한민국 닮은 나라   238
9. "밤새 안녕하셨습니까?"라는 인사   239
10. 사택에서 누린 하나님의 동산   241

| 제 10 부 | 역경 중에 계속된 복음의 길

1. 버지니아 주 총회에 보내는 감사 편지 — 246
2. 시골 교회로 이어진 복음의 발걸음 — 248
3. 기대 속에 다시 시작한 두 번째 도전 — 249
4. 주님 은혜로 학업 마친 에녹과 아론 — 251
5. 준비되지 않은 강단과 흔들리는 교회 — 252
6. 생명의 리더 세우기 — 253
7. 발렌타인데이에 마주한 생사의 고비 — 256
8. 루사카에서 경험한 말씀의 생명력 — 257
9. 병상에서 되살아난 복음의 능력 — 259
10. 고난 통해 새롭게 하신 하나님 — 261
11. 눈물의 회개와 치유의 기적 — 264

| 제 11 부 | 25년 사역에 새겨진 하나님의 은총

1. 지방 신학교 사역 — 268
2. '로마의 길 이야기 복음'과 4세대 제자 양성 — 269
3. 죽어야 사는 복음과 랍손 목사의 유산 — 272
4. 사람을 세우는 나의 선교 철학 — 274
5. 부르심에 순종한 아내와의 여정 — 277
6. 선교사의 여섯 가지 직무와 사명 — 281
7. 복음으로 마침표 찍는 일상과 돕는 손길 — 282
8. 멈출 수 없는 전도와 기도의 응답 — 286

에필로그: 천국에서 꼭 뵙겠습니다. — 289

사진으로 보는 감사와 선명한 은혜 — 293

 추천사

복음 따라 걸은 믿음의 발자취

나는 40세에 하나님의 부르심을 받고 미국 공과대학 교수직을 사직한 후, 골든게이트 신학교에 입학하여 신학을 새롭게 공부하게 되었다. 그와 함께 실리콘밸리 산호제에서 우리 한 가정과 지인 몇 분과 함께 산호제 제일침례교회를 개척했다. 교인이 적었던 시절이라, 교회에 새 성도가 오면 주님이 오신 것처럼 기쁘고 감사했다.

어느 주일, 한 가족 여섯 명이 교회에 왔을 때 나는 놀람과 기쁨을 감출 수 없었다. 그 가족은 곧 등록하고 예배에 성실히 참석하며 신실한 교인이 되었다. 이후 모두 예수님을 주와 구주로 영접하고 침례를 받았으며, 그중 첫째와 둘째 아들이 나의 첫 제자훈련 소그룹에 참여했다. 두 사람 모두 훗날 침례교 목사가 되었는데, 그중 첫째가 바로 이 책의 저자 김영민 목사 선교사님이다.

김 목사님은 삼팔선 근처 시골 도시에서 고등학교를 졸업한 뒤 곧 미국으로 이민 와서 전자회사 직공으로 일하며 많은 좌절과 절망을 겪다가, 교회 집사의 인도로 우리 교회에 오게 되었다. 제자훈련을 통해 믿음이 자라던 그는 대학을 마친 후 하나님의 부르심에 응답하여 신학 공부

를 결심했고, 나는 기쁨으로 추천하며 기도했다.

그는 한국 신학대학 총장님의 추천으로 믿음의 자매와 결혼하여 가정을 이루고, 인내와 기도의 여정 속에서 신학 과정을 마쳤다. 이후 목사 안수를 받고 워싱턴주의 한 한인교회 담임으로 섬기다가, 남침례교단 아프리카 선교사로 파송되어 잠비아에서 사역하게 되었다. 아마도 한국인으로서 미국 남침례교단 소속 선교사로 잠비아에 간 이는 김 목사님이 유일할 것이다.

김 목사님은 잠비아에서 달려갈 길을 마치고, 믿음을 지켜 사명을 완수한 뒤 은퇴에 이르렀다. 이는 영광스럽고 고귀한 삶의 여정이며, 전적인 하나님의 은혜와 축복이다. 이제 그는 하나님의 섭리 가운데 걸어온 일생을 이 책 《깡촌에서 잠비아까지 이끄신 하나님》에 담아 독자들과 나누고자 한다. 나는 이 책을 읽는 모든 이가 큰 은혜를 받을 것을 확신하며, 기꺼이 추천한다.

 추천사

땅끝까지 이르게 하신 하나님의 손길

우리 주 예수 그리스도의 거룩하신 이름으로 문안드립니다.

저는 미주 남침례회 한인교회 총회 증경 총회장으로서, 하나님의 부르심에 순종하여 지난 25년간 아프리카 잠비아 땅에서 전심으로 복음을 전하고, 제자를 세우는 사역에 헌신해 오신 김영민 선교사님께서 자서전을 발간하신다는 소식을 접하고, 깊은 감동과 경외의 마음으로 이 추천의 글을 드립니다.

《깡촌에서 잠비아까지 이끄신 하나님》이라는 제목은 단지 지역적 이동을 나타내는 말이 아닙니다. 그것은 한 평범한 사람을 부르시고, 주님의 선교 사역에 동참하게 하시며, 마침내 땅끝까지 이르게 하신 하나님의 신실한 인도와 역사하심을 온전히 담아낸 믿음의 이야기입니다.

'깡촌'이라는 작고 보잘것없는 곳에서 시작된 부르심이 아프리카 잠비아라는 선교지로 이어져, 수많은 영혼의 구원과 교회의 탄생, 그리고 제자 양육으로 이어진 선교 여정은 하나님의 살아계신 복음의 능력을 증거하고 있습니다.

이 자서전은 단순한 사역의 기록이 아니라, 하나님께서 한 사람의 삶을 통해 어떻게 일하시는지를 보여주는 살아 있는 간증이며, 이 시대를

　살아가는 모든 독자에게 깊은 도전과 영적 울림을 전하는 책입니다.
　복음의 열정이 식어가는 오늘날, 이 책을 통해 다시금 선교의 비전과 주님의 지상명령 앞에 우리의 마음이 뜨거워지기를 간절히 소망합니다.
　저는 주님의 거룩하신 이름으로, 《깡촌에서 잠비아까지 이끄신 하나님》에 기록된 김영민 선교사님의 믿음의 여정과 헌신을 기꺼이 추천드립니다.
　"그러므로 내 사랑하는 형제들아, 견고하며 흔들리지 말고, 항상 주의 일에 더욱 힘쓰는 자들이 되라. 이는 너희 수고가 주 안에서 헛되지 않은 줄 앎이니라."(고린도전서 15:58)

주 안에서 김상민 목사
미주 남침례회 한인교회 총회 증경 총회장

 **추천사**

전도 열정과 리더 훈련에서
받은 감동과 도전

 저는 다니엘 김 목사님을 19년 동안 알고 지내왔으며, 지난 6년 동안 그분을 감독하는 기쁨을 누렸습니다. 다니엘 목사님은 잠비아에서 하나님께서 맡기신 사명을 이루기 위해 열정과 절제된 삶을 꾸준히 보여주셨습니다.

 그분은 잠비아 문화를 받아들이기 위해 헌신하셨고, 그로 인해 잠비아 사람들의 마음에 깊이 자리 잡게 되었습니다. 저는 그의 복음 전도에 대한 열정과 리더 훈련에 대한 꾸준함에 늘 감동하고 도전을 받습니다.

 그는 잠비아인, IMB 사역자, 그리고 세계 여러 지역에서 온 선교사들로 팀을 구성하여, 하나님께서 잠비아 코퍼벨트 지역에서 행하시는 일에 함께하도록 이끌었습니다. 그는 사역 내내 지칠 줄 모르고 섬기며 겸손히 걸어왔습니다. 우리는 그의 영향력이 뻗어가는 모습을 계속해서 보고 있으며, 앞으로도 수십 년 동안 그 열매를 보게 될 것입니다.

 저는 그와 함께 사역하고 그를 형제로 부를 수 있어서 자랑스럽게 생각합니다.

James Adair
잠비아, 말라위 IMB 선교사 총 책임자

 **추천사**

미국에서 잠비아까지
걸어 온 복음의 발자취

    지난 25년 동안 다니엘 김 선교사와 그의 아내 그레이스 선교사를 알고 지낼 수 있었던 것을 큰 영광이자 특권으로 생각합니다.

    다니엘 선교사는 잠비아의 코퍼벨트 지역에서 미남침례교 선교 부(International Mission Board, IMB) 소속의 장기 선교사로서 충성스럽게 사역해 왔습니다. 선교사로서 그는 복음을 전하고, 잃어버린 영혼에게 전도하며, 믿음을 가진 자들을 제자로 양육하고, 지역 교회를 든든히 세우며, 성령께서 문을 여실 때마다 새로운 교회를 개척해 왔습니다.

    그의 책에서 그는 먼저 미국에서 20년간 목회 사역의 놀라운 이야기들을 들려줄 것이며, 이어서 잠비아에서 하나님을 섬기며 살아온 삶과 사역의 이야기를 나눌 것입니다. 저는 그의 신실한 증언과, 주님이신 예수 그리스도를 섬기는 일에 자신을 기꺼이 사용하게 하신 하나님의 은혜에 감사드립니다. 이 책을 읽는 동안 성령께서 여러분을 축복하시고, 도전하게 하시며, 격려하시기를 바랍니다.

Dr. Gordon Fort
전 IMB 부총재

 추천사

잃어버린 영혼과 교회를 향한 기쁨과 열정

저는 2000년, 다니엘 김 목사님과 사모님 그레이스가 잠비아 코퍼벨트 지역에서 선교사로 섬기기 위해 도착했을 때, 처음 만나게 되었습니다. 그때부터 이미 잃어버린 영혼과 교회를 향한 그의 기쁨과 열정이 분명하게 드러났고, 지난 25년 동안 그 열정과 기쁨은 더 깊어지고 넓어졌습니다. 다니엘 목사님은 예수님을 알고, 예수님으로 인해 변화되었으며, 예수님을 따르고 사람을 낚는 어부가 되는 일에 열정을 가진 그리스도의 제자입니다.

이 열정은 그로 하여금 복음을 전하고, 새 신자를 제자 삼으며, 교회 지도자들을 세워 하나님의 교회를 잠비아 전역과 세계 곳곳에 세우는 일에 헌신하게 만들었습니다. 캘리포니아에서 구원받은 한국인으로서, 그의 배경과 문화적 이해, 사역 경험은 실질적으로 주님의 지상명령을 순종하며 살아낸 생생한 사례를 배우고자 하는 이들에게 독특하고도 귀한 통찰을 제공합니다.

하나님께서 44년 전 다니엘을 자신에게로 부르셨고, 그 이후 그는 하나님께서 자신에게 하신 일을 다른 사람에게도 하실 것이라는 확신 속에 살아왔습니다. 필요한 것은 단 한 가지, 누군가가 그들에게 예수님을

전하는 것이었습니다. 다니엘 목사님은 모든 사람이 복음을 들을 수 있도록 자신의 삶을 온전히 헌신했습니다.

그가 구원받은 날부터 지금까지, 그는 담대하게 그리고 끊임없이 캘리포니아에서 잠비아와 세계 곳곳에 이르기까지 수많은 사람에게 복음을 전했습니다. 그는 하나님께서 반드시 어떤 영혼은 구원하실 것이라는 확신으로 그렇게 해왔습니다. 또한 그는 저를 포함해 세계 여러 나라의 믿는 자들에게 주님의 지상명령을 더욱 충성스럽게 감당하도록 영감을 주었습니다. 다니엘 목사님의 목표는 사람을 낚는 어부를 만드는 것입니다.

그는 주님의 뜻을 이루기 위해 새 신자들이 주님의 모든 말씀을 순종하도록 제자 삼아야 한다는 것을 잘 알고 있습니다. 그래서 그는 가르치고, 제자화하고, 훈련하며, 사랑으로 돌보아 그들이 충성된 예수님의 제자로 살아가며, 자신을 변화시킨 하나님을 경험하도록 돕습니다. 그는 직접 예수님을 따르는 삶을 본으로 보이며, 그들이 예수님을 알고, 사랑하고, 순종하게 하도록 이끌고 있습니다.

또한, 하나님의 말씀의 진리를 향한 자신의 사랑과 체험에서 흘러나

온 마음으로 지역 교회의 건강을 위해 헌신해 왔습니다. 그는 교회, 곧 그리스도의 몸에 대한 열정을 가지고 있으며, 모든 신자가 경건하고 은사 있고 훈련된 목회자와 지도자가 섬기는 지역 교회가 필요하다는 것을 잘 알고 있습니다. 이러한 확신 때문에 그는 변함없이 교회 지도자들이 효과적이고, 자비롭고, 지혜롭게 그리스도의 신부를 돌보도록 세우는 사명에 헌신해 왔습니다.

지난 44년 동안 다니엘 목사님은 주님의 지상 명령을 실제적이고 구체적으로 살아내며, 주님과의 신선하고 깊은 동행을 유지해 왔습니다. 주님의 기쁨이 그의 힘입니다. 바로 이러한 주님을 향한 마음, 전도의 열정, 지역 교회를 향한 헌신 때문에, 저는 여러분이 다니엘과 그레이스 부부의 사역 경험을 꼭 읽고 배우시기를 전심으로 권합니다. 그들은 예수님을 따르며 사람을 낚는 어부가 되어, 제자를 삼고 또 제자를 삼는 제자를 만들어 온 그리스도의 제자들입니다.

Daren Davis
중남부 아프리카 IMB 선교사 총 책임자

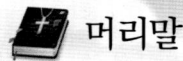 머리말

하나님의 속셈을 눈치채다

"세상에 훌륭한 사람들의 책이 넘쳐나는데, 누가 이 무명의 선교사 이야기를 읽을까?"

불과 몇 달 전까지만 해도 제 마음은 그렇게 닫혀 있었습니다. 심지어 공짜로 주어도 아무도 읽지 않을 것이라 생각했습니다.

그러던 어느 날, 이지춘 목사님의 권면을 받은 순간, 하나님의 조용한 속삭임이 제 마음을 흔들었습니다. "책을 써야 한다"는 생각이 불현듯 떠올랐고, 이내 제 속에서 불처럼 타올랐습니다. 그때 제 마음에 새겨진 말씀은 고린도전서 1장 27~28절이었습니다.

"하나님께서 세상의 미련한 것들을 택하사 지혜 있는 자들을 부끄럽게 하시고, 세상의 약한 것들을 택하사 강한 것들을 부끄럽게 하시며, 세상의 천한 것들과 멸시받는 것들과 없는 것들을 택하사 있는 것들을 폐하려 하시나니…"

하나님께서 바로 저 같은 자를 택하셨다는 확신이 들었습니다. 미련했고, 악했고, 천했고, 이름조차 없는 저를 하나님께서는 한국에서 미국으로 보내셨고, 미국 땅에서 예수님을 만나게 하셨습니다. 그리고 목사와 선교사로 부르셔서 16년 동안 미국에서 전도사와 목회자로, 이어 아프리카 잠비아라는 더 큰 무대에서 25년 동안 복음을 전하게 하셨습니다.

은퇴를 앞두고 저는 조용히 미국의 작은 교회에 정착해 전도하며 성경공부를 인도하고, 가능하다면 신학교에서 강의하며 연로하신 분들을 섬기는 삶을 꿈꾸고 있었습니다. 그러나 제 은퇴 소식을 들으신 이지춘 목사님께서 말씀하셨습니다.

"자서전을 출판해서 선교하셔야겠네요! 팔려고 쓰는 것이 아니라, 주는 선교입니다. 모든 것은 하나님께 맡기고 성령님의 인도에 따라 글만 쓰십시오."

그 순간 깨달았습니다. 은퇴가 끝이 아니라, 또 다른 방식의 선교가 시작되는구나. 내가 살아온 이야기, 내가 경험한 은혜, 내가 견뎌낸 고난 속 하나님의 손길이 복음의 씨앗이 되어 누군가의 마음밭에 떨어진다면, 그것이야말로 가장 가치 있는 사역이라는 확신이 들었습니다.

비록 한글 문법도 서툴고 글 솜씨도 부족하지만, 이 책은 제 능력으로 쓰는 것이 아닙니다. 성령께서 이끄시고 하나님께서 원하신다면, 이 부족한 글조차도 누군가의 영혼을 살리는 씨앗으로 쓰임 받을 줄 믿습니다.

2025년 7월 잠비아 선교지에서 저자 드림

제 1 부
보릿고개를 지나온 은혜

깡촌 농사꾼 집안의 장남	22
학교 졸업 일등공신 송아지	25
민망하고 초라했던 교복	26
배고파도 놀이는 배부르게	27
달맞이 명절 풍경	29
꿈은 접고 흙을 일구며	31
냉동기술 배우며 마주한 세상	32

제1부 보릿고개를 지나온 은혜

깡촌 농사꾼 집안의 장남

나는 경기도 파주군 문산읍 운천리 92번지에서, 1956년 10월 14일 농사를 짓는 부모님의 삼남 일녀 중 장남으로 태어났다. 나는 장남이라는 이유로 부모님의 특별한 지도와 가르침을 받으며 자랐다. 특히 아버지는 어른을 보면 반드시 달려가 90도로 허리를 굽혀 인사하라고 가르치셨다. 또한 힘든 사람을 도와야 하며, 절대로 싸우거나 훔치는 일이 없어야 하고, 도덕적으로 흠 없이 살아야 한다는 말씀을 자주 하셨다.

그런 영향으로 나는 어릴 적부터 어른이 보이면 달려가 반듯하게 인사했고, 리어카를 힘겹게 끄는 어르신들을 조용히 뒤에서 밀어드리기도 했다.

당시에는 농사일이 정말 많았다. 봄이면 밭을 일구고, 물을 퍼붓고, 거름을 뿌리고, 농약을 치고, 풀을 뽑고, 서리가 내리기 전에 모든 작물을 추수해야 했다. 겨울이 되기 전에는 알곡을 저장하는 일도 많았는데, 농기계 없이 삽, 곡괭이, 낫, 호미 등으로 모든 일을 하다 보니 늘 땀 흘리고 허리가 아팠다. 배고픔과 피곤함은 일상이었다.

1960년대 농촌은 대체로 가난했다. 양식이 늘 부족했고, '보릿고개'라 불리는 3~5개월 동안 허기를 견뎌야 하는 시절이었다. 나도 그 어려움 속에 있었다. 정부에서는 농촌 학교 학생들에게 점심으로 옥수수죽과 옥수수빵을 제공했다.

점심시간이 되면 우리는 창문을 통해 옥수수 죽과 빵을 실은 트럭이 오기를 간절히 기다렸다. 선생님들은 칠판을 보라고 회초리로 탁탁 치셨지만, 아이들은 배고픔에 창밖만 바라보곤 했다. 우리는 빈 도시락을 가져가 옥수수죽을 받아와 점심을 대신했다. 옥수수죽이 없는 날에는 빵을 나눠주었다. 나는 그 빵을 몇 입 베어 먹고는 집에 있는 여동생과 남동생을 떠올리며 남겨서 집으로 가져가곤 했다. 그들이 맛있게 먹는 모습을 보면, 참길 잘했다는 생각이 들었다.

농사일은 부모님 두 분의 힘만으로는 감당이 안 됐다. 그래서 '품앗이'라 하여 이웃과 일을 서로 도와주는 풍습이 있었다. 하지만 상대방도 일이 있거나 몸이 아프면 도울 수 없었기에, 결국 집안의 장남인 나에게 많은 일이 맡겨졌다.

봄이 되면 농사는 시간과의 싸움이었다. 3월에는 논에 물을 저장하고 땅을 일궈야 했다. 농기계가 없었기에 소를 가진 집이 유리했지만, 소는 매우 비쌌고 키우기도 쉽지 않았다. 소가 있는 집은 소에게 매일 여물을 끓여 먹이고, 볏단이나 짐을 끄는 데 활용했다.

4월에는 모내기를 준비해야 했다. '못자리'를 만들고, 그곳에서 모를 키워야 했다. 예전에는 온 동네 사람들이 모여 품앗이로 모를 심었다. 요즘은 이앙기로 빠르고 편하게 심지만, 그때는 손으로 이식해야 했다.

모를 심는 시기를 놓치면 수확에 큰 영향을 주기에 모두가 바쁜 시기였다. 물을 구하기 어려운 시절이라 논에 물을 채우기 위해 밤새 두레박으로 물을 퍼 넣기도 했다. 하지만 어떤 날은 힘들게 채워 놓은 논의 물이 밤새 옆 논으로 빠져 싸움이 벌어지기도 했다. 논 가운데서 멱살을 잡고 욕설이 오가던 광경은 어린 나에게 큰 충격이었다.

하늘에 비를 의지해야 했던 시절이었다. 비가 오지 않으면 벼 씨를 뿌릴 수 없었고, 결국 양식이 없어 고생하게 됐다. '보릿고개'는 그렇게 생겨났다. 추수 시기인 6~8월도 매우 중요했다. 시기를 놓치면 모든 노력이 수포로 돌아가기도 했다.

집에서 일할 수 있는 사람은 사실상 나뿐이었다. 동생들은 어려서 일을 맡기기 힘들었기에, 부모님은 나에게 많은 일을 시키셨다. 어머니는 새벽부터 일을 하느라 늘 지쳐 계셨고, 나는 제때 학교에 간 적이 거의 없었다. 항상 뛰어서 갔다.

아침이면 한 가마솥엔 소 밥, 또 한 가마솥엔 사람 밥을 지었다. 뜸이 덜 들었지만 늦을 수 없었기에 나는 입천장이 데일 정도로 뜨거운 밥을 억지로 먹고 김치 국물을 부어 마시다시피 하고 학교로 향했다. 점심 도시락은 뛰는 바람에 비빔밥이 되기 일쑤였고, 친구들 앞에 내놓기 부끄러웠다. 나도 언젠가는 계란부침, 멸치볶음, 생선, 고기 반찬이 들어 있는 도시락을 들고 당당히 친구들과 나눠 먹고 싶다는 꿈을 간직했다.

아버지는 내게 책임감을 심어 주셨다. 새벽에 일어나 마당을 쓸라고 하시며, 이런 이야기를 들려주셨다.

"어느 소년이 매일 새벽 '대문 여니 만복이요, 소제하니 황금 제라' 하며 마당을 쓸었더니 100일 만에 마당이 황금으로 변했다더라."

아버지의 말씀에 마음이 움직여 나도 따라 하기 시작했고, 동네 어르신들께 칭찬을 받으며 부지런함의 가치를 배웠다.

겨울엔 눈이 오면 집 앞과 동네 입구까지 눈을 치웠다. 그 시절에는 눈이 많이 와서 길이 막히곤 했는데, 내가 그 눈을 모두 치우면 지나가던 어른들이 칭찬을 아끼지 않으셨고, 아버지도 무척 기뻐하셨다.

학교 졸업 일등공신 송아지

중학교에 입학할 무렵, 아버지는 송아지 한 마리를 사 주시며 이렇게 말씀하셨다.

"이 소를 잘 키워서 고등학교 등록금을 마련해라."

나는 학교를 다녀오면 논두렁과 길가에서 풀을 베어 지게에 지고 와 작두로 썰어 저장했고, 그 풀로 소 여물을 끓여 먹였다. 그 송아지가 자라 문산장에 팔려 나가게 되었을 때, 나는 소가 팔려 가는 모습을 보며 눈물을 흘렸다. 소도 뭔가를 아는지, 죽을 듯이 슬픈 눈으로 나를 바라보며 따라가지 않으려 했다. 아버지는 소를 끌고 가시며 "워이, 워이" 하셨고, 소는 천천히 내 시야에서 사라졌다. 나는 그 황소에게 끝까지 손을 흔들며 고마운 마음을 전했다. 그 소가 없었다면 나의 졸업장도 없었을 것이다.

이후 예수님을 만나고 나서, 나는 그 황소를 보며 느꼈던 고마움보다도 더 깊은 감동을 받았다. 사도행전 8장 32절 말씀에 "그가 도살장에 끌려가는 양과 같이 갔고, 털 깎는 자 앞에 있는 어린 양처럼 잠잠하였도다"라는 구절이 있다. 예수님은 내 죄를 지시고 십자가에서 아무 말씀 없이 피 흘려 죽으셨다. 요한복음 19장 30절에서 예수님은 "다 이루었다"고 하시며 영혼을 내어 주셨다. 그 순간 내 모든 죄값이 치러졌다는 사실이 가슴 깊이 와 닿았다. 고린도전서 6장 19~20절은 이렇게 말한다.

"너희는 너희의 것이 아니라 값으로 산 것이 되었으니…"

예수님의 피로 값 주고 산 나를 하나님께서 귀하고 존귀하게 여기신다는 사실에 감사가 저절로 솟구쳤다.

민망하고 초라했던 교복

내가 태어난 1956년은 나라 전체가 가난하던 시절이었다. 6·25 전쟁이 끝난 지 오래지 않아, 직장도, 돈도, 물건도 턱없이 부족했다. 물가는 비쌌고, 사람들은 늘 궁핍한 삶을 견뎌야 했다.

그때는 모든 것이 모자랐다. 쌀, 반찬, 돈, 직장, 노트, 도화지, 색종이, 연필, 교과서, 책상, 등잔, 석유, 땔감까지, 쌀밥과 고깃국은 1년에 서너 번 맛볼 수 있을까 말까 한 귀한 음식이었다. 당시엔 배 나오고 뚱뚱한 사람들을 부러워했고, 정육점에서 기름 몇 덩어리만 공짜로 얻어오면 그것이 큰 기쁨이었다.

그 시절 내 소원은, 1년에 한 번이라도 내 머리에 꼭 맞는 학생모자와 교복을 갖는 것이었다. 부모님의 형편이 비슷했기에, 교복이나 모자를 살 때는 늘 한두 치수 큰 것을 샀다. 몸이 크면 다시 사줄 수 없었기 때문에, 형이나 누나가 입던 옷을 동생들이 물려 입는 건 당연한 일이었다. 처음엔 너무 좋아서, 머리에 빙빙 돌 정도로 큰 모자를 쓰고 동네를 폼 잡으며 돌아다녔다. 공도 차고, 딱지도 치고, 구슬치기도 하며 즐거워했다.

교복을 입고 학교에 가고 싶어, 등교일만 손꼽아 기다리다 잠 못 이루기도 했다. 그러나 막상 학교에 가보니, 친구들은 모두 자기 몸에 딱 맞는 교복을 입고 있었다. 그들의 모습은 영락없는 중학생 같았지만, 나는 새 교복을 입고도 얻어 입은 듯 어색해 보였고, 창피하기 짝이 없었다.

그때부터 나는 아주 소박한 소원을 품었다. 내 몸에 꼭 맞는 교복을 한 번만이라도 입어보는 것. 하지만 부모님은 단 한 번도 내 몸에 맞는 교복을 사주신 적이 없었다. 항상 줄여 입어야 했고, 웃옷 주머니는 거의 단 끝에 달려 있었다. 바지도 마찬가지였다. 학년이 올라갈 때마다 교복을 약간씩 늘려 입었는데, 바랜 줄 자국이 허옇게 드러나 늘 신경이 쓰였다. 특히 사춘기에는 그런 사소한 것도 민감하게 느껴졌다.

학교에 가려면 문산 상업여자중고등학교 앞 정류장을 지나야 했는데, 여학생들의 시선이 부끄러워 논길로 한참을 돌아가곤 했다. 지금은 웃으며 말할 수 있지만, 그 시절엔 정말 민망하고 초라한 마음으로 하루를 시작하곤 했다.

배고파도 놀이는 배부르게

우리 집은 동네와 멀리 떨어져 있어, 집에만 들어가면 해야 할 일이 많았다. 일단 들어가면 다시 동네로 나가 친구들과 놀 기회도, 시간도 없었다. 그래서 나는 아예 학교에서 돌아오는 길에 해 질 때까지 실컷 놀다가 아버지께 혼이 나고, 벌을 서고, 밥도 못 먹고, 쫓겨나기도 하고, 매를 맞곤 했다.

어느 날은 가방을 어느 집 마당 한켠에 내려두고 놀다가, 날이 어두워질 무렵 가방을 찾으러 갔는데 보이지 않았다. 당황한 나는 이 집 저 집 뛰어다니며 찾다가, 동네 개 한 마리가 내 가방을 물고 찢어발기고 있는 걸 발견했다. 나는 돌을 던져 개를 쫓고, 찢긴 가방을 챙겨 돌아왔다. 가방 오른쪽 아래가 크게 찢어져 있었다. 새로 산 지 얼마 되지 않은 가방이라, 부모님께 크게 꾸중을 들었다. 다행히 다른 부분은 멀쩡해서, 어머니께서 찢어진 곳에 헝겊을 대어 꿰매 주셨다. 그렇게 수선한 가방을 나는 고등학교를 졸업할 때까지 6년 동안 메고 다녔다.

남들은 새 가방을 들고 다니는 동안, 나는 낡고 꿰맨 그 가방 하나로 끝까지 버텨야 했고, 그것이 늘 창피하고 부끄러웠다.

그 시절 가방은 단순히 책을 넣는 도구가 아니었다. 누군가의 형편과 자존심이 고스란히 드러나는 상징이었다. 새 가방이 없는 아이는 시선을 피할 수밖에 없었고, 꿰맨 자리마다 가난의 흔적이 또렷이 남아 있었다.

학창 시절엔 늘 배가 고팠다. 그래서 친구들과 몰래 방구정이라는 밤나무 많은 동네로 밤서리를 하러 다녔다. 주운 밤을 구워 먹거나, 고구마처럼 생긴 칡 뿌리를 캐어 씹어 먹으며 허기를 달랬다. 이 산 저 산을 뒤지고, 소나무 껍질을 벗겨 씹고, 아카시아 꽃잎이나 사탕수수를 빨아 먹는 것이 간식이었다.

밤이 되면 원두막에 몰래 올라가, 참외밭을 지키는 어른들의 눈을 피해 수박이나 참외를 훔쳐 먹었다. 그리고 다음 날 아침이면 밭 주인이 우리 집에 찾아와 아버지께 따졌다. 그러면 어김없이 또 혼이 나고, 매를 맞았다.

마을 근처에는 미군 사격장이 있었는데, 사격 훈련이 끝난 후 우리는 탄피를 주우러 갔다. 그걸 모아 만화방에 가져가면 만화를 보여주거나, 엿이나 강냉이와 바꿔주었다. 또 미군 세탁소 쓰레기통을 뒤져 옷핀을 주워오면 '옷핀 따먹기' 놀이를 하곤 했다.

신문지나 종이로 딱지를 접고, 공터에서 딱지치기, 잣 치기, 구슬치기, 공차기 등 하루 종일 놀았다. 대부분의 놀이는 아무 집 마당이나 처마 밑에서 했다. 주인이 시끄럽다고 쫓아내면 도망쳤다가, 그가 밭에 나간 틈을 타 다시 돌아와 놀았다.

지금 유행하는 드라마 '오징어 게임'에 나오는 그 오징어놀이도 우리가 자주 하던 놀이였다. 두 편으로 나뉘어 땅을 밟고 들어가면 이기는 방식이었고, 땅따먹기도 인기 있는 놀이였다.

땅따먹기는 마당에 2m × 2m 혹은 4m × 4m의 정사각형을 그려 놓고,

병뚜껑을 손가락으로 튕겨서 세 번 안에 자신의 구역에 들어가면 그 경토가 자신의 땅이 되었다. 땅을 넓히려 다투고, 울고불고 싸우며 하루가 저물었다. 딱지치기는 특히 날 새는 줄 모르고 몰두했던 놀이였다. 신문지나 두꺼운 종이로 만든 딱지는 잘 넘어가지 않아 유리했고, 그런 딱지를 가진 아이는 인기가 많았다.

나도 국민학교 시절 교과서를 나눠 받으면, 학년이 끝날 무렵 너덜너덜해진 책의 겉장을 뜯어 두툼한 딱지를 만들었다. 그런 딱지는 다른 아이들의 얇은 딱지를 모조리 뒤집었고, 나는 그걸 집에 가져와 차곡차곡 쌓아두고는 흐뭇해하곤 했다.

겨울방학은 특히 길었다. 11월부터 2월까지 넉 달 가까이 학교를 가지 않았다. 농사도 끝난 시기였기에, 우리는 온종일 그런 놀이들로 시간을 보냈다.

달맞이 명절 풍경

그 시절엔 산에도 나무가 귀했다. 나무란 나무는 땔감으로 다 베어 가서, 장마철이면 늘 산사태가 나고, 개울이 끊기고, 마실 물조차 귀했다. 전기도 없었고, 불도 제대로 피울 수 없었으며, 쌀은 말할 것도 없이 귀했다. 대신 우리는 보리밥, 밀밥, 수수밥이나 수제비로 끼니를 때우곤 했다.

목욕은 한 달에 한 번 있을까 말까 한, 정말 귀한 일이었다. 마을 우물에서 지게로 물을 길어 와, 소밥을 끓이던 큰 가마솥에 데운 물을 다라에 부어두면, 제일 어린 동생부터 차례로 씻겼다. '씻긴다'기보다는 '때를 민다'는 표현이 더 정확했다.

물을 데운 뒤, 아이들을 넣고 때를 불려 볏짚 수세미로 밀었다. 아이들은 아프다고 울었고, 엄마는 "때가 너무 많으면 살이 터져 피가 난다"며 오히려 더 세게 밀었다. 동생 셋이 다 끝나야 비로소 내 차례가 왔다. 그때쯤이면 물은 이미 식어 미지근해져 있었다. 추위에 달달 떨며 앉아 있다가 때를 밀다 보면, 그 시간은 그야말로 고역이었다.

특히 설이나 추석, 제삿날, 새해 같은 큰 명절에는 새 옷을 입기 위해 어김없이 '강제 목욕'이 있었다. 그날은 '때 미는 날'이자 '고통의 날'이었다. 그 시절 아이들의 손등은 논바닥처럼 갈라지고 피가 나는 일이 흔했다. 나 역시 예외는 아니었다. 그 손으로 연필을 잡고, 낫질을 하고, 불을 때다 보면 따가워서 눈물이 날 때도 있었다. 그럴 때마다 만병통치약처럼 쓰였던 것이 바로 안티프라민이었다. 상처가 나도, 근육통이 있어도, 안티프라민 하나면 다 나을 거라 믿던 시절이었다.

정월 대보름이 되면, 마을 전체가 들썩였다. 새 바지와 잠바를 얻어 입고, 일 년에 단 한 번, 흰 쌀밥과 고깃국을 먹는 날이었다. 볏짚으로 사람 모양의 인형을 만들고, 그 인형에 자신의 나이 수대로 볏짚을 묶어 달았다. 저녁이 되면 마을 사람들이 모두 모여 볏단을 한곳에 쌓고 불을 피웠다. 둥근 보름달이 떠오르기를 기다리다가, 마침내 달이 모습을 드러내면 사람들은 외쳤다. "달님, 달님, 절합니다!" 그리고는 저마다의 볏단을 불에 던지고, 그 불빛을 위아래로 흔들며 소원을 빌었다. 그 모습은 참으로 진지했고, 간절했다. 달에게 마음을 전하며 가족의 안녕과 풍년, 아이들의 건강을 기원하던 그 대보름 밤의 장면은, 지금도 눈앞에 선명하게 떠오른다.

꿈은 접고 흙을 일구며

1970년대에는 대학을 나와도 직장을 구하는 일이 하늘의 별 따기였다. 인맥이나 돈이 있는 사람이라면 몰라도, 고등학교 졸업자에게는 아무도 일자리를 주지 않던 시절이었다. 돈도, 직장도 매우 귀했고, 그것들은 누군가의 인생을 결정짓는 거의 유일한 기준이 되었다. 나 역시 실낱 같은 희망을 품고 육상에 매달렸다. 대학에 진학하기 위해 시작한 육상 선수 생활이었지만, 정작 공부는 뒷전으로 밀리고 훈련에만 몰두했던 탓에 예비고사에서 낙방했다. 그렇게 오랫동안 기다리던 대학의 꿈은 허무하게 물거품처럼 사라졌다.

대학 대신 선택할 수 있었던 길은 직장 생활이나 기술을 배우는 일이었지만, 마음은 조금도 채워지지 않았다. 결국 고등학교를 졸업하고 나서 내게 남은 현실은 농사뿐이었다. 그제야 비로소 내 운명을 원망하게 되었다. 하늘을 탓하고, 부모를 탓하기도 했다. 농사꾼이 되는 것이 그렇게도 싫었다. 시골에서 평생을 농부로 살아야 한다는 생각은 내게 너무나도 처량하고 슬픈 일이었다.

그 당시 농사는 지금과는 완전히 달랐다. 기계도, 인부도 없이 거의 원시적인 방식이었다. 오직 힘과 삽, 호미, 곡괭이만이 전부였다. 밭을 일구고, 손으로 씨를 뿌리고, 허리를 굽혀 잡초를 뽑고, 모종을 하나하나 옮겨 심고, 손으로 파서 거름을 주고, 비료를 뿌리고, 단을 지푸라기로 묶어 밭 한쪽에 쌓아 두었다. 수확한 배추나 작물은 지게에 짊어지고 집까지 날랐다. 우물에서 몇 번이나 물을 길어 독에 채워야 했고, 그 물로 채소를 씻으면 어머니는 광주리에 담아 머리에 이고 마을 사람이나 작은 상점에 팔러 나가셨다.

그동안 나는 소죽을 끓이고, 쌀을 씻어 가마솥에 불을 지펴 밥을 지었다. 그렇게 10년 가까이 농사일과 집안일을 하며 살다 보니, 점점 농사에 대한 진절머리가 나기 시작했다. 밭을 매고, 풀을 뽑고, 무거운 지게를 지고 뒤뚱거리며 오르내리는 길이 너무도 고달팠다. 자유도 없고, 쉴 틈도 없었다.

봄이 오기 전 얼어붙은 땅을 파고 일구고, 물이 있을 때는 모판을 만들어 모를 내고 벼를 심었다. 서리가 내리기 전엔 추수를 끝내야 했고, 곡식을 창고에 쟁여 두어야 했다. 쌀값이 떨어지기 전에 방앗간에 가서 벼를 도정해야만 제값을 받을 수 있었다. 모든 것이, 모든 순간이 고된 일이었다.

냉동기술 배우며 마주한 세상

농사꾼이 되는 것이 그렇게도 싫었지만, 대학 진학은 이미 물 건너간 일이었고, 결국은 농사를 지어야 하는 처지에 몰렸다. 하지만 나는 끝까지 농사일을 피하고 싶었다. 그래서 택한 것이, 집 근처에 있던 야구 글러브 공장에 취직하는 일이었다. 월급은 많지 않았지만 그래도 농사보다는 나아 보였다. 좋은 옷을 입고, 출퇴근 시간이 정해져 있었으며, 무엇보다 일요일엔 쉴 수 있다는 것이 매력적이었다. 하지만 직장생활도 결코 만만치 않았다. 위에는 상사들이 있었고, 그들의 눈치를 살피지 않으면 안 됐다. 더럽고 귀찮은 일은 항상 내 몫이었고, 그 대가는 고마움도 칭찬도 아닌, 불평과 무시였다. 비교와 비인격적인 말들, 거칠고 모욕적인 태도는 나를 점점 비참하게 만들었다.

그 무렵 나는 '직장이 아닌, 내 사업을 해보면 어떨까' 하는 생각을 하게 되었다. 마침 냉동기술 학원 강사로 일하던 사촌 영인 형이 나에게 제안했다. "냉동기술을 배워서 냉장고 고치는 일을 해봐라. 앞으로 유망할 거야."

그 말에 희망을 품고 인천에 있는 냉동기술 학원에 등록했고, 6개월간 열심히 공부했다. 학원을 졸업한 뒤에는 수습 기간으로 실제 현장에서 기술을 익히기 위해 한 달간 냉장고 수리센터에 인턴으로 들어갔다. 하지만 현실은 전혀 달랐다.

수리센터는 형과 동생이 함께 운영하는 곳이었는데, 그들은 기술을 알려주기는커녕 나에게 온갖 잡일과 위험한 일을 떠넘겼다. 학원에서 배운 것과는 전혀 무관한 일들이었다. 일을 제대로 하지 못하거나 속도가 느리면 형제는 물론이고, 때로는 그 아내까지 나서서 입에 담기 어려운 욕을 퍼부었다. 나는 사람이라기보다 짐승처럼 취급당했다. 숙소도 없었다. 부서지고 고장 난 냉장고가 쌓인 일터, 그 냉매와 오일이 묻은 공간 한쪽에 간이침대를 두고 자며 생활했다.

한국의 여름은 무덥고 습했다. 끈적한 땀이 하루 종일 몸을 감쌌지만, 방을 얻어 나가서 살 돈은 없었다. 그렇게 냉장고 수리센터는 내 일터이자 잠자리, 곧 내 삶의 전부가 되었다. 두 형제는 정말 비인격적이었다. 여름이면 주인 아내가 냉면을 해왔다. 그들은 냉장고에 차갑게 식힌 물과 얼음을 듬뿍 넣은 냉면을 먹었지만, 내게는 더운 물에 국수를 말아 '냉면이라며' 던져주었다. 그건 냉면이 아니라 뜨뜻한 '온면'이었다. 그래도 늘 배가 고팠기에 그마저도 감사히 먹을 수밖에 없었다. 그러나 마음 한구석에는 깊은 상처가 쌓여 갔다.

"세상에는 이렇게 사람 취급도 안 해주는 자들도 잘 먹고 잘살고 있구나." 그 현실이 뼈저리게 다가왔다. '이게 세상이구나. 세상은 무섭구나. 내 편은 아무도 없구나.' 그런 생각들이 내 안에 점점 자리 잡기 시작했다.

그때부터였다. '이런 세상에 태어나, 인간 이하의 취급을 받으며 평생을 살아간다면 과연 그 삶은 살 만한 가치가 있는 걸까?' 하는 깊고 무거운 물음이 나를 짓누르기 시작했다. 수리센터에서 일하던 어느 날이었다. 나도 냉장고를 청소하느라 바빴는데, 주인집 동생이 갑자기 내 이름을 욕설과 함께 부르며 연장을 집어던졌다. 묵직한 멍키스패너였다.

나는 일부러 늦춘 것도 아니었고, 하던 일을 마무리하고 가려던 참이었다. 그런데도 마치 큰 죄라도 지은 사람처럼 욕설을 듣고, 무거운 연장이 날아오는 장면을 보고는 너무나 당황했고 분노가 치밀었다. 그리고 점점 두려워지기 시작했다.

"나는 지금 사람이 아니라 짐승 취급을 받고 있는 게 아닐까?"

단순한 실습이 아니라, 인격적 모욕과 육체적 위협, 정신적 학대를 받고 있는 현실이었다. 나는 기술을 배우러 온 것이지, 상처받고 부서지러 온 것이 아니었다. 마음속에 무서운 생각이 자리 잡기 시작했다. '혹시 나도 언젠가 던진 망치에 맞아 다치거나, 분노를 참지 못해 큰 잘못을 저지르게 되는 건 아닐까?' 이 상태로 더 머무르면 몸도 마음도 망가질 것 같았다. 결국 나는 새벽녘에 조용히 짐을 싸고, 작은 종이에 한 줄을 남겼다.

"전 고향으로 돌아갑니다. 그동안 먹여주시고 재워주시고 기술 가르쳐주셔서 감사합니다." 그렇게 동인천역에서 기차를 타고 문산 읍 운천리 고향집으로 돌아왔다. 부모님께는 학원 교육을 마치고 취직을 알아보고 있다고 둘러댔지만, 속으로는 수리센터에서 받은 충격과 두려움 때문에 매일 밤 잠을 설쳤다. 어느 날은, 건장한 낯선 남자가 동네 어귀로 들어오기만 해도 가슴이 철렁 내려앉았다. '혹시 그 형제가 날 다시 끌고 가는 건 아닐까?' 하는 공포였다. 나는 죄를 지은 것도, 훔친 것도 없었다. 하지만 그들은 충분히 나를 죄인처럼 몰아세울 수 있는 사람들이었다. 그렇게 나는 한동안 트라우마와 불안과 긴장 속에서 살아야 했다.

[예수님 믿기 전 모습]

제 2 부
태평양 넘어 약속의 땅

꿈을 이룰 아메리카를 향해	38
열 손가락 물집 잡히며	42
숨은 덫과 남은 빚	44
막장 인생을 돌아보며	48
지푸라기라도 잡고 싶을 때	53
한 줄기 구원의 빛	55
죄인이라고 공개 선언 후	60
순간에 변한 내 마음	63
메마른 마음에 쏟아진 단비	65

| 제 2 부 | 태평양 넘어 약속의 땅 |

꿈을 이룰 아메리카를 향해

나는 이제 더 이상 정상적인 삶을 지속할 수 없을 것 같다는 확신이 들었다. 삶은 무섭고, 고되고, 의미 없이 느껴졌고, 한평생 이렇게 살아야 한다는 생각은 마치 내게 내려진 저주처럼 느껴졌다. 그러던 어느 날, 머릿속에 한 줄기 빛처럼 스쳐 간 생각이 있었다. '다른 길이 있을지도 모른다.'

그때 내가 살던 곳은 임진각 근처의 작은 마을이었다. 삼팔선이 가까워 미군 부대가 많았고, 학교에 가려면 미군기지 옆을 지나야 했다. 철조망 너머로 미군 병사들이 껌이나 초콜릿, 연필을 던져주는 일이 종종 있었고, 친구들과 그걸 차지하려고 몸싸움도 벌이곤 했다.

어느 겨울, 미군 트럭이 지나가다 우리를 태워준 적이 있었다. 히터가 틀어진 트럭 안은 너무 따뜻해서 그날은 정말 '재수 좋은 날'로 여겨졌다. 미군들은 키도 크고, 군복은 두툼하고 멋졌으며, 손에는 가죽 장갑, 귀에는 털 달린 귀마개, 발엔 튼튼한 군화를 신고 있었다. 우리는 얇은 잠바에 누더기 바지를 입고, 손으로 귀를 감싸며 덜덜 떨며 등교했으니 그 차림새의 차이만으로도 우리는 기가 죽었다.

'세상에 저런 나라도 있구나. 저 사람들은 꿈나라에서 온 게 아닐까?'

어느 날, 내 반 친구 시안이와 철수가 새 옷을 입고 학교에 왔다. 미군 털모자에 미제 장갑까지 끼고 있었다. 알고 보니 두 사람 모두 미군 장교에게 입양된 것이었다. 그때부터 시안은 'Sean', 철수는 'Charles'라는 이름으로 불렸다. 우리가 놀고 있을 때, 미군 지프가 오면 둘은 모든 걸 멈추고 달려가 '아빠'에게 안기고 사탕을 받아 우리에게 던져주곤 했다. 결국 그들은 미국으로 떠났고, 우리는 영영 이별했다. 나는 그들을 동경했다. 그리고 미국을 동경하게 되었다.

그 무렵 미국에 계신 고모가 보내주신 소포에는 연필, 도화지, 그리고 빨간 양털 잠바가 들어 있었다. 한국 연필은 잘 부러졌지만, 고모가 보낸 연필은 끝까지 쓸 수 있었고, 도화지는 질기고 두꺼웠으며, 잠바는 너무도 따뜻했다. 그러나 그 모든 것은 나에게 미국이라는 나라에 대한 깊은 인상을 남겼다. 고모님의 사진 속 미국 집은 마치 영화에서 본 것처럼 아름다웠고, 실내에 화장실이 있다는 사실조차 놀라웠다. 그때 나는 생각했다.

"미국에 가면 3년 안에는 부자가 될 수 있을 거야."

나는 고모에게 편지를 쓰기로 했다. 장남으로서 가족을 책임져야 했고, 농촌에서 희망 없이 고생만 하며 사는 현실에서 벗어나고 싶었다.

몇 주 후, 빨간색과 파란색이 들어간 국제 우편봉투가 도착했다. 고모님의 답장은 '초대장'이었다. 우리 가족 모두를 미국으로 초청하겠다는 내용이었다.

1976년 9월, 우리는 서울 한국개발공사에서 이민 수속을 시작했다. 서류를 준비하고, 영어 회화 테이프를 들으며 연습했다. 그리고 드디어, 미국 대사관에서의 구두 면접 날이 다가왔다. 면접관은 냉정했고, 영어가 서툰 우리를 바라보며 물었다.

"이렇게 영어도 못하면서 어떻게 미국에서 살겠다는 거죠?"

그 말을 듣는 순간, 모든 것이 무너지는 듯했다. 그러나 일주일 후 대사관에서 편지가 도착했다. "축하합니다. 서류와 면접 모두 통과했습니다."

그 순간, 나는 믿을 수 없었다. 그 기쁨은 말로 다 할 수 없었다.

지금 돌아보면, 그 모든 순간은 하나님의 은혜였다. 단순한 우연이 아니라, 우리가 예수님을 모르던 시절에도 주님은 우리 가족을 기억하시고, 새로운 인생의 문을 열어주셨던 것이다. 이후 항공권을 손에 쥐고, 마침내 1977년 4월 20일, 유나이티드 에어라인을 타고 샌프란시스코로 향했다. 꿈같던 여정은 이제 현실이 되었고, 나는 미국 땅을 밟으며 이렇게 다짐했다. "반드시 성공해서 돌아오겠다."

우리 가족 여섯 명은 마침내 모든 서류 심사, 면접 심사, 입국 심사, 그리고 반공 사상 교육과 오리엔테이션까지 마친 후, 새벽 일찍 김포공항을 향해 출발했다. 공항 입구에 도착하자 커다란 현수막이 눈에 띄었다.

"안녕히 가십시오, 그리고 또 오십시오."

그 문구를 보는 순간, 마음이 무너져 내렸다. 마치 사랑하던 아내를 두고 다른 여자에게 도망가는 느낌이었다. 나는 대한민국을 버리고 더 잘살기 위해, 기회의 나라 미국으로 도망가는 이기적인 사람처럼 느껴졌다. 정든 고향, 친구, 친척을 모두 뒤로한 내가 너무 초라하고 나약하게 느껴졌다.

그러나 현실은 냉혹했다. 일자리도 없고, 미래도 보이지 않는 농촌에서 그저 허리 굽혀 일만 하며 살아가야 하는 삶. 부모님과 동생들을 위해 아무 도움도 못 주고 가난 속에서 무기력하게 살아가는 건, 결국 "너 죽고 나 죽자"는 삶이란 생각이 들었다. 그래, 나는 떠난다. 하지만 언젠가는 부자가 되어 돌아오겠다. 나는 당당하고 명예롭게 이 땅을 다시 밟겠다고 다짐하며 나는 당당하게 그 현수막 아래를 지나갔다.

대한항공 비행기에 탑승한 우리는 한 줄의 좌석에 나란히 앉았다. 내 마음속에는 Gold, Good Life, Girls 이렇게 세 가지 '3G American Dream'이 있었다.

미국은 모든 것이 풍요롭고, 기회가 넘치는 나라라 믿었다. 하지만 비행기가 샌프란시스코가 아닌 하와이에 먼저 착륙한다고 하자 마음이 흔들리기 시작했다.

　당시 우리는 어릴 적부터 반공 사상 교육을 받으며 살아왔다. 삐라, 대남 방송, 무장간첩, 납치사건 등으로 전쟁의 그림자는 너무도 선명하게 뇌리에 박혀 있었다. 그래서 누가 가방을 맡기면 받지 말고, 낯선 사람이 말을 걸면 대답하지 말고, 납치당하면 저항하지 말라는 교육까지 받았다.

　하와이 착륙 소식에 '납치되는 건 아닐까', '이게 속임수는 아닐까', 심지어 '혹시 평양이나 아오지 탄광으로 가는 건 아닐까' 하는 생각까지 들었다. 부모님과 동생들에게는 "짐에서 눈 떼지 말고 아무와도 말하지 말라"고 당부했고, 나는 2시간 동안 꼼짝도 하지 않았다. 배도 고프고, 화장실도 가고 싶었지만, 두려움이 더 컸다.

　다행히 승무원의 안내 방송으로 하와이는 단지 연료 보급을 위한 중간 착륙이라는 사실을 알게 되었고, 마음을 조금 놓을 수 있었다. 그러나 완전히 안심되지는 않았다. 기내 방송이 "30분 후 샌프란시스코 도착 예정"이라는 멘트를 반복할 때까지, 나는 단 한숨도 자지 못하고, 아무것도 먹지 않고 창밖만 바라보며 긴장 속에 있었다.

　"Welcome to the United States of America."

　샌프란시스코 국제공항에 착륙하면서 들려온 이 안내 방송을 들은 순간, 비로소 99% 안심이 되었고, 출구에서 손을 흔들며 달려오는 둘째 고모님을 보는 순간, 나는 눈물이 핑 돌았고, 그제야 긴장이 풀리며 피곤과 배고픔이 한꺼번에 밀려왔다. 이 경험은 지금까지도 내게 강한 교훈을 남긴다. 그처럼 많은 이들이 예수님의 '천국행 티켓'을 손에 쥐고 있으면서도 확신 없이 살아간다. 그러나 요한일서 5장 12절은 이렇게 말한다. "아들이 있는 자에게는 생명이 있고, 하나님의 아들이 없는 자에게는 생명이 없느니라." 우리는 이미 천국 행 티켓을 손에 쥐고 있기에 믿음으로 기쁨의 신앙생활을 해야 한다는 진리를, 나는 이 이민 비행기 안에서 체험한 것이다.

열 손가락 물집 잡히며

....

　미국에 도착한 뒤, 박노수 성결교회 목사님의 추천으로 나는 샌프란시스코 한인 운영 7-11편의점에 취직했다. 말쑥하게 초록색 신사복에 넥타이까지 매고 첫 출근한 나는 '그레이브야드 시프트'(Graveyard shift)라 불리는 이른바 밤근무를 맡았다. 가장 한가한 시간대에 일하게 되었지만, 영어가 전혀 통하지 않아 결국 하루 만에 해고되었다. 그래도 그날 받은 20달러는, 당시 한국의 한 달 월급에 가까운 큰돈이었다. 미국의 풍요로움을 실감한 첫 순간이었다.

　현실은 쉽지 않았다. 여러 공장을 찾아다니며 줄을 서고 입사 지원서를 썼지만, 번번이 좌절했다. 도살장 면접까지 봤지만 불러주는 곳은 없었다.

　그러던 중, 다시 박 목사님을 통해 연결된 곳이 바로 Atari 였다. 포장 부서에서 게임팩을 비닐봉지에 넣는 단순 작업이었지만, 나는 감격했다. 영어 없이도 하루 12시간 일할 수 있다는 게 감사했다. 나는 그곳에서 임시직으로 일하게 되었다. 정규직이 되면 '그린 배지'가 주어지고, 한 달에 한 번 유급 병가, 6개월마다 임금 인상. 회사 스톡 옵션, 유급 휴가 7일, 의료보험 등 다양한 혜택이 주어진다고 했다. 그래서 나는 이 정규직 초록 배지를 달기 위해, 이를 악물고 일하기 시작했다.

　점심시간에도 쉬지 않고, 포장 라인에 서서 작은 비닐봉지에 게임팩 넣는 일을 반복했다. 하루 12시간 플라스틱 봉지를 열고, 게임 팩을 넣고 닫고, 그 일을 쉬지 않고 계속했다. 하루가 끝났을 무렵, 내 열 손가락 끝에는 물집이 가득 잡혀 있었다. 숟가락도, 젓가락도 제대로 들 수 없어 손바닥으로 잡아야 할 지경이었다. 그 모습을 보신 아버지께서 걱정하시며 물으셨지만,

나는 걱정을 끼치지 않으려고 '일하다 생긴 작은 물집일 뿐'이라며 웃으며 넘겼다. 하지만 아버지께서 한 마디 던지셨다. "열 손가락 끝에 물집이 이렇게 다 잡혀서야, 이게 무슨 떼 부자냐?" 그리곤 잉크 묻은 실을 바늘에 꿰어 물집 부위를 뚫고 잉크를 넣어 주셨다. 그렇게 아버지는 울면서 내 열 손가락 끝을 하나씩 하나 씩 치료를 해 주셨다. 그 모습은 지금도 내 마음 깊은 곳에 선명히 남아 있다.

그 무렵, 어머니와 아버지도 직장을 구하셨다. 어머니는 아기 목욕통을 만드는 공장(Pennsy Ellen Production Co)에, 아버지는 산호세의 Sizzler Steak House 청소 일을 맡아 금요일 저녁부터 6곳을 돌며 일하셨다. 으리는 하루라도 빨리 자리잡기 위해 각자 일을 찾았고, 영어가 되지 않아도 몸으로 버텼다. 하지만 나는 노란 배지로 수당 없음, 의료보험 없음, 정기 휴가 없음, 언제든 해고 가능한 비정규직 고용인이었다.

반면, 정규직은 초록 배지로 그 색깔 배지를 단 직원들이 얼마나 부럽든지, 나는 군대에서 처음 들어간 이등병이 별 단 장군 부러워하듯 그들을 우러러봤다. 하루 12시간씩, 월요일부터 목요일까지 고되게 일했지만, 그곳은 나에게는 숨 쉴 수 있는 감사한 직장이었다. 희망이 있었다. 나는 반드시 그 초록 배지를 달겠다는 다짐을 하고 또 하며 열심히 일했다.

나는 월요일부터 목요일까지는 하루 12시간씩 아타리 회사에서 일하고 금요일부터 일요일까지는 저녁마다 아버지를 따라 식당 6곳을 청소하고, 낮에는 잠을 자곤 했다. 어머니와 남동생, 여동생도 각자 공장에서 일하며 주말에는 아버지 청소를 도왔다.

그렇게 해서 매주 금요일마다 월급을 받으면 내가 대표로 퇴근하면서 가족 모두의 월급을 모아 은행에 저축했다. 처음 1년 동안은 은행에 돈이 차곡차곡 쌓이기 시작했고, 빠른 시간 안에 꽤 부자가 될 수 있겠다는 확신이 생겼다. 그래서 더욱 짜임새 있게 생활하게 되었다.

토요일에는 가정에서 쓰던 물건을 파는 집에서 하는 '야드 세일'을 찾아다니며, 생활에 필요한 물품들을 구입하러 다녔다. 신문에 나온 광고지를 꼼꼼히 살펴본 후, 같은 물건이라도 어디가 더 저렴한지 비교해 보고, 채소, 음식, 고기, 생활용품, 옷 등을 광고지에 나온 쿠폰과 함께 싸게 파는 곳으로 가서 구입했다. 이처럼 절약하고 저축하려는 노력 덕분에, 1년 정도 지나자 우리 집 저축은 꽤 쌓이기 시작했고, '미국에 잘 왔다'는 생각이 들었다. 그리고 아메리칸 드림의 첫 번째 G, 즉 Gold를 3년 안에 성취할 수 있다는 확신이 들어 매우 기분이 좋았다.

숨은 덫과 남은 빚

미국에 처음 도착했을 때, 나는 3년 안에 부자가 될 수 있을 거라고 확신했다. 그 믿음의 배경에는 1977년 당시 한국의 현실 때문이었다. 한국에서는 현찰이 없으면 아무것도 살 수 없었다. 직장도 없고, 돈도 없었기에 사고 싶은 것, 필요한 것들 많았지만 손을 뻗지 못했다. 그런데 미국에 와보니, 미국은 돈을 쓰도록 하는 제도들이 작동하고 있었다. 첫째, 주급 제도였다. 한 주일만 일하면 돈이 손에 들어오니, 매주 벌어놓은 돈을 쓰게 되었다. 또 하나는 신용카드 였다. 그리고 각 은행들은 경쟁하듯 자사 신용카드를 집집마다 보내며, 자사 은행 어떤 곳은 $5,000, 어떤 곳은 심지어 신용조사나 보증 없이도 카드를 사용하라고 적극 권장했다. 그러면서 "한 달에 $10~$20만 내면 된다"는 말에 나는 '미국은 역시 참 마음씨 좋은 나라'라며 감탄했다. 은행에서 $5,000를 먼저 쓰게 해주고, 매달 조금씩 갚으면 된다니, 이 얼마나 좋은 제도인가 싶었다. 나는 '아, 이래서 미국 사람들은 집

안도 예쁘게 꾸미고 필요한 건 다 사면서 사는구나' 하고 흥분하기 시작했다. 고모도 이렇게 좋은 시스템 덕에 장관들이나 타고 다닐 법한 세단을 타고, 좋은 집에서 살고 계시구나' 하는 생각이 자연스럽게 들었다. 그 당시 나는 은행들이 신용카드 사용을 통해 이자를 받는다는 사실을 전혀 몰랐다. 신용카드는 은행 돈을 먼저 쓰고, 나중에 원금과 이자를 함께 갚아야 한다는 것을 계약서 어딘 가에 적어 놓았겠지만, 일반인이 보기엔 알아채기 어려웠다. 나중에 알게 된 사실이지만, 신용카드 신청서 맨 뒷장에, 그것도 돋보기를 써야 겨우 보일 만큼 작은 글씨로 온갖 규정, 절차, 연락처, 전화번호, 주소들이 빼곡히 적혀 있었으나 숨어 있었다. 그리고 그 모든 내용을 '읽고 이해하고 동의한다면 서명 하시오'라는 문구가 있었으나, 그것이 어떤 의미인지 전혀 모른 채 나는 그 서류에 동의하고 서명했다.

　이 사실을 알게 된 것은 미국 생활 2년쯤 지나서였다. 그도 그럴 것이, 나는 매달 꼬박꼬박 돈을 갚고 있었기 때문에 이제 다 갚았겠거니 하고 안도하고 있었는데, 어느 날 배달된 청구서를 열어보니 원금이 거의 줄지 않은 채였다. 의아해서 은행에 전화를 걸고, 직접 찾아가 상담을 받으면서 그제서야 신용카드란 '원금과 이자를 반드시 갚아야 하는 돈을 빌려 쓰는 제도'라는 사실을 뼈저리게 깨닫게 되었다.

　나는 그동안 은행에 저축한 우리 돈은 손대지 않은 채, 집안의 모든 물건을 신용카드로 결제했다. 가격이 비싸도 마다하지 않고 사들여 집안을 멋지게 꾸몄다. 정말 보기 좋아서 폼 나는 잘사는 집 같은 신용카드로 꾸민 집에서 살았다. 리빙룸과 부엌, 뒤뜰 베란다와 넓은 잔디밭 유명 브랜드인 Zenith TV, 밤색의 푹신한 고급 소파, 부엌에는 연두색 중국식 소파와 대형 냉장고, 심지어 자동차도내 것, 아버지 것, 여동생 것, 남동생 것을 월부로 모두 내 이름으로 구입했고, 그것도 모두 비싼 차들로 골랐다. 역시 모두 내 이름으로 날아왔다.

나는 모든 결제를 신용카드로 했다. 자동차 연료비도, 일상 생필품도 대부분 카드로 해결했다. 그래서 보기에는 정말 부잣집 같았다. 직장도 좋아졌다. 임시직원으로 고생하다가 더 좋은 회사의 정식 직원이 되었다. 낮에는 HP에서 컴퓨터 기술자로 일하고 저녁에는 아버지를 따라 식당 청소를 하니, 이제 금전 걱정은 없을 것 같았다. '이제는 더 많이 벌어 더 잘 살자'는 것이 나의 목표가 되었다.

하지만 시간이 흐르며 알게 된 현실은 달랐다. 5식구가 밤낮을 가리지 않고 일해 매주 금요일마다 은행에 저축을 해도 통장 잔액은 거의 늘지 않았다. 왜냐하면 벌어도 나가는 돈이 많아 월말이 되면 통장이 바닥을 보이기 일쑤였다. 모든 생활비와 물건 구입을 신용카드와 할부로 결제했기 때문에, 매월 카드사에서 청구서(Bill)가 날아왔다. 그리고 그 모든 청구서를 내가 책임지고 지불해야 했다. 집세, 전기세, 수도세, 쓰레기 수거비, 자동차 4대 할부금, 자동차 보험 4개, 건강 보험, 병원비, 땅세, 세금 보고 수수료, 소파 2개, 냉장고, Zenith TV, 오디오와 스피커의 할부금, 주유비, 소득세 등등 무려 20가지가 넘는 청구서를 매달 지불해야 했다. 지불 기한을 놓치면 이자에 벌금까지 붙어 또 다른 빚이 늘었다.

미국에서는 이런 청구서를 'Bill'이라 부르는데, 한국어로 읽으면 '빌'이 된다. 그래서 나는 종종 지인들에게 농담 삼아, "나는 매달 말이면 '빌' 보내느라 맨날 빌빌거린다"고 쓴웃음을 지었다. 하지만 웃을 일이 아니었다. 바쁜 와중에 청구서를 제때 처리하지 못하고, 긴 연휴가 끼어 외출했다 돌아와 책상에 쌓인 청구서를 보면 마감일이 지났다는 사실을 깨닫고, 황급히 봉투에 수표를 넣고 주소를 써서 우체통에 넣었지만, 며칠 후 그 청구서가 되돌아오기도 했다. 우표를 붙이지 않았거나, 주소를 잘못 썼기 때문이었다. 그럴 때마다 너무나 기분이 나쁘고, 내 자신이 바보 같고 멍청하다는 생각이 들었다. 어렵게 번 돈을 쓰레기통에 버리는 기분이었다.

그래서 하루는 책상 위에 쌓인 청구서를 보고 화가 나서, 차 안 대시보드에 전부 올려두었다 눈에 보이면 잊지 않겠다는 다짐이었다. 내 차 대시보드는 20개가 넘는 청구서로 늘 어지러웠고 내 불안의 상징이자, 빚의 므게를 매일 마주보는 일이었다. 그때부터 청구서를 줄이기 위해 원금을 많이 내는 방법을 택했지만, 이미 쌓인 빚이 너무 많아 5식구가 번 돈으로도 감당이 어려워져 나는 점점 불안해지기 시작했다.

이런 상황은 부모님도, 어린 동생들도, 고모님도 전혀 몰랐다. 다들 나를 믿고 있었기 때문에 나는 가족들에게 차마 이 사실을 말하지 못했다. 집안에서 영어를 하는 사람은 나 하나뿐이었고, 부모님은 연세가 많아 영어를 전혀 못하셨고, 동생들은 너무 어려서 현실을 몰랐다. 나는 사전을 펴 가며, 손짓 발짓으로, 그림을 따라가며 영어로 주문하고 계산하는 수준이었지만, 가족들은 내가 영어를 잘해서 모든 걸 똑똑하게 처리하고 있다고 믿었다. 나는 그 믿음을, 모든 짐을 스스로 지고 갔다.

가족 모두 정말 편안한 미국 생활을 즐기고 있었다. 모든 염려와 근심은 내 몫이었고, 사실을 알게 된 뒤로는 너무나 불안하고 두렵고 무서웠다.

만약 회사에서 해고당하거나, 회사가 문을 닫아 직장을 잃게 되면 청구서를 내지 못할 것이고, 그렇게 되면 은행이 집이나 차를 압류할 수 있다는 생각이 너무나 창피하고 끔찍했다. 밤이 되면 더 무서운 생각들이 몰려왔다. "만약 내가 죽는다면 이 집과 차는 어떻게 될까? 이 모든 것이 빚이라면, 내 인생은 무엇을 남긴 걸까?"

이 모든 것을 마련하느라 생일날 미역국 한 그릇 못 끓여 먹고, 휴가 한 번 못 가고, 성탄절에도 쉬지 못하고 머리를 싸매며 식당 청소하며 번 돈들인데, 결국 이 모든 것이 남지 않고 한 줌 흙으로 사라져버리면 이게 뭐란 말인가?' 미국에서 보낸 2년을 돌아보니, 먹고 자고 일하고 청구서 내는 것이 전부였다. '내가 이러려고 미국에 왔나?'

나는 많은 달러(Green)를 벌면 재미있게 인생을 살 수 있고(Good Life), 여자친구(Girl)도 많이 생기고 매주 여행 다니며 춤추고, 노래하며 청춘을 즐길 수 있을 거라 믿었다. '노세 노세 젊어서 노세, 늙어지면 못노나니' 그 노래처럼 젊을 때 마음껏 즐기고자 하는 꿈, 이른바 3G American Dream 을 품고 왔건만 미국 생활 3년, 이민 초기 영어도 서툰 온 가족이 일만 하며 벌어들인 돈은 은행에 잠시 모였다가 월말이면 썰물처럼 사라져버린 것이다. 결국 나는 '빌빌' 거리며 살고 있었고, 어느 누구도 나를 위로해 줄 사람 하나 없이, 주말에도 걸레와 빗자루를 들고, 마포를 짜가며 일하러 나가야 했다. 내 스스로 보기에도 참 불쌍하고, 멍청하고, 돌아온 것은 빚, 청구서, 고단함, 외로움뿐, 나는 진심으로 외로웠다. 나는 진심으로 그렇게 되묻지 않을 수 없었다.

막장 인생을 돌아보며

이 시점부터 나는 깨닫게 되었다. 세계에서 가장 잘사는 나라, 환경 좋고 시설 좋고, 보안 철저하고 풍요롭다던 이 미국에서 정작 이민 살이를 고민하며 괴로움 속에 지내다 보니, '나는 지금까지 어떻게 살아왔는가?'라는 질문을 스스로 던지게 되었다. 그리고 그 답은 아주 부정적이었다. 그저 먹고, 자고, 일하고, 매달 빚 갚느라 빌빌대며 살아온 것뿐이었다. 딴 건 한 게 없었다. 돈도 모아지지 않았고, 진한 연애 한 번 해보지 못했다. 모으지도 못할 돈을 모으겠다고 개미처럼 바삐 돌기만 하며 3년을 무의미하게 보냈다는 결론에 도달했다. 더 심각한 건, 앞으로도 이런 무미건조한 삶을 퇴직할 때까지, 어쩌면 40년 이상 계속해야 한다는 현실이었다. 어느 날 교통사고

나 불의의 사고로 죽기라도 한다면, 이건 정말 '개죽음'이 아닌가 하는 생각까지 들었다. 그렇다면 이렇게 지겹고 외로운 삶을 왜 애써 이어가야 하는가? 차라리 빨리 죽는 것이 낫지 않은가? 하지만 그런 생각은 곧 나의 자존심을 건드렸다. 그렇게 허망하게 삶을 끝낸다는 건, 내 나약함과 실패를 세상에 드러내는 것이고, 내 치부를 만천하에 알리는 꼴이라는 자각에 "이대로 죽을 수는 없다"는 결론을 내렸다. 그리곤 다른 대안을 찾기 시작했다. 여러 생각 끝에 결론을 내렸다. 어차피 언젠가는 죽어야 하는 인생이라면, 이렇게 빌빌거리다 끝내는 것보다, 즐길 수 있을 때 마음껏 즐기다 죽는 것이 후회가 덜하지 않을까? 그렇게 마음을 정하고, 이제는 인생을 최대한 '즐기는 데' 투자하기로 했다.

 1980년부터는 매주 금요일 주급을 타면 바로 은행에서 현금으로 바꾸고는 스트레스를 풀겠다는 명분으로 술을 마시고, 밤새 디스코클럽을 전전하며 시간을 보냈다. 당구장, 술집, 노래방을 드나들며, 자연스레 나와 비슷한 또래를 만나 어울렸고, 그룹 멤버가 되어 늘 그런 곳을 함께 다니며 술을 마시고, 담배와 마리화나를 피우고, 패싸움도 자주 벌이며 지냈다. 싸움 중엔 이빨이 부러지고, 눈이 멍들고, 몸을 다치는 일도 많았다. 그러면서 나는 분노와 증오로 가득 찬, 매우 사나운 인상과 행동을 가진 사람으로 산호세에서 악명이 높아지기 시작했다. 주말마다 밤새 술집과 파티장을 돌고, 술과 춤, 말다툼과 싸움으로 시간을 보내다가 새벽이 되면 집에 들어와 잠을 자는 생활. 아침 여섯 시에 출근하고, 퇴근 후엔 술집으로 향하고, 클럽이 문 닫는 새벽 두 시가 되면 친구들과 함께 'Danny's Restaurant'로 자리를 옮겨 수다를 떨며 새벽 다섯 시에야 아침을 먹고 귀가하는 생활이 반복되었다. 집은 그저 여관이나 다름없었다. 술에 취해 들어와 자고, 술이 깨면 다시 밖으로 나가는 일상이 반복됐다. 가족들과 얼굴을 마주칠 일도 거의 없었고, 나 역시 부모나 동생들이 어떻게 지내는지 신경 쓸 여유가 없었다. 집안은 콩가루가 된 지 오래였다. 나는 나대로 허랑방탕한 생활을 했고, 여동생과 남동생도 각자 공부하고 친구들과 어울리며 살았다. 서로 뭘 하고 있는지, 무슨 고민이 있는지 묻지도, 알려고도 하지 않았다. '무소식이 희소식'이라 믿으며 각자 살았다.

이렇게 지저분하고 문란하고, 육신적이고 이기적인 삶을 1년쯤 이어가고 나니, 1980년말 경 내 인생을 돌아보며 깜짝 놀랐다. 처음엔 이렇게 놀기 좋은 미국에서, 샌프란시스코와 산호세를 누비며 먹고 마시고 즐기면 인생이 좀 덜 지루하고, 재미있을 줄 알았다. 사나운 친구들과 어울리면 남들이 나를 우러러볼 줄 알았고, 젊을 때 실컷 즐기면 행복할 줄 알았다.

하지만 결과는 참담했다. 사람들과의 관계는 더러워졌고, 나는 '걸레'처럼 살았다. 늘 화가 나 있었고, 미국인이든 한국인이든 가리지 않고 욕설과 발길질을 퍼부었다. 직원이든 웨이터든, 친구 든 딜러든, 말이 통하지 않으면 싸움을 했고, 그래서 주변 사람들은 나를 피하기 시작했다.

운전도 힘하게 했고, 법규도 무시했고, 과속 티켓도 수없이 받았고, 접촉사고도 많았다. 결국 차량국에서는 내 운전면허를 정지시키기도 했고, 보험회사에서는 쫓겨나 사고 많고 문제 많은 운전자만 받는 보험사의 비싼 보험료를 내며 겨우 차를 몰고 다녀야 했다. 이렇게 1년을 감정만 쫓으며 살다 보니, 내 인격은 스스로 봐도 망가질 대로 망가져 있었고, 누구 와도 제대로 된 관계를 맺기 어려운 상태가 되었다. 담배와 술은 이미 중독 수준이었다. 술을 마시지 않으면 잠이 오지 않았고, 담배를 피우지 않으면 불안해서 손이 떨릴 지경이 되었다.

내가 봐도, 아무리 개죽음을 할지 언정 이렇게 인생을 사는 건 바람직하지 않다는 생각이 들기 시작했다. 스스로 자책하게 되었고, 타인의 눈에도 나는 너무 많이 망가져 있었다. 이렇게 지저분한 생활을 너무 오래 이어왔다는 자각이 들자, 개죽음을 당할지라도 인생을 이렇게 막 살아서는 안 되겠다는 생각이 들었다. 그건 결코 잘한 일도, 해답도 아니었다. 그렇게 생각이 정리되자, 나는 마음을 다시 바꾸기로 했다.

먼저는 담배를 끊기로 했다. 하루에 한 갑씩 피워대니 그 돈도 만만치 않고, 주머니마다 담배꽁초 부스러기가 있어 지저분해 보였다. 재떨이마다 수북이 쌓인 담배 재는 선풍기 바람이나 창문 바람에 날려 방 안을 어지럽히기 일쑤였다. 게다가 건강에도, 폐에도 좋지 않다는 것을 알기에 '끊자' 하고 피우지 않기 시작했다.

하루 이틀은 참을 만했다. 그런데 사흘 쯤 되자, 누가 10m 앞이나 뒤에서 담배를 피워도 그 냄새가 너무나 구수하고 좋게 느껴졌다. 결국은 참다 참다 담배가게에 가서 한 갑을 사와서는 줄담배를 피워 댔다. 그러다 "내가 이렇게 의지가 약한 인간인가?" 하는 자책이 들어, 담배 한 갑을 통째로 쓰레기통에 던져버리고 다시 시작했다. 역시 3~4일은 참을 수 있었지만, 시간이 갈수록 담배에 대한 갈망이 강해졌다. 또다시 담배가게로 향해 한 대를 피우면서 "이런 의지를 가지고 무슨 금연이냐"는 생각에, 다시 안 피우기로 작정하고 또다시 시도했다. 하지만 이번에도 실패였다. 내 마음대로 되지 않는다는 걸 뼈저리게 느꼈다. 나의 의지가 고작 이 정도였던 것이다.

술도 마찬가지였다. 오늘은 술을 안 마시겠다고 굳게 다짐했지만, 막상 밤이 되면 잠도 오지 않고 머릿속은 복잡해져서 좀처럼 잠을 이룰 수 없었다. '나는 무엇 때문에 사는가? 어쩌다 사람으로 태어났는가? 왜 인간은 결국 죽어야 하는가? 삶의 목적은 무엇인가?' 철학적인 질문들이 머릿속에서 쏟아져 나왔지만, 그 어느 누구에게서도, 어느 곳에서도 속 시원하고 마음에 흡족한 대답을 들어본 적이 없었다. 그래서 더는 이런 쓸모 없는 질문은 하지 말자고 다짐했지만, 저녁이 되어 방에 들어오면 또다시 그런 질문들이 몰려와 나를 불안하게 만들고, 신경이 날카로워지고, 스트레스가 쌓이게 되어 결국 술을 마시기 시작했다.

수없이 끊으려 시도했지만, 결과는 늘 같았다. 나는 나 자신이 의지가 강한 사람이라 믿었지만, 겨우 5cm 남짓한 담배꽁초 하나와 한 잔의 위스키가 내 인생을 이리저리 좌우하며, 내가 원하지도 않는 방향으로 끌고 다니는 모습을 보면서 충격을 받았다.

또한, 술집과 술친구들도 이제는 끊어야겠다고 굳게 다짐하고, 퇴근 후 차에 올라 집으로 가는 길에 마음을 다잡았지만, 어느새 나는 술집에서 알지도 못하는 술친구들과 히히덕거리는 자신을 발견하곤 했다. 한심하다는 생각이 들 때가 많았다.

집에 일찍 들어왔다 해도, '오늘은 절대 안 나가겠다' 다짐하고 소파에 딱 붙어 있으려고 하면, 꼭 술친구들이 전화를 했다. "오늘 금요일인데", "연휴인데", "생일인데", "심심한데", "우울한데", "서러운데", "화나는데" 등 핑계를 대며 술 한잔 하자고 꼬드겼다. 그 전화 한 통에 결국 못 이기는 척 나가게 되고, 시간이 자정 넘어 1시나 2시가 되어 돌아올 때면, 또다시 한심하다는 생각에 휩싸여 한숨을 푹푹 쉬며 광란의 운전을 하고 집으로 돌아오곤 했다.

이렇게 새로운 생활을 해보려 술, 담배, 외출을 끊으려 해도 아무리 각오를 하고, 작전을 세우고, 마음을 굳게 먹어도 생각대로, 마음대로 되지 않았다. 오히려 더 피워대고, 더 마셔대고, 더 나빠지는 나를 바라보면서, 나는 마치 누군가 초자연적인 힘을 가진 자가 나의 의지, 의견, 마음과는 상관없이 마음대로 나를 이끌어가는 것 같은 느낌을 받았다. 그 어떤 존재. 나보다 훨씬 더 강한 힘으로, 내 의지와 결정, 마음을 무시한 채 자기 뜻과 길로 나를 막무가내로 쇠사슬로 묶어 이끌고 가는 것 같았다.

그렇지 않고서야 내가 이렇게 내 의지와 각오로 세운 결단들이 하루 이틀 만에 허무하게 무너질 리가 없다고 느껴졌다. 그런 결론에 다다르자, 나는 이전보다 더 깊은 두려움과 공포에 사로잡혔다. 그리고 불안한 삶이 다시 시작되었다.

딱 1년, 나는 세상이 말하는 쾌락을 쫓는 막장 인생을 살아봤다. 하지만 뒤늦게야 그런 삶이 결코 나를 위로해주거나 행복하게 해주지 못한다는 걸 깨달았다. 오히려 나를 파괴하고, 더 부수고, 망가지게 만들 뿐이었다. 그래서 다시 새롭게 시작해보려 했지만, 그게 마음먹은 대로, 계획한 대로 전혀 되질 않는다는 걸 절실히 경험하게 되었다. 그렇게 내가 방탕한 삶을 싫어하는데도 불구하고 끊어낼 수 없음을 알게 되었고, 남들이 손가락질하며 "걸레"라고 불러도 이제는 정말 걸레 같은 인생을 살아야 하는 지경에 이르렀다는 생각이 들자, 두렵고 무서웠다. 희망도, 용기도 모두 사라진 채 앞이 보이지 않는 이민 생활은 너무나 버겁고 고통스러웠다.

지푸라기라도 잡고 싶을 때

절망 속에 더 많은 술과 담배에 찌든 나날을 보내고 있을 때였다. 나와 같이 HP 회사에 다니던 김충헌 형이, 김세창 목사님 부흥회에 갔다가 예수님을 영접했다면서 교회에 같이 가자고 했다. 그 뒤로는 술도 마시지 않고 파티에도 참석하지 않았고, 금요일부터 주일까지는 교회에 간다며 나와 멀어지게 되었다.

그리고 월요일마다 회사에서 함께 점심 도시락을 먹을 때면 교회에 가자고 초대했지만, 당시 나는 교회에 갈 마음이 전혀 없었다. 왜냐하면, 그때까지만 해도 나는 교회를 '연약한 여인이나 이혼당한 사람들이 신세 한탄이나 하며 위로 받는 곳', 혹은 '죽기 직전의 할아버지, 할머니들이 염라대왕에게 잘 보이기 위해 가는 곳'이라고 생각했기 때문이다. 또 목사들은 지옥과 천국을 만들어놓고 사람들을 겁줘서 돈을 걷어 생계를 꾸려가는 사람이라 여겼다. 그래서 매번 교회로 오라는 말이 나올 때면 슬슬 피하면서 지냈다.

내 마음대로 되지 않는 인생, 혼란과 불안에 휩싸인 삶을 살아가던 어느 날, 문득 내 마음 한구석에 이런 생각이 떠올랐다. '그 형과 나는 실과 바늘처럼 참 잘 맞았지. 함께 술 마시고 담배 피우고, 춤추고, 파티와 노래방을 누비던 사이였는데, 교회 부흥회에 다녀온 뒤 예수님을 믿고 나와는 정반대 길을 가고 있지 않은가?' 그 형은 그 잘 마시던 술도 단번에 끊었고, 술집과 노래방도 단번에 끊고 오히려 나를 교회에 초대하고 있다. 그 모습은 나와는 너무도 대조적이었다.

나는 술, 담배, 유흥을 끊으려 무진 애를 쓰고 노력했지만 백전백패라 결국 포기하고 자포자기한 채 살고 있는데, 그 형은 완전히 끊고 새 삶을 살고 있었다. '내가 꿈에도 그리던 삶을 저 양반은 살고 있다'는 생각이 들고 그 모습이 너무나 부러웠고, 궁금했다. 그래서 나도 마지막이라는 심정으로 예수를 한번 믿어보자 마음을 바꾸고, 교회 가자는 초대를 기다리기 시작했다. 그런데 이상하게도, 충헌 형은 거의 한 달 가까이 교회 가자는 말을 하지 않았다. 나는 초조해졌다. '왜 갑자기 교회에 가자고 초대를 안 하지? 내가 번번이 거절해서 이제 아예 포기했나? 내가 구제불능이라고 생각해서 접어둔 건가? 나에게 실망했나?' 별의별 상상이 다 들었다.

그러나 나는 이미 마음을 정한 상태였다. 이번에 초대하면, 못 이기는 척 따라가겠다고 결심하고 있었는데 기다려도 기다려도 형의 초대는 오지 않았다. 나는 그동안 내가 지속적으로 반대하고, 묵묵부답으로 일관했던 것을 후회하기 시작했다. '내가 너무 형을 실망시킨 건 아닐까?' 그런 생각이 들고, 그 사이 내 삶의 문제는 더욱 심각해지고 있었다. 이제 마지막 지푸라기라도 잡는 심정으로, 저 형이 믿고 새롭게 변할 수 있던 바로 그 '예수'라는 존재에 희망을 걸어보려 했는데, 초대받지 못하자 점점 불안이 엄습해 내심 두려움에 떨었다. '혹시 영영 초대 안 하면 어쩌지? 언제쯤 초대 하려나?' 한 주, 두 주, 세 주의 시간이 흘렀지만 형은 교회 이야기를 꺼낼 기미가 보이지 않았다. 형이 야속하고, 미웠다. '왜 이렇게 쉽게 포기해버리는 거야?' 그렇다고 내가 선뜻 나서 "교회에 가고 싶다"고 말하기엔, 그나마 나를 지탱해주던 자존심이 허락하지 않았다. 힘없어 보이고, 사나이답지 못하고, 뭔가 기회주의자처럼 보일 것 같은 생각들이 나를 붙잡고 있었기에, 벙어리 냉가슴 앓듯 속으로만 초조해 갔다. 그런데 감사하게도, 세 번째 주 금요일이 되자 그 형이 드디어 나를 초대해 주었다. "이번 주일에 한번 교회에 가보지 않겠나?" 얼마나 기다리고 고대했던 초대였던가?

속으로는 로또라도 당첨된 듯 기뻤다. 마음속 깊은 곳에서는 환호성이 터졌지만, 자존심을 지키기 위해 그 기쁨을 감췄다. 대신 마지못해 청을 들어주는 듯한 말투와 태도로, 떨리는 목소리로 이렇게 말했다. "아이고, 형님이 그렇게 졸라대니 한 번 가보지요!" 사실 내 속은 다리까지 떨릴 정도로 긴장하고 있었다. 혹시라도 "그런 마음가짐으로 올 거면 오지 마라"는 말을 들으면 어쩌나 하는 불안감도 있었다. 그러면 이 마지막 기회를 자존심상 또 다음으로 미뤄야 하니까 말이다. 그런데 천만다행으로 그 형은 "그래요, 그럼 이번 주일에 교회에서라도 봅시다" 하고는 밝게 웃으며 헤어졌다.

한 줄기 구원의 빛

1981년 3월 29일 내 생애 최고의 역사적인 날, 기다리고 기다리던 주일이 되었다. 나의 스포츠 카 MGB 로 형이 알려준 산호제 제일 침례교회에 도착해 처음 교회에 출석했다. 그곳은 미국 Foxworth First Baptist 교회

친교실로 얼마 안 되는 한인 분들이 예배당으로 사용하고 있었다. 그날 예배에는 약 25명 정도의 교인이 앉아 있었다.

예배가 시작되기 전, 한 안내자가 나를 반갑게 맞아주며 예배당 안으로 인도해 주었다. 나이 지긋하신 안내 위원들은 내 어머니보다도 연세가 많아 보였고, 예배에 온 사람들을 정성껏 맞아주며 편히 앉을 자리를 안내해주었다. 나는 맨 뒷좌석 가운데에 앉았다.

성가대 찬양이 시작되었는데, 너무 느려 장송곡처럼 들렸다. 예배는 차분히 진행되었고, 이어서 목사님의 설교가 시작되었다. 키가 크지 않으신 목사님은 어깨가 약간 굽었고, 얼굴은 까무잡잡 했는데, 말씀은 제법 재미있게 하셨다. 성도들 중에는 웃음을 터뜨리는 분들도 있었고, 가끔 박수도 쳤다. '확실히 저 양반은 말재주가 있는 분이구나' 하는 생각이 들었다.

사실, 멀쩡한 사람을 웃게 만드는 일은 코미디언들도 어려운 일인데, 그저 그런 이야기에도 성도들이 서로 웃으며 미소 짓는 모습이 나에겐 참 부러웠다. 나도 미국에 처음 왔을 땐 1년 정도는 웃으며 살았었다. 그러나 이민 생활의 고단함과 지침 속에 2년을 보내고 나니, 내 삶에서는 기쁨이 사라지고 사나운 맹수가 되어 있었다. 늘 찡그리고 눈을 부릅뜨며, 언성을 높이고 화를 내며, 사나운 맹견처럼 살아가고 있었다.

나는 모든 이민자들이 다 그런 찌든 삶을 살고 있을 거라 굳게 믿고 있었는데, 그날 내 생각을 뒤엎는 장면이 눈앞에서 벌어지고 있었다. 목사님의 설교를 들으며 웃고, "할렐루야!", "아멘!" 하는 교인들의 모습을 보며 나는 많은 생각에 잠겼다. '별로 재미있는 이야기도 아닌데 왜 저렇게 웃는 거지? 나도 저들처럼 웃고 싶다. 나도 이제는 교회 방문객이 아니라, 저들과 함께 웃고, 교회 안에서 함께 살아가고 싶은 마음이 솟구친다. 재미없는 이민 생활, 나도 좀 바꿔보고 싶다.'

그래서 나는 잡생각을 떨쳐버리고, 목사님이 무슨 이야기를 하시길래 성도들이 저리 웃어댈까 집중해서 들으려고 마음을 고쳐먹었다. 하지만 곧, 나는 눈살을 찌푸리고 고개를 푹 숙인 채, 목사님 얼굴을 마주치지 않으려고 무진 애를 쓰게 되었다. 왜냐하면, 목사님은 설교 중에 바로 내 이야기를 하고 있었기 때문이다.

말씀이 끝나기가 무섭게 "아멘!", "아멘!" 하며 웃음을 터뜨리는 성도들, 그런데 그 이야기들은 결코 유쾌한 내용이 아니었다. 오히려 내 지저분한 사생활, 오점으로 얼룩진 인생을 끄집어내고 있었다. 성가대와 교인들을 바라보며 그 이야기들을 설교로 풀어내고 있었고, 사람들은 그걸 듣고 웃고 있었다. 나는 그 장면이 너무나 창피했고, 목사님이 교양 없고 무례한 사람처럼 느껴졌다. 그래서 시계를 자꾸 들여다보며, 설교가 빨리 끝나기 만을 바라고 있었다.

시간은 너무도 더디게 흘렀다. 수치심은 점점 커져갔고, 마음속 분노는 치밀어 올랐다. 속으로는 '이 교회는 오늘이 처음이자 마지막이다'라고 단정하고 있었다. 설교나 제대로 하시지, 어떻게 나의 사생활을 허락도 없이 예배 중에 공식적으로 들춰내는가. 그걸 또 듣고 박수 치며 "할렐루야", "아멘!" 하는 교인들도 참 몰상식하게 느껴졌다.

솔직히 말하자면 목사님이 말씀하신 내용은 모두 사실이었다. 내가 좋아서 저지른 일들은 몇 가지 안 된다. 대부분은 내가 하고 싶어서가 아니라, 그때의 환경, 젊음의 혈기 속에서 어쩔 수 없이 저지른 죄들이었다. 목사님은 나와 대면한 적도 없고, 대화한 적도 없으신 분인데도, 어떻게 그렇게 내 속사정을 정확하게 꿰뚫고 있는지 너무 이상하고 무서웠다. 그동안 나름대로 보석처럼 간직하고 있던 자존심은 그 자리에서 박살이 나버렸다.

나는 이제 희망도, 내일도 없는 사람이라고 결론 내리고 살다가, 지인 형의 권면으로 예수님께 마지막 기대를 걸고 교회를 찾아왔건만, 이게 웬 청천벽력인가! 목사라는 사람이 많은 성도들 앞에서 내 지저분한 사생활을 낱낱이 들춰내며, 죄인인 나를 공개적으로 드러내고 조롱하는 듯한 분위기 속에 몰아넣다니, 너무 불쾌했고 분노가 치밀었다.

말씀 하나하나가 틀린 건 아니었다. 다만, 그게 진실이라고 해서 이렇게 공공연히 말해도 되는 건가 싶었다. 나는 그런 죄를 짓고 싶지 않아도 짓게 되는 나약한 존재라는 걸 누구보다 잘 알고 있다. 그래서 오늘, 그 해결책을 찾고자 이 자리에 온 것인데, 이게 웬 날벼락인가! '혹 떼러 왔다가 혹 붙여서 간다'는 말이 딱 내 상황이었다.

그런데도 내 마음속엔 의문이 계속 맴돌았다. '어떻게 저 목사님이 내가 저지른 수치스러운 죄들을 그렇게도 잘 알고 있을까? 귀신도 아니고, 무당도 아니고, 도사도 아닐 텐데….' 한 가지 가능성은, 함께 일했던 그 지인, 나를 교회로 인도한 형이 혹시 나를 돕기 위해 목사님께 내 사생활을 알린 게 아닐까 하는 생각이었다. 그렇게 나를 교회의 교인으로 만들려는 시도였다면, 그건 참으로 불쾌한 배신이었다.

그 생각이 들자, 형에게 괜히 화가 났고, 회사에 가면 따져 묻고 싶었다. 진상을 규명하듯 하나하나 조목조목 캐물어야겠다는 생각까지 들었다.

나는 고개를 푹 숙인 채, 얼굴이 화끈거리고, 숨도 제대로 쉴 수 없었다. 마치 모든 교인들이 나를 조롱하고 멸시하는 시선으로 바라보는 듯한 느낌이 들었다. 말 그대로 바늘방석에 앉아 있는 것 같았다.

예배가 끝나자마자 뛰어나가야겠다고 마음먹고, 설교가 끝나기 만을 기다리며 시계만 뚫어져라 바라보고 있었다. 그런데 설교 말미에 목사님이 이렇게 말씀하셨다.

"저를 포함해서 세상의 모든 사람들은 알게 모르게 지저분한 죄들을 지으며 살아갑니다. 그래서 로마서 3장 23절에는 '모든 사람이 죄를 범하였으매'라고 기록되어 있습니다. 그리고 그 죄 때문에 모든 사람은 죽게 되어 있습니다. 그러나 죽음으로 모든 고통과 죄가 끝나는 것이 아니라, 죽은 후에는 하나님의 심판이 있으며, 로마서 6장 23절에는 '죄의 삯은 사망'이라 말씀하십니다. 즉, 죄의 결과는 영원한 죽음, 곧 불지옥이라는 말입니다.

그래서 하나님께서는 죄를 밥 먹듯 짓다가 죽어서는 지옥에 갈 수밖에 없는 인간들을 구원하시기 위해, 자신의 독생자 예수님을 이 땅에 보내셨습니다. 예수님은 세상 모든 인류가 저지른, 상상하기도 싫은 지저분한 죄들을 친히 짊어지시고 십자가에서 죽으셨습니다. 그렇게 하여 우리의 죄값을 대신 치르신 것입니다. 예수님께서 우리의 죄 때문에 죽으시고, 무덤에 장사되셨다가 3일 만에 부활하셨다는 것을 믿기만 하면, 그동안 지은 모든 죄는 물론 앞으로 지을 죄까지도 모두 용서받게 됩니다. 그 결과로 우리는 죽은 뒤에도 하나님께서 예수님을 믿었다는 단 한 가지 이유 때문에, 과거의 모든 죄를 짓지 않은 것처럼 여겨 주시고, 다시 새롭게 시작할 수 있는 기회를 주신다고 하셨습니다. 뿐만 아니라, 이 순간 지구의 종말이 와서 당장 죽게 되더라도, 죽음이 없는 천국에서 영원히 살게 되는 자비를 허락하신다고 성경 요한복음 3장 16절에 약속하셨습니다. '하나님이 세상을 이처럼 사랑하사 독생자를 주셨으니, 이는 저를 믿는 자마다 멸망하지 않고 영생을 얻게 하려 하심이라.' 또 요한복음 5장 24절에는 '내가 진실로 진실로 너희에게 이르노니, 내 말을 듣고 또 나 보내신 이를 믿는 자는 영생을 얻었고, 심판에 이르지 아니 하나니 사망에서 생명으로 옮겼느니라'라고 기록되어 있습니다."

나는 설교가 끝나자마자 어떻게 든 교인들 몰래 빨리 교회를 빠져 나와야겠다는 생각으로 몸을 움츠리고 있었다. 그러던 중, 설교의 마지막 결론에서 목사님이 말씀하신 "십자가에서 죽으신 예수님을 믿기만 하면 하나님께서 모든 죄를 눈감아주시고 새로운 기회를 주신다"는 구절이 내 귀에 깊이 들어왔다. 마치 한 줄기 구원의 빛을 발견한 기분이었다.

나는 지금까지 그 썩었을 지도 모르는 동아줄조차 세상에서는 찾을 수 없어서, 혹시 이 교회에서 라도 있다면 붙잡아보고, 끊어지면 그걸로 인생을 끝내겠다는 간절한 마음으로 앉아 있었다. 그런데 예배 내내 내 치부만 드러나고, 교인들 웃음거리가 되어 본전도 못 챙긴 채 뛰쳐나가려던 순간, 목사님의 이 말씀이 내 혼란스럽고 어두운 마음속에 한 줄기 빛처럼 비춰졌다.

'정말 저 말씀이 사실이라면 얼마나 좋을까?' 단순히 듣기 좋게 한 말이라 해도, 그것은 사막에서 마시는 단 한 모금의 물처럼 내게 위로가 되었다. 그 말이 모두 거짓이라 해도, 그때의 나에겐 큰 희망으로 다가왔다.

죄인이라고 공개 선언 후

저런 썩은 동아줄이 나에게도 차례가 올까? 지구촌 수많은 사람들이 저 줄을 잡으려 손을 뻗고 있을 텐데, 힘도 없고, 줄도 없고, 연줄도 없는 나에게도 그런 줄이 닿을까? 나는 아닐 것이라는 확신을 가지고 앉아 있었다.

그런데 그때, 목사님은 전혀 예상하지 못한 제안을 하셨다. 그 제안은 나를 당황하게 만들었고, 어떤 행동을 해야 할지 잠시 커다란 갈등이 생겼다.

"혹시 여러분 중에 죄에 대한 용서가 필요하고, 새로운 인생의 기회를 찾고 계시는 분이 있다면, 하나님의 도움을 구하는 표시로 손을 들어보세요."

나는 그 순간 이 질문이 나를 향한 것이라는 생각이 들었다. 나는 죄의 구덩이에서 살며 지친 인생을 살아왔고, 새로운 삶을 살고자 수없이 결단하고 시도했지만 다 실패로 끝났다. 이제는 지치고 나 자신도 믿지 못하게 되었고, 그냥 될 대로 되라, 케 세라 세라, 이러다 죽으면 죽는 거지 하는 마음으로 살고 있었다.

그런데, 하나님께서 자신의 아들 예수를 믿는다는 단 하나의 조건을 충족한 사람에게 죄를 용서해 주시고 새로운 기회를 주시겠다고 약속하셨다니, 그것은 너무 믿기 어려운, 확신 없는 썩은 동아줄 같았다. 그럼에도 불구하고 나는 그 마지막 줄이라도 잡아보고, 끊어져서 지옥에 떨어져 죽더라도 한 번은 시도해보자는 마음으로 손을 들었다.

크게 번쩍 든 것도 아니었다. 남들이 보면 '완전한 죄인'이라고 낙인 찍힐 수 있다는 생각이 들어, 앉은 자세에서 조심스럽게 살짝 팔을 들었다.

그런데 이번에는 더 이상한 행동을 하라고 제안하셨다. 손을 든 사람은 목사님이 하시는 기도를 따라 하라는 것이었다. 내가 볼 때, 그 주일에 손을 든 사람은 나 혼자 뿐이었던 것 같다. 나는 교회 다니는 사람들은 모두 정직하고 깨끗하게, 죄를 짓지 않고 사는 사람들일 거라고 믿고 있었다. 그래서 그들은 모두 천국에 간다고도 믿었다.

그러니 목사님이 나에게 기도를 따라 하라고 하셨다고 느꼈고, 싫고 창피했지만, 목사님이 강단에서 하시는 기도를 따라 했다.

기도의 내용은 이랬다.

"예수님, 저는 죄인입니다. 용서해주십시오. 이 시간 제 마음의 문을 열고 예수님을 제 삶에 모셔 드리며, 새로운 삶을 살기를 원합니다. 제 마음속에 들어오셔서 저의 모든 죄를 용서해주시고 새로운 기회를 주셔서 감사합니다. 예수님의 이름으로 기도 드립니다. 아멘."

나는 오후 12시 20분경, 손에 땀이 나도록 의자를 꼭 잡고 이 '영접 기도'를 마쳤다. 기도를 마치고 나니, 너무나 창피했다. 드디어 공식 석상에서, 그것도 30명 가까운 한인들 앞에서 "나는 자타가 공인하는 죄인"이라고 공개 선언한 셈이었다. 너무나 부끄러웠다. 모두가 나를 죄인처럼 바라보고 있을 거라는 생각이 들었다. 나 자신이 한심했고, 나를 이렇게 코너로 몰아넣고는 내 죄를 낱낱이 들춰낸 목사가 너무나 미웠다. 결국 마지막엔 항복하듯 손을 들고, 죄인의 기도를 따라 하게 만들고, 나는 마치 권투 링 위에서 어퍼컷을 맞고 녹다운 된 채 벌렁 누어버린 기분이었다.

그리고 그 모든 죄의 리스트를 목사님께 제공한 지인, 김충원 형도 너무나 밉고, '참 질 안 좋은 사람'이라고 생각했다. 결국 나는 오늘 아주 멍청한 짓을 많은 사람들 앞에서 저질렀다는 생각이 들어, 나 자신이 더 한심하게 느껴졌다. 그래서 '이 괴로운 자리를 빨리 떠나야겠다'는 마음으로, 성가대가 마지막 찬송을 부르기 전에 나는 조용히 빠져 나왔다.

너무 속상했다. 창피했고, 화가 났다. 교회 주차장에 도착하여 나는 내 차의 악셀을 힘껏 밟았다. 이 더러운 기분을 안고, 이 기분 나쁜 교회를 빨리 빠져나가고 싶었다. 악셀을 밟자 내 스포츠카는 끼익 소리를 내며 타이어 연기를 뿜어냈고, 주차장을 요란하게 빠져나가고 있었다.

마지막 찬송을 부르던 성도들은 창밖으로 연기와 굉음을 뿜으며 쏜살같이 달려나가는 나를 바라보며, 놀라서 기절초풍한 듯한 눈빛으로 창문을 향해 고개를 돌렸다. 하지만 나는 너무 화가 나서, 아랑곳하지 않고 더 가속 페달을 밟으며, 교회 주차장을 벗어나 매인 도로로 접어들었다. 굉음과 연기를 내며, 그렇게 교회를 떠났다.

고속도로에 진입한 후에도 분노는 좀처럼 가라앉지 않았다. 나는 과속으로 달리면서 속으로 다짐했다. "오늘로 교회는 처음이자 마지막이다."

오늘, 무언가 위로라도 받고 삶의 해결책을 얻을 수 있을까 싶어 마지막 기대와 희망을 품고 찾아간 교회였다. 그런데 돌아온 것은 오히려 창피함 뿐이었다. 나를 그토록 당황스럽게 만들고 수치심만 안겨준 저 교회, 저 목사, 그리고 나를 꼬드기듯 초대한 지인 모두 오늘로써 끝이다. 다시는 이런 일 없을 것이다. 그렇게 다짐하며 집에 도착했다.

집에 와서도 화가 풀리지 않았다. 결국 부모님과 동생들에게 괜한 트집을 잡고 화풀이를 해댔다. 그러자 다들 하나 둘 내 주변에서 조용히 사라져 갔다. "내일은 회사에 가서, 나를 이렇게 비참한 자리에 끌어내고 목사에게 내 모든 것을 털어놓은 그 지인과 반드시 한바탕하고 끝을 내겠다." 그렇게 이를 악물고, 복잡한 마음을 안고 잠자리에 들었다.

순간에 변한 내 마음

늘 그렇듯 새벽 4시 30분에 직장 갈 준비를 위해 일어나 샤워실에 들어가는데, 갑자기 어떤 생각 하나가 스치고 지나갔다. "교회에 가고 싶다'는 생각이었다.

순간 나는 의아했다. "오늘은 월요일이 아닌가? 그런데 왜 교회에 가고 싶은 생각이 들지? 어제 교회에서 그렇게 큰 창피를 당했는데도 말이야." 게다가 어제 고속도로를 달려오며 "오늘이 교회 가는 건 처음이자 마지막이다"라고 굳게 다짐하지 않았던가. 아무런 해결책도 주지 못했을 뿐 아니라, 오히려 많은 교인들 앞에서 손을 들게 하고 죄인임을 고백하게 만들고, 그것도 초면인 낯선 사람에게 공개적으로 내 속을 들춰내는 무례한 일을 저지른 그 목사, 그리고 나의 죄를 낱낱이 알고 있는 듯한 그 교회의 교인들. 그런 곳에 왜 다시 가고 싶은 걸까? 도무지 이해할 수가 없었다.

나는 이 생각이 어제 받은 충격에서 오는 일시적인 스트레스 반응이겠거니 하고 출근했다. 그리고 직장에서 지인을 만났지만 차마 따지지는 못했다. 아침의 이상한 생각이 자꾸 떠올랐기 때문이다. 그저 "교회 분위기가 좋았고, 목사님이 연설을 참 재미있게 하시더라"고 둘러대며 무심하게 대화를 이어갔다. 그러면서도 그의 시선은 피했다.

그리고 화요일 아침이 되었다. 그런데 또다시 같은 생각이 나를 스쳤다.

"교회에 가고 싶다." 왜 이런 엉뚱한 생각이 계속 드는 걸까?

분명 지난 일요일에 스스로 "이번이 처음이자 마지막이다"라고 다짐했는데, 하루도 채 지나지 않아 내 마음이 이렇게 바뀌다니, 내 자신이 이해되지 않았다. 심지어는 무서운 생각까지 들었다. "혹시 지난 주일에 교회에서 뭔가에 홀린 건 아닐까?" 하는 두려움이 파고들기 시작했다. 내가 이상해진 것만 같았다. 수요일 아침도 마찬가지였다. 나는 곰곰이 생각하기 시작했다. "지난 주일 교회에서 그렇게 비참한 경험을 했는데도, 왜 나는 다시 교회에 가고 싶은 걸까? 다시는 가지 않겠다고 그토록 굳게 다짐했던 마음이 도대체 왜 사라졌을까?"

이것저것 떠올려보니, 처음 교회를 찾았을 때 한복을 곱게 차려 입고 교회 문 앞에서 성도들을 맞이하던 한 분이 떠올랐다. 김재희 집사님, 김충원 형의 어머니였다. 그분은 얼굴에 환한 웃음을 머금고 마치 멀리 객지에서 돌아온 아들을 반기듯이 달려와, 남루하고 초췌한 나를 진심으로 반갑게 맞이해주시고 교회 안으로 인도해 주셨다. 그 따뜻한 미소와 따뜻한 환영은 미국에 온 이후 처음 받아본 대접이고 위로였다. 그 순간만큼은 "아, 교회에 오길 잘했구나." "교회가 참 따뜻한 곳이구나." 그런 마음이 들었었다. 하지만 여러 상황들 때문에 그 감정은 싹 사라지고 말았는데, 이상하게도 그 감정이 다시 내 마음을 사로잡기 시작했다.

월요일부터 금요일까지, 매일 아침이면 교회에 가고 싶은 마음이 가시질 않았다. 매일 충원 형을 만났지만 차마 아무 말도 꺼내지 못해, 그냥 커피 마시고, 점심 같이 먹고, 그렇게 지냈다. 토요일이 되자 나는 결국 교회에 다시 가기로 마음먹고, 와이셔츠를 꺼내 다리고, 한국에서 가져온 양복을 손질해서 다림질했다. 구두도 닦아서 반짝반짝 광을 내며 주일을 기다렸다. 그리고 주일이 되자 말끔하게 차려 입고 교회를 향해 갔다.

도대체 나는 왜 지난 월요일부터 교회에 가고 싶어 했을까? 이유가 뭘까?

그 질문을 곱씹으며 교회에 도착했다.

메마른 마음에 쏟아진 단비

이번 주일에도 역시 김재희 집사님이 마중 나오셨다. 이번에는 더욱 반갑게 "또 오셨네요! 잘 오셨어요, 반가워요" 하시며 나를 교회당 안으로 인도해 주셨다. 정말 환영 받는 느낌이 들었다. 참 멋지고 좋은 분, 얼굴도 예쁘신데 마음까지 어머니처럼 따뜻하고 친절한 분이라는 생각을 하며 교회당 안으로 들어섰다. 지난주처럼 맨 뒷자리에 앉았다.

앉자마자 김 집사님이 건네주신 주보를 읽어 내려갔다. 그때 앞쪽에서는 성가대가 찬양 연습을 하고 있었다. 그런데 그 찬양이 이상하게도 내게 말하는 것처럼 들렸다.

"나 주를 멀리 떠났다, 이제 옵니다.

나 죄의 짐이 고달파, 이제 옵니다.

나 이제 왔으니, 날 받아 주소서."

그 찬양을 듣는 순간, 전에는 장송곡처럼 들렸던 것이 이번에는 하나님이 나에게 직접 말씀하시는 듯한 따뜻한 음성으로, 내 마음속을 파고드는 하나님의 초청장처럼 들려왔다.

"그래, 그동안 죄와 싸우고, 죄의 짐을 지고, 어린 동생들과 부모님 모시느라 힘들었지?"

(속으로 "네, 많이요.")

"그래, 영민아, 잘 돌아왔다. 그동안 마음고생 참 많이 했지? 나는 네가 얼마나 조마조마하며 살아왔는지 다 알고 있단다."

(속으로 "나는 아무도 모를 줄 알고 외톨이라고 생각했는데, 알고 계신 분이 계셨네요?")

"영민아, 이제 괜찮아. 잘 왔다. 오랫동안 네가 돌아오길 기다렸단다."

그 음성이 내 마음 깊은 곳에서 울려왔다. 내 눈에서는 뜨거운 눈물이 쏟아지고 있었다.

아! 아무도 나의 아픔과 수고와 지침을 눈치채지도 알지도 못한다고 생각하며, 외로움과 괴로움, 두려움과 슬픔 속에서 혼자 눈물을 삼키며 버티고 있었는데, 하나님이 나에게 이렇게 말씀해 주시다니!

하나님의 그 자상한 음성에, 내 눈에는 눈물이 차오르기 시작했고, 가슴 속에서 올라오던 울음이 목을 타고 나올 듯 밀려왔다. 금방이라도 통곡이 나올 것 같아 울음을 억누르려 하자 목이 조여오고, 마치 칼이 박히는 듯한 아픔이 느껴졌다. 눈물이 뚝뚝 떨어졌고, 내 어깨는 지진으로 흔들리듯 감당할 수 없을 만큼 떨려왔다.

진정하려 애썼지만 몸은 점점 더 떨렸다. 그냥 실컷 통곡하고 싶었지만, 여기는 거룩한 예배당이 아닌가. 이제는 콧물까지 더해져 얼굴 위로 진한 눈물이 마구 흘러내렸다. 호주머니에 손을 넣어 손수건을 찾았지만 없었다. 휴지도 없었다. 결국 손으로 닦아내며 울음을 멈추려 애썼다. 이렇게 나약하고, 어린아이처럼 질질 짜고 있는 내가 도무지 이해되지 않았다. 나는 한국에서도 자타가 인정하는 깡다구 있는 사내였다. 어릴 적에도 나보다 훨씬 큰 아이와 싸우다 얻어맞아도 울지 않았고, 아버지께 매를 맞을 때도 한 번도 울어본 적이 없었다.

'사나이는 울면 병신이다. 남자는 시시한 것 가지고 우는 게 아니다.'

이 고정 관념은 내가 아주 열심히 지켜온 것이었다. 그런데 지금은 겉보기에는 풍요롭고 모든 걸 가진 듯 보이는데, 정작 위로해주는 사람 하나 없고, 말 통하는 친구도 없고, 술잔 기울일 벗 하나 없이 살아가다 보니, 술과 담배를 친구 삼아 눈물로 위로 받으며 살아가고 있었다. 그런데 오늘은 골방도, 차 안도 아닌 공석에서 울고 있는 게 아닌가? 그것도 거룩한 예배당 안에서 말이다. 교인들이 예배당에 들어올 때는 까치발을 하고 허리를 90도로 꺾으며, 소리 나지 않게 조심스럽게 걷고 있었는데, 그런 성스러운 공간에서 나는 흐느끼며 울고 있었던 것이다.

참으려 무진 애를 썼지만 조절이 되지 않았다. 울음을 삼키려 목에 있는 힘을 다 주었지만, 그 새로 울음이 자꾸 새어 나왔다. 목에 힘을 주다 보니 울음에 이상한 소리까지 섞여 나왔다. 창피하고 미안하고, 내가 무식한 행동을 하고 있다는 생각이 들었다. 눈물과 콧물이 쏟아졌고, 울음소리까지 새어 나오고 있었다.

그때 누군가가 내 옆자리에 티슈를 살며시 놓고 가는 것이 보였다. 너무 감사했다. 수건이 없어 손과 옷소매로 눈물과 콧물을 닦고 있었는데, 그분이 아무 말 없이 조용히 휴지를 놓고 가신 것이 너무 고마웠다. 성도가 된 후, 나도 그 배려를 그분에게서 배워, 종종 누군가가 기도나 예배 중에 울거나 훌쩍이면 준비해 둔 휴지를 옆에 놓아드리곤 한다. 휴지를 놓고 간 교인의 행동을 보며, '이곳에서는 이렇게 울어도 몰상식한 일이 아니구나' 싶은 마음이 들어, 그냥 마음껏 울기로 했다. 그리고 누구인지는 모르지만 그분께 무척 감사한 마음을 품으며 계속 울었다. 혹시 내가 소란을 피워 예배 방해꾼으로 낙인 찍히고, "다음부터 오지 마세요."라는 말을 듣게 되면 어쩌나 걱정했는데, 다행히 울음은 점차 잦아들었다.

성가대의 찬양과 모든 찬송가가 내 마음 깊은 감정들을 그대로 담아내고 있었다. 예배 중 그 쓸쓸함과 피곤함, 무력함을 멜로디에 실어 찬양으로 드리니, 또다시 눈물이 쏟아질 뻔했다. 그러나 찬송가의 가사는 위로와 안도, 미래의 희망을 담고 있었고, 그 아름다운 음향은 날개를 단 듯 내 영혼에 날아들어 밝은 미래의 편지를 전해주는 것처럼 느껴졌다. 내 마음이 큰 위로를 받았고, 두려움과 슬픔이 사라지는 듯했다.

찬양은 더욱 내 마음을 울렸다. 어쩌면 저들은 어떻게 저토록 깨끗하고 거룩한 노래를 부를 수 있을까? 겉보기엔 나와 별 차이가 없어 보였지만, 성가대석에 올라 찬양하는 그들은 너무나 아름다워 보였고, 부럽기까지 했다. 어떻게 저들은 이 죄악 많고 황폐한 미국 땅에서 살면서도 저토록 맑고 기쁘게, 그리고 진실하게 찬양을 부를 수 있는 걸까? 이해는 되지 않았지만, 그들은 분명 나와는 정반대의 세상에서 살아가는 사람들이라 느껴졌다. 나도 언젠가 저들처럼 성가대원이 되어, 그렇게 찬양할 수 있다면 얼마나 좋을까? 그 순간, 그것은 나에게 하나의 소망이 되었다.

잠시 후, 목사님께서 설교를 위해 단상에 오르셨다.

'오늘도 또 내 얘기를 하시며 손들라고 하고, 따라서 기도하라고 하시면 어쩌지? "저는 죄인입니다!"를 간첩 자수하듯 따라 외쳐야 하나?' 하는 걱정이 들었다.

'그래, 뭐 하라면 해야지. 지난주에 이미 다 드러났으니 마음을 다잡고 목사님의 말씀을 잘 듣자.' 그렇게 스스로를 다잡았다.

그런데 이번 주는 달랐다. 내 얘기는 하지 않으셨는데 설교 내용은 정말로 명설교였다. 나는 지금까지 그런 말 재주를 가진 사람을 본 적이 없었다. 대학교 박사들도 자신의 전문 과목을 가르칠 때엔 노트를 들여다보며 더듬더듬 지루하게 강의했고, 웅변가나 대통령, 국회의원들도 연설 때는 준비된 원고를 읽느라 청중을 외면하기 일쑤였다. 헷갈리면 "죄송합니다, 눈이 안 좋아서."라며 같은 내용을 두 번 읽기도 했다. 그런데 이지춘 목사님의 설교는 45분이 넘었지만 원고를 거의 보지 않으시고, 마치 일대일로 교인들의 얼굴을 보며 대화하듯 이어졌다. 그 말씀이 전혀 흐트러짐 없이 정곡을 찔렀다.

'도대체 저렇게 소탈하게 생기신 분의 입에서 어떻게 명언과 진리, 철학

과 신조가 이렇게 쏟아질 수 있단 말인가?'

그분의 말씀은 나와는 천지차이의 사고방식이었고, 삶의 철학이었고, 좌우명이었다.

'이건 단순한 설교가 아니야. 목사님 뒤에서 하나님이 말씀하시고, 머리 위에서 비춰주시며 지금 함께 설교하고 계시는 게 틀림없다.'

그 확신이 내 마음에 점점 더 강하게 자리 잡았다. 그렇지 않고서야 어떻게 사람이 저토록 유창하게, 자신만만하게, 확신에 찬 어조로 호언장담할 수 있을까?

천국이 있다는 말씀, 지옥이 있다는 말씀, 예수님이 죽은 지 사흘 만에 다시 살아나셨다는 말씀, 지금 이 순간 이 자리에 오셔서 우리를 보고 계신다는 말씀, 물 위를 걸으셨고 죽었다가 다시 살아나셨다는 말씀. 모두 세상 기준으론 가능성 1%도 안 되는 이야기인데 말이다.

하지만, 그 1%의 가능성이 현실이 될 수 있다는 상상과 믿음만으로도, 지금 이 미국 땅에서의 찌들고 무의미한 이민 생활을 이겨낼 수 있는 작은 지렛대가 될 수 있다는 희망과 기대가 생겨났다. 그래서 너무나 통쾌했고, 너무나 속이 후련했다.

마치 20km 마라톤을 완주한 뒤, 목에 물 한 방울도 남지 않은 상태에서 차가운 냉수를 들이킨 듯, 죽었다가 다시 살아난 듯한 느낌이었다.

그날 45분 동안, 쫙쫙 갈라진 땅이 벌컥벌컥 비를 마시듯, 깡말라 갈라지고 쩍쩍 갈라졌던 내 마음에 갑자기 소낙비가 쏟아졌다. 나는 목사님이 쏟아 부어주시는 하나님 말씀을 정신 없이 받아들였다. 너무나 시원했고, 상쾌했고, 후련했고, 무엇보다 즐거웠다.

'아, 교회에 정말 잘 왔구나. 정말 좋다. 만족스럽다. 그냥 이곳에서 이렇게 명설교만 듣고 살 수 있다면 얼마나 행복할까?'

그런 생각을 하며 나는 목사님의 설교에 깊이 빠져 있었다. 그런데 이게 웬일인가? 목사님은 설교를 마무리하시며 "기도하겠습니다." 하시더니, 지난주처럼 예수님을 영접하실 분은 손을 들라고 하셨다. 나는 들지 않았다.

"지금 제가 드리는 이 예수님 영접 기도를 함께 따라 하신다면, 하나님이 당신의 죄를 용서하시고 새로운 기회를 주십니다. 계십니까? 계시면 손을 들어 보여주십시오. 제가 하나님께 어떻게 말씀드려야 할지 도와드리겠습니다." 하지만 아무도 손을 들지 않았다. 그리고 목사님은 마치는 기도로 설교를 마무리하셨다.

나는 속으로 생각했다. '아니, 목사님이 설교를 하시다가 갑자기 저렇게 끊으시면 어떡하지?' 마치 옛날 시골 고향에서 야외 영화 상영 중 필름이 끊겨 다음 장면을 못 보고, "이후 장면은 내일 오셔서 보세요" 하던 그 시절처럼 아쉬운 마음이 들었다. 그런데 시계를 보니 벌써 12시가 넘었다. '아! 이게 그거였구나.'

재미있는 딱지치기나 공놀이, 구슬치기를 하다 보면 너무 즐거워서, 어머니가 "영민아, 밥 먹자! 밥 식어!" 하고 부르셔도 "알았어요, 금방 가요!" 하고는 30분은 더 놀다 들어가던, 바로 그랬다.

설교가 너무 좋았다. 마음에 와닿았고, 경고도 있었고, 지혜와 통찰도 있었고, 죽어도 후회 없는 삶의 철학이 있었기에 그 말씀이 달콤한 사탕처럼 느껴졌다. 아쉬움을 남기며 아침 예배는 목사님의 축도로 마무리되었다. 더 듣고 싶었다. 너무 짧았다. '다음 주에는 더 길게 해주세요. 1시간으로 늘려주세요.' 그런 간절한 마음의 요청을 품고, 나는 조용히 집으로 돌아왔다. 아, 어떻게 저렇게 주저하지 않고 숨도 제대로 쉬지 않으며, 45분을 청산유수처럼 원고도 없이 말씀하실 수 있을까? 그때 나는 확신했다.

[김영민 침례식]

제 3 부
하나님은 계시다

말씀에 녹아버린 내 영혼	74
자신도 모르게 변해가는 나	76
가족과 한 걸음씩 주님께	80
작은 성경책 큰 깨달음	82
변화를 향한 몸부림	87
한 발은 교회, 한 발은 세상에	91
회개의 통곡 끝에 받은 응답	94

제3부   하나님은 계시다

말씀에 녹아버린 내 영혼

하나님께서 뒤에서 모든 이야기를 들려주시고, 목사님은 그 말씀을 받아 우리에게 전하고 계신다는 생각을 하지 않을 수 없었다. 웅변가들도 원고를 보고도 주저하고 더듬으며, 읽은 내용을 또 읽기도 하는데, 이 목사님은 교인 한 사람 한 사람을 돌아보며, 마치 1:1로 말씀을 전하듯 설교하셨다. 정말 신기했다.

'확실히 저분은 하나님과 무척 친한 분이구나.' 나는 그 생각을 하며 시선을 떼지 않고 말씀을 들었다. 모든 말씀이 연설처럼 들렸고, 또 재미있었다. 너무 재미있어서 시계를 볼 틈도 없이 몰입해 들었다. 몇 분밖에 안 지난 것처럼 느껴졌는데, "기도하겠습니다" 하시며 지난주와 같이 복음의 초대를 또 하신 것이다.

지난주에는 설교가 무척 길게 느껴져 시계를 몇 번씩 봤던 기억이 나는데, 오늘은 왜 이렇게 짧게 느껴지는가? '좀 더 하셔도 되는데' 싶어 시계를 봤더니 정확히 12시였다. 45분간의 설교였지만, 그만큼 몰입해서 들었기 때문에 짧게 느껴졌던 것이다.

예배가 끝난 후 친교실에서 커피와 다과를 나누며, 목사님과 인사도 나누고 돌아왔다. 오면서 많은 생각이 들었다. '한 번도 울지 않던 내가 왜 울고 있었을까? 왜 그 장송곡 같던 찬양이 날 울리고 있었을까?'

나는 지금까지, 아무도 이 지치고 맥없이 살아가는 나를 모른다고, 나를 이해하고 위로해줄 사람은 내 주변에 한 명도 없다고 굳게 믿고 있었다. 그런데 오늘 아침, 예배당 안에서 성가대가 연습하며 부르던 찬송가 가사 속에서 들려오는 메시지.

"나는 네가 얼마나 외롭게 살고 있는지 안다. 그 무거운 짐을 지고, 이리저리 쓰러지며 힘겨운 이민 생활을 하고 있지? 네가 고생하고, 쓸쓸해하고, 무서워하는 것 나는 안다." 나는 아무도 모를 거라고 생각했는데, 하나님이 알고 계셨다는 사실에 가슴이 무너져 내렸다. "잘 돌아왔구나." 그 음성에 나는 결국 자지러지고 말았다.

"내가 안다." 그 음성 한 마디에, 부모에게 느끼던 섭섭함, 조롱 섞인 말투로 대하던 어른들에 대한 서운함이 다 사라졌다. 내 편이 있었다. 나는 내 편 하나 없이, 모두가 나를 이용하려 드는 세상 속에 둘러싸여 있다고 믿으며 살아왔는데, "고생했다. 무서웠지? 괴로웠지? 힘들었지? 내가 안다. 이제 좀 쉬어도 돼." 그런 음성들이 깡말라 있던 내 마음에, 아침 이슬처럼 촉촉히 내려앉았다.

꽁꽁 얼어붙어 있던 내 마음이, 서서히 녹아 내리고 있었다.

나는 4월 5일, 두 번째 주부터 매주가 부흥회였다. 찬송가를 부르며 가사를 통해 큰 위로를 받았고, 목사님의 잘 정리된 설교와 설득력 있는 말씀, 구체적인 삶의 숙제들을 통해 나는 점점 하나님의 말씀에 매료되었다. 성경이 하나님의 말씀이라는 것이 내 삶 속에서 증명되며, 나는 더욱더 그 말씀 안으로 깊이 알고 배우고 싶다는 강한 마음이 들었다.

매주 찬송을 듣고 부르면서, 눈물을 흘리지 않고는 찬송을 부를 수 없었다. 나는 울보가 되고 말았다. 하나님은 그렇게 씩씩해 보이려 힘쓰던 나를 울보로 만들어 버리셨다. 하지만 울고 나면 이상하게도 마음이 깨끗해지는 느낌이 들었다. 마음속 깊이 쌓여 있던 더러운 오물과 찌꺼기들이 몸 밖으로 다 빠져나간 듯, 신선하고 상쾌한 기분이 들었다. 그리고 '하나님이 내 곁에 계신다'라는 생각이 마음에 큰 위로가 되었고, 그 위로는 마음의 평안으로 이어졌다. 그러자 술과 담배로 달래던 두려움, 지겨운 직장생활에 대한 회의감, 그리고 '내가 미국에 와서 고작 게임기나 컴퓨터를 만들며 살다가 인생을 졸업하려고 태어난 건가' 하는 허탈함이 점점 줄어들기 시작했다. 너무나 신기할 정도로 줄어들었다.

자신도 모르게 변해가는 나

더 놀라운 것은, 어떤 날은 술을 마시지 않고도 잠자리에 드는 날이 생겼다는 것이었다. '이런 일이 가능한가?' 불과 몇 달 전만 해도, 더 자고 싶지만 일해야 하고, 다달이 나가야 하는 돈을 내야 하기에 억지로 일어나 새벽별을 보며 운동하듯 출근하고, 그렇게 번 돈으로는 독하고 비싼 위스키 한 모금 마시며 잠시 걱정 없이 자는 것이 유일한 위로였는데 그건 건강에도 해롭고, 집안 살림에도 아무 도움이 안 되는 어리석은 짓이라는 것을 알면서도, 나는 그것을 벗어날 수 없었다.

"하면 된다.", "노력은 성공의 어머니다.", "신은 하고자 하는 자를 도우신다."는 세상의 성공자들이 외치는 모토를 굳게 믿으며 수십 번 담배를 꺾어버렸지만, 결국은 재떨이에서 그 꽁초를 꺼내 피우곤 했다. '나는 왜 고작 5cm밖에 안 되는 담배도 컨트롤하지 못하고, 오히려 담배가 나를 지배하게 만들었나? 누가 주인인가? 나인가, 담배꽁초인가?' 그 질문이 내 안에서 반복되며, 내 삶은 더 우울해졌고, 더 비참해졌었다.

"내가 왜 아버지께 효도한답시고 술을 마셨나? 그건 그냥 아버지 핑계였고, 방 안에 틀어박혀 인생을 한탄하며 비싼 술을 마시고 결국엔 더 비참해지는 멍청한 짓이 아니었는가." 그렇게 술잔을 던져놓고 일어났다가도, 결국은 싱크대에 버린 술잔을 닦아서 마시고, 깊이 취한 뒤에야 걱정 없이 새벽 4시까지 겨우 잠들곤 했던 날들이 얼마나 많았던가.

가끔일지라도 술, 담배 생각이 나지 않았다. 오히려 그 생각조차 잊고 지내는 날이 늘어났다. 그 사실이 너무나 기뻤다. 예전엔 이런 담대함과 용기를 느끼기 위해, 비싼 위스키나 작고 독한 보드카, 진을 마셔야 했다. 마신 뒤엔 머리가 아프고, 입안이 텁텁하고, 속도 더부룩해서 해장국이나 김치국을 먹어야 일상생활이 가능했다.

그러니 비싼 술로 인생 문제를 해결하려는 시도는 좋은 생각이 아니란 걸 알면서도, 세상에는 그것 외엔 답이 없다고 믿었다. 세상의 대부분 사람들도 문제에 부딪힐 때, 해결책이 없을 때, 불안하고 잠 못 이룰 때, 다들 술과 담배로 위로를 삼아왔다. 나도 그랬다.

술을 생각하지 않는 날이 많아졌고, 가끔 술이 당길 때는 하나님께 기도드렸다. 그러고 나면 술에 대한 욕망이 마치 연기처럼 내 몸에서 빠져나가는 것을 느꼈다.

참으로 신기한 일이었다. 그런데 이게 웬일인가? 이 얼마나 기쁜 소식인가!

'이런 괴상하고도 기적 같은 일들이 정말 나에게도 일어날 수 있구나!'

그 생각에 용기와 담대함이 흘러 넘쳤고, 나는 내 삶을 당당하게 살아가기 시작했다. 이젠 내가 내 인생에 해답을 가지고 있고 내 인생을 다른것에 컨트롤 당하지 않아도 된다는, 말로 표현 못할 힘이 내 안에 있다는 사실을 경험하고 있었다. '이제 내 인생이 누군가로 부터 끌려 다니지 않고 있구나' 그 사실이 기뻤고, 매주일 주일예배는 하나님이 나를 위해 베푸시는 신나는 시간이 되었고, 매주일이 영적 부흥회였다. 예배의 모든 순서마다 하나님의 음성이 들렸다. 특히 하나님은 찬송가의 가사를 통해 나의 마음속에 직접 말씀해 주셨고, 그분의 음성은 내 안의 모든 두려움과 불안, 초조와 의심, 걱정을 눈 녹듯 녹여 주셨다.

찬송가 432장을 부르면, 마치 항아리 속 뜨물처럼 차오르던 불안과 근심, 원망과 혼동이 그림자처럼 스르르 사라졌다.

"너 근심 걱정 말아라, 주 너를 지키리
주 날개 밑에 거하라, 주 너를 지키리
주 너를 지키리, 아무 때나, 어디서나
주 너를 지키리, 늘 지켜주시리."

이 찬송은 내게 하나님의 약속처럼 들렸다. 그러면서 내 마음의 풍랑이 잔잔해지고, 그 위에 '영민'이라는 배가 아무런 파도도 없는 바다 위를 유유히 목적지를 향해 흘러가고 있는 것을 경험할 수 있었다. 술이 생각나서 마셔도, 예전 같지 않았다. 맛이 없었다. '도대체 왜 이 맛도 없는 술을 비싼 돈 주고 마셨을까?'

이제는 마실 이유가 없었다. 술이 주인 노릇을 하던 내 인생이 이제는 절대 아니라는 것에 너무 감사하게 느껴졌다. 이제는 성령의 힘으로 내가 하고 싶은 것은 하고, 하기 싫은 것은 안 할 수 있는 '거부권'을 행사할 수 있게 되었다. 그 권위와 결정권이 성령에 사로잡힌 내게 있다는 걸 믿게 되었고, 직접 그 결정을 내리면서 '예스'와 '노'가 실제로 이루어지는 것을 경험하면서 나는 더 이상 평범한 인간이 아닌, 성령에 속한 대범한 인간이라는 사실이 증명되었다. 그리고, '내가 왜 살아야 하는가?'에 대한 답을 알게 되자, '나는 있어도 그만, 없어도 그만인 존재'가 아니라 '꼭 필요한 사람'이라는 믿음이 생겼고, 그 믿음은 다른 사람을 대하는 내 태도까지 바꾸기 시작했다. 그 후부터 나는 부드러운 사람이 되어갔다. 예전처럼 불같이 화를 내는 일이 점점 줄어들고 있었다. 곧잘 불평하고, 불만을 쏟아내며, 상대방이나 하나님께 몰상식한 말을 했던 내가, 이제는 나도 모르게 언어가 바뀌고 있다는 사실을 발견하고, 스스로도 놀랐다. '사람이 나쁘게도 변하지만, 좋게도 변할 수 있는 존재구나.' 나 자신을 보니 내가 변하고 있었다. 더 착한 아들, 더 성실한 일꾼, 더 점잖은 운전자로 변하고 있었다. 그 사실은 내 일기장을 통해 더욱 확실히 알 수 있었다.

나는 국민학교 5학년 때부터 일기를 꾸준히 써왔다. 죄를 짓지 않게 해달라는 기도문도 종종 써있었고, 예수님을 만난 날부터는 그 일기장은 단순한 생활기록부가 아니고 기도문이 되었다. 매일매일 하나님께 드리는 기도를 일기장에 기록하기 시작한 것이다. 그 일기장은 언제나 다음과 같이 시작됐다.

1981년 4월 7일, 맑음, 화요일:
감사하시고 항상 고마우신 전지전능하신 하나님 아버지. 오늘 높은 보좌 위에서 저희 가난하고 불쌍하고 죄 많은 죄인들을 돌보시며, 항상 죄에서 허덕이는 인간들을 인자하게 품어주셔서 감사합니다. 오늘도 주님의 뜻을 이루고 주님을 기쁘게 하려고 노력했지만, 여전히 수많은 죄를 지으면서도 하루를 감사하며 살아갑니다. 주님, 오늘도 주님의 뜻대로 살지 못했습니다. 원수를 사랑하라는 말씀은 너무나 어렵더군요. 더군다나 내가 잘못하지도 않았는데 나를 짐승 취급하는 바올 팀장이 아주 얄밉고 괘씸하고, 신경질 나고 짜증나는 하루였습니다. 그러나 잘 참고, 하루의 일을 무사히 마치고 돌아오게 하여 주셔서 감사합니다.

이렇게 나의 일기는 매일의 기도 제목이 되었다. 반성과 회개, 후회와 고백의 기도로 나는 변해가고 있었다. 그 변화는 회사에서도 드러나기 시작했다. 동료들이 나에게 상담을 많이 요청해 왔고, 그들은 하나둘 나의 좋은 친구가 되어갔다. 회사에서는 나를 '목사'라고 불렀다. 나는 "목사가 아니에요" 하고 부정했지만, 그들은 반은 진심, 반은 농담 삼아 나를 그렇게 불렀다. 그런데 싫지만은 않았다. 동생들에게도 더 이상 막 대하지 않고 예의를 갖추어 대하게 되었다. 그들도 약간 의아한 눈치였다. 가끔은 동생들이 서로 "형이, 오빠가 변했어." 하고 수군거리는 소리를 듣기도 했다.

가족과 한 걸음씩 주님께

예수님을 믿으면서 기도해 오던 일은 가족을 전도하는 일이라, 어느 날 나는 식구들에게 교회에 같이 가자고 제안했다. 교회가 세워진 지 몇 개월밖에 안 되었고, 교인도 서른 명 남짓한 작은 교회라 가족적인 분위기가 좋았다. 성도들도 따뜻했고, 무엇보다도 목사님은 루이지애나 주립대학에서 공학박사 학위를 받은 분이셨는데, 그 설교가 너무나 재미있고 유익해서 매주 많은 걸 배울 수 있다고 설명했다.

나는 다음 주일에 같이 가자고 하자 모든 가족들이 기꺼이 "그러자"고 승낙했다. 주일이 기다려졌다. 우리 식구 여섯 명이 함께 가면 성도들이 얼마나 기뻐할까? 특히 목사님은 얼마나 좋아하실까? 요즘 교회에서는 광고 시간에 새 교우를 소개할 때 한 명 정도 오는 정도였고, 방문했다 하더라도 그 다음 주에 다시 나타나는 경우는 거의 없었다. 한 번 방문하고는 무슨 이유인지 다시는 안 나타나는 경우가 대부분이었다. '이해가 안 간다. 올 거면 꾸준히 오지, 뭘 한 번 와서는 교인들 마음 설레게 해놓고는 다음 주엔 안

나타나나?'

나처럼 교회 다닌 지 한 달밖에 안 된 사람도, 은근히 새 방문객이 왔는지 찾고, 친교실에서 왔는지 안 왔는지 기웃거리고 다녔다. 그리고 누군가 "그분은 이래서 못 왔다고 해요" 하는 말을 들으면 마음 한구석이 씁쓸해졌다.

내가 이런데, 우리 목사님의 마음은 얼마나 쓸쓸하고 힘드실까 싶었다. 광고 시간에 새 교우 한 분이 방문했다고 하면, 그렇게 진지한 얼굴로 말씀하시던 목사님이 강단에서 어린아이처럼 환하게 웃으셨다. 가뜩이나 작은 눈이 싱글벙글, 웃음으로 가득 차서 아예 눈이 보이지 않을 정도로 환히 웃으시며, 우승컵이라도 든 듯 방문객을 소개하시던 모습이 떠올랐다.

'만약 우리 가족 6명이 앞줄에 앉아서 예배를 드리면, 얼마나 교회가 꽉 차 보이고, 목사님은 얼마나 기뻐하실까?' 그런 상상을 하니, 다음 주일이 정말 기다려졌다.

드디어 기다리던 주일이 왔다.

그런데 예배에 가겠다고 하시던 아버지께서, 교회 가기 30분 전에 갑자기 설사를 하시고는 화장실에 들어가 나오지 않으셨다.

"너희들이나 갔다 와라."

어쩔 수 없이 아버지를 모시지 못하고, 어머니와 여동생, 남동생 두 명, 그리고 나, 이렇게 다섯 명이 함께 교회를 방문했다. 나는 앞자리로 식구들을 인도했고, 함께 앉아 예배를 드렸다. 나처럼 울고불고 하는 식구는 아무도 없었지만, 모두 진지하게 예배에 임했다. 예수 영접 초대가 있었지만, 아무도 손을 들지 않았다. 아마 '나는 죄인이 아니다'라고 생각했던 것 같다.

예배가 끝나고 새 교우 소개도 있었고, 친교 시간도 가졌다. 돌아오는 길에 나는 물었다. "교회 어땠어? 성도들과 목사님 설교는 어땠냐?" 모두들 좋았다고 했다. 특히 "목사님 설교가 굉장히 좋았고, 배울 게 많았다"고 말했다. 그래서 나는 다음 주일에도 같이 가자고 했고, 식구들은 기꺼이 "그러자."고 응답했다.

그 주 화요일 오후, 이지춘 목사님께서 오렌지색 복스웨건 버스를 몰고 직접 집에 찾아오셨다. 우리가 교회를 방문했던 것에 대한 감사의 표시로 오신 것이었다. 목사님은 우리 가족과 함께 집에서 감사의 예배를 드리셨다. 예배를 마친 후, "다음 주일에 교회에서 다시 뵙겠습니다." 하시자, 가족 모두 흔쾌히 "네, 뵙겠습니다." 하고 약속을 드렸다. 아버지도 목사님을 직접 뵙고, "다음 주에는 꼭 교회에 가겠다."고 하셨다.

그런데 우리 아버지는 매주일 "이번 주는 꼭 간다."고 하시고는, 매번 레퍼토리를 바꿔가며 미꾸라지처럼 교묘히 빠져나가셨다.

"배가 아프다." "갑자기 머리가 아프네." "오늘은 이웃집 이 씨 아저씨랑 낚시 가기로 했다." "차를 주일에 고치기로 했다."

이런저런 핑계를 대시며 가실 듯, 가실 듯 하면서도, 정작 교회에는 선뜻 가지 않으셨다. 그럼에도 우리 형제자매들은 매주 빠짐없이 교회에 출석했고, 예수님도 손을 들어 영접했다. 점점 교회와 성도들, 그리고 목사님을 사랑하게 되었고, 급기야는 교회를 위해 헌신하기 시작했다. 당시 교회는 재정적으로 여유가 없어 하고 싶은 일도 못하는 상황이었다. 그때 우리 형제들이 자발적으로 나서서 헌신하기 시작했다.

작은 성경책 큰 깨달음

6월 14일 주일, 나는 오랫동안 마음속 선망의 대상이었던 성가대에 입단하게 되었다. 매주 6~8명의 성가대원들이 부르는 찬송은 언제나 내 마음에 큰 감동을 주었다. 나는 그 찬송을 들으며 매주 눈물로 은혜를 받았다.

내게 하나님은 찬송을 통해 말씀하셨다. 찬양으로 감동을 주시고, 위로하시고, 때로는 책망하시며, 또 소망의 메시지를 전달해 주셨다. 나는 그래서 찬양을 정말 좋아했다. 특히 성가대의 찬양은 나에게 있어, 멜로디가 있는 또 하나의 설교와 같았다. 나도 성가대에 서서 직접 찬양하고 싶다는 마음이 굴뚝같았다. 찬양으로 하나님을 높여 드리고, 나의 사랑을 고백하며, 곡조 있는 노래로 말씀을 전하면 많은 성도들이 하나님의 은혜를 더 깊이 느낄 수 있을 거라는 생각을 자주 했다.

하지만 나에게는 큰 핸디캡이 있었다. 악보를 볼 줄 몰랐다. 소프라노는 자신 있게 부를 수 있었다. 악보를 안 보고 한 번만 들으면 따라 부를 수 있을 정도였다. 그러나 성가대는 네 개의 파트로 구성되어 있었다. 여성은 소프라노와 알토, 남성은 테너와 베이스로 나뉘어져 있었기 때문에, 각자의 파트를 정확히 부르려면 악보를 읽을 줄 알아야 했다. 나는 악보를 전혀 못 읽었다. 그래서 광고 시간에 성가대원이 필요하다는 공지가 나와도 감히 신청할 엄두가 나지 않았다. 박광균 성가대장에게 연락하라는 공지가 매주 있었지만, 나는 그저 바라만 보고 있었다.

금요일이면 몸은 피곤하지만, 성경공부와 기도회가 너무나 좋았다. 성경공부는 매주 금요일로 할 때마다 깨달아졌고, 이제는 성경이 완전무결한 하나님의 책이라는 것이 부인할 수 없을 정도로 믿어졌다. 그리고 성경을 읽고 싶은 욕망이 말로 다 표현할 수 없을 만큼 솟구쳐 올랐다. 성경을 일터에 가져가서도 읽고 싶은 마음이 들었다. 그런데 성경이 너무 커서 들고 다니기가 번거롭다는 생각이 들자, 주머니에 넣고 다니면서 회사에서도, 화장실에서도, 쇼핑 갔을 때 줄 설 때도, 관공서에서 기다릴 때도 읽을 수 있다면 참 좋겠다는 아이디어가 떠올랐다. 그런데 작은 성경책이 없었다.

생각해 보니 작은 빨간색 기드온 포켓용 신약 성경책이 내게 있었었다. 예전에 지인의 생일날, 선물 살 시간은 없었는데 마침 선반 위에 있던 깨끗한 포켓용 성경책이 눈에 띄어 포장해서 생일 선물로 드렸던 기억이 났다. 그 기드온 성경책은 내가 미국에 처음 이민 왔을 때, 직장을 소개해 주신 박노수 목사님이 시무하시던 산타클라라 나사렛 한인 성결교회에 거의 1년간 출석할 때 받은 것이었다. 그 교회는 예배가 끝나면 함께 점심을 먹었는데, 한국 밥을 먹는 재미가 있었다. 그리고 그때 나는 길로이라는 마늘 농장에 가서, 토요일 아침마다 마늘을 트렁크 가득 주워서 샌드위치 봉투에 넣어 2달러에 교회에 가져가 팔기 위해 교회에 다녔다.

또 나는 World Book 백과사전을 파는 세일즈맨 훈련을 받고 있었고, 한인들에게 백과사전을 팔기 위해 한인들이 매주 모이는 그 당시 산호세에서 제일 큰 교회인 나사렛 한인 성결교회에 출석했다. 교회에 가는 목적이 마늘과 백과사전을 팔기 위한 것이었기에 맨 뒷자리에 앉아서 거의 자다시피 하고는, 축도가 끝나면 마늘 팔고, 백과사전 팔고, 여선교회에서 공짜로 제공해 주는 맛있는 비빔밥, 국밥, 김밥을 먹고 왔다 갔다 하는 시계추 신앙생활을 했었다.

교회를 한 주 빠지면 목사님이 직접 집에 찾아오셔서, 지난주일 설교를 우리 온 가족을 앉혀 놓고 찬송부터 시작해서 사도신경, 회개기도까지 하신 후, 바로 앞에서 설교를 하셨다. 우리는 마치 죄인이라도 된 듯 무릎을 꿇고 졸지도 못한 채 거의 45분간 그 설교를 들어야 했고, 끝나면 또 헌금도 드려야 하는 부담이 있었다.

그래도 주일에 교회를 가면 사람이 없는 좌석에 홀로 앉아 슬쩍 눈을 감고 자도 되고, 헌금 시간 즈음에는 슬며시 나가 화장실에 있다가 헌금 기도가 끝날 때쯤 들어오면 아무도 모른다고 생각했다. 그러다 보니 교인들과 목사님은 내가 믿음이 아주 좋은 줄로 아셨던 것 같다. 그렇게 1년 정도 교회를 왔다 갔다 하니, 목사님이 나에게 이제 세례를 받아도 된다고 하셨다.

난 아직 멀었다고 둘러댔다. 사실 세례를 받게 되면, 지금은 아무도 모르지만 목적이 불순한 상태로 교회를 장사터로 삼고 나의 유익을 위한 수단으로 출석하는 이 행위를 이제는 중단해야 하지 않을까 하는 생각이 들어 아직 믿음이 부족하다고 말씀드렸다. 그런데 목사님은 매주 참석하고 헌금도 잘하고, 술, 담배, 거짓말도 안 하고 (날 너무 모르신 듯), 매주 부모님과 동생들을 모시고 주일성수를 꼬박꼬박 하는 청년은 요즘 보기 드물다며, "김 형제는 참 착하고 모범적이며 가정적인 청년이라 세례 받을 자격이 충분하다."고 설득하셨다.

그렇게 목사님의 권유에 세례를 받게 되었고, 세례를 받은 기념 선물로 빨간색 포켓용 기드온 신약성경을 주셨고 매일 읽으라고 권면해 주셨다. 그래서 성경에 도대체 무슨 얘기가 있길래 그렇게들 강조하고, 읽으라고 하고, 선물까지 하는 걸까 싶어 읽기로 작정하고 첫 장을 넘겼다.

'마태복음'이라는 제목이 나타났다. 읽었다. 전부 다 내가 모르는 이름들이 계속 나왔다. 성도 안 붙이고 이름만 계속 나왔다. 그것도 발음하기조차 어려운 이름들이었다. "아브라함이 이삭을 낳고, 이삭은 야곱을 낳고, 야곱은 누굴 낳고..."

이런 식으로 계속 이어졌는데, 이게 지금 무슨 이야기인지, 무슨 책이 첫 페이지부터 죄다 누가 누굴 낳고 누가 누굴 낳고 하는지 모르겠다. 그것도 이름들이 발음하기도 힘들고 읽기도 힘들어서, "이런 누가 누굴 낳는 걸 내가 알아서 뭐가 좋은 일이 있단 말인가? 재미는커녕 남의 출생연고를 내가 알아서 뭐에 쓴다는 거지?" 하는 생각이 들었다. 전혀 이해가 안 되고 너무 따분해서 다음 장을 넘기기도 전에 졸고 있는 나를 발견하곤 성경책을 덮고 그냥 자는 게 보통이었다.

그러다가도, '도대체 성경이 뭐길래 목사님은 강단에서 하실 말씀이 그렇게 많은데도 유독 성경을 읽으라고 하실까?' 하고 다시 마태복음 1장을 펴서 읽으면, 또 1장을 넘기기도 전에 꿈나라에 가 있는 것이다. 그때의 나에게 성경은 수면제였다.

　그러나 이제는 달라졌고, 그래서 시간만 나면 어디에서나 읽을 수 있고 주머니에 넣고 다닐 수 있는 포켓용 성경책이 필요했다. 그 성경책은 지인이 가지고 있었는데, 다시 달라고 결심하고 부탁을 했다. 그 지인은 불교도였다. 성경을 믿지 않고 읽지도 않았기 때문에, 흔쾌히 선물과 성경책을 바꿔주었다. 그 작은 성경책을 다시 손에 넣게 되어 얼마나 기뻤는지 모른다. 나는 그 작은 성경책을 늘 가지고 다녔다. 회사 일터에도 가져가서, 시간만 나면 성경을 읽었다. 다시 마태복음 1장부터 읽었는데, 이상하게도 졸음이 오지 않았다. 휴식시간 15분 동안에도 한 번도 졸거나 딴생각이 들지 않았다. 그리고 이제는 성경 전체가 진리라는 것이 확신되었다.

　휴식시간에도 내 책상에 남아서 성경을 읽었고, 점심도 후딱 먹고는 주머니 성경을 꺼내 읽었다. 한 달도 안 되어 신약성경을 다 읽었다. 성경을 읽으면서 감탄과 감사, 감격이 밀려왔고, 무릎을 치며 깨달았다.

　"아, 그래서 사람들이 죄인이구나. 그래서 죄를 보면 못 참고 결국은 죄를 짓고야 마는구나. 내 생각 속에는 왜 죄 짓는 생각과 계획이 늘 가득한가. 그래서 죄 짓다 죽는 거구나. 죽은 후에는 심판이 있구나. 천국과 지옥이 진짜 있구나. 그래서 예수님이 죽으셔야 했구나."

　내가 왜 그렇게 죄를 지으며 살았는지 알 수 있었다. 딱 한 번 신약을 읽었는데, 내 인생의 문제와 궁금증이 거의 80%가 해결되었다. 성경은 인생의 모든 문제의 원인이 '죄'라는 것을 아주 명쾌하게 설명하고 있었다. 지금까지 그런 철학적 질문에 대해 누구에게서도, 어디에서도 그렇게 정확하고 신빙성 있게, 속 시원한 답을 들어본 적이 없었는데, 성경은 내 모든 질문에 그 답을 주고 있었다.

　나는 그 답을 또 읽고, 또 읽고, 몇 번이나 반복해서 읽었고, 읽을 때마다 무릎을 치며 "그래, 이 성경 말씀이 맞아." 하고 자연스럽게 믿어졌다.

그리고 성경이 세상에 존재하고 있다는 것이 너무나 고맙고 다행이라는 생각에, 안도의 숨을 연속적으로 쉬었다. '이 성경이 없다면, 문제의 원인과 해결책을 어디서 찾을 수 있을까?' 하나님께서 이 작은 손바닥만 한 주머니 성경책에 문제의 원인과 결과, 그리고 해결책까지 자세히 써 주셨다는 사실이 너무나도 감동스러워서, 하나님은 정말 존경스럽고 위대하신 분이시라고 고백했다.

변화를 향한 몸부림

내가 늘 내 자리에서 성경을 보고 있는데, 어느 날 거의 할아버지 나이쯤 되어 보이는 분이 다가오셨다. 본인을 리처드라고 소개하시며, 장로교회 장로라고 하셨다. 매주 화요일 점심시간마다 회사 회의실에서 30분간 성경공부를 하고 있으니, 관심이 있다면 함께 공부하자고 제안하셨다. 너무나 기뻤다. 성경을 회사 안에서도 배울 수 있다니!

성경을 배우고 싶다는 마음은 굴뚝같았지만 길이 없다고만 생각했는데, 바로 우리 회사 안 회의실에서 성경공부를 할 수 있다는 소식은 그야말로 하나님의 선물 같았다. 그 후부터 나는 매주 점심을 단 5분 만에 후딱 먹고, 리처드 장로님이 인도하는 성경공부 모임에 참석했다. 7~9명이 고정적으로 참석해서 공부했다.

첫날에는 하나님의 세 가지 'Omni'에 대해 배웠다.

그분은 하나님은 전지전능하시며 무소부재하신 분이시기에 우리가 조심해야 하며, 존귀함을 표현하고 예배의 대상이 되어야 함을 가르쳐 주셨다. Omniscience(전지), Omnipotence(전능), Omnipresence(무소부저).

즉, 하나님은 모든 것을 아시고, 모든 것을 하실 수 있으며, 어디에나 계신다는 뜻이다. 배우고 나니 하나님에 대해 큰 지식을 얻은 듯해 뿌듯했다.

그 다음 화요일에는 "하나님은 한 분이시며, 모든 것이 하나님은 아니다"라는 주제로 공부했다. 그분은 목사님은 아니셨지만 신학교 교수 수준으로 짧은 점심시간을 활용하여, 나 같은 햇병아리 크리스천을 위해 자신의 시간을 희생하며 말씀을 가르쳐 주셨다. 참으로 멋진 분이었다. 키도 훤칠하시고, 엔지니어링 부서에서 일하시는 아주 점잖고 인자한 분이었다. 나는 속으로 생각했다.

'나도 언젠가 저분처럼 하나님의 말씀을 잘 설명하는 성경 선생님이 된다면, 참으로 소원이 없겠다.' 그렇게 매주 화요일마다 참석하여 배우기를 계속했다. 완전히 신학교에 입학한 기분이었다. 나는 원래 공부 체질이 아니라고 생각했었다.

'노세 노세 젊어서 노세' 체질이라 노는 걸 좋아했고, '케세라 세라' 인생관을 가진 사람이었다. 무언가를 읽거나 연구하거나 계획하며 사는 타입이 아니라 그냥 닥치는 대로, 물 흐르듯, 좋은 게 좋은 거라며 마구잡이로 사는 걸 좋아하는 성격이었다.

그런 내가, 읽는 것도 모자라 '공부'를 하게 되었고, 해보니 너무 좋았다. 성경을 마태복음부터 한 번도 빠짐없이 읽으며, 중요하다고 여겨지는 구절은 멀리서도 잘 보이도록 빨간 줄을 그어가며 읽었고, 심지어 외우기까지 했다. 매일 일터에 와서는 휴식시간마다 성경을 읽었고, 매주 화요일마다 리처드 장로님의 성경공부도 노트까지 써가며 열심히 배웠다. 정말 재미있고, 얻는 지식이 많았다. 마치 금덩어리를 주워다가 차곡차곡 쌓아두는 부자가 된 느낌이었다. 매일 그런 작은 성취감이 주는 기쁨이 쏠쏠했다. 어릴 적 딱지, 구슬, 옷핀 따먹기에서 동네 아이들의 것을 따서 항아리에 넣고, 땅속에 묻어두고, 벽장에 숨겨두며, 나중에 동네 아이들에게 팔던 그 시절처럼, 갑자기 부자가 된 듯한 기쁨이 매일 있었다.

내 빨간색 포켓용 성경책은 주머니에서 꺼내고 넣기를 반복하다 보니 겉장이 거의 흰색으로 바래고, 여기저기 찢어진 곳도 있어서 테이프로 붙이게 되었다. 그래서 큰맘 먹고 엘카미노에 있는 종교 서점에 가서 큰 성경책을 하나 사서 읽기 시작했다. 역시, 진리였다. 그동안 품고 있던 인생의 질문들에 대한 모든 답이 그 안에 있었다. 속이 후련했고, 궁금증이 완전히 풀렸다. 왜 내가 죄를 짓는지, 왜 죽어야 하는지, 왜 문제가 그렇게 많은지, 왜 사람의 인격은 나이가 들수록 더 거칠어지고 야비해지는지, 왜 사는 건지, 천국과 지옥이 진짜 있는지, 예수라는 분은 정말 존재하셨는지, 하나님이 정말 계시는지, 세상 모든 것을 하나님이 만드신 것인지, 무엇 때문에 사는 건지, 죽은 후에도 계속 존재할 수 있는 건지….

이런 질문에 그 누구도, 그 어떤 책도 명쾌하고 시원하게 대답해 주지 못했지만, 성경은 내게 그 모든 해답을 분명하게 주고 있었다. 그래서 진리로 여겨지는 구절들, 인생의 애매모호한 질문에 대한 답을 주는 말씀들에 빨간 줄을 그어 표시해 두었다. 누가 나에게 질문을 하면, 리처드 장로님처럼 성경을 펼쳐서 그 말씀을 읽어주고 싶었다. 며칠 지나지 않아 내 성경책은 온통 빨간 줄로 가득 찼다.

나는 매일 직장에 가서 15분 휴식시간마다 성경을 읽었고, 매주 화요일에는 리처드 장로님에게, 금요일에는 이지춘 목사님의 새신자 성경공부반에서 말씀을 배웠다. 나는 그렇게 성경공부에 푹 빠져 있었다. 너무나 재미있었고, 너무나 많은 것을 배우게 되어 마음이 기쁘고 든든했으며, 사는 갓이 났다.

하지만 나에게는 남에게 쉽게 말할 수 없는 부분 때문에 고민도 많이 하고 힘든 때가 있었다. 그것은 매일 성경의 진리를 깨달을 때는 너무나 기쁘고 즐겁고, 특히 금요 성경공부를 마치고 기도회에 참석해 기도를 드리고 나면 말로 형용할 수 없는 힘이 주어지는데, 가끔은 이상하게도 그 기도회가 끝난 직후부터 내가 이상한 행동을 하고 있다는 점이었다.

예수님을 영접하기 전, 나는 매주 금요일과 토요일 저녁이면 자정 무렵이면 멋진 옷으로 갈아입고 구두에 광을 내고, 파마한 머리로 나이트클럽에 출근하듯 갔다. 여자들 틈에서 술과 담배, 춤과 요란한 디스코 음악, 휘황찬란한 네온사인과 자욱한 담배 연기가 가득한 그 공간에서 거의 새벽 2~3시까지 있었다. 그곳이 문을 닫으면 24시간 문을 여는 데니스(Denny's)로 자리를 옮겨 아침 먹고 집에 가 하루 종일 자고, 저녁에는 또 다른 나이트클럽으로 향했다. 이것이 나의 삶의 패턴이자 방식이었다.

그런데 3월 29일에 예수님을 영접하고 난 후에도, 나는 금요일이면 어김없이 나이트클럽에 출근했다. 하지만 전과는 달랐다. 이젠 내가 전처럼 즐기고 있지 않다는 생각이 자꾸 들기 시작했다.

'내가 왜 이러고 있지?' 비싼 밥 먹고, 새벽별 보기 운동하듯 싫은 회사를 향해 아침 러시아워 트래픽 속에서, 지각하면 월급 오르는데 지장이 있을까 봐 조바심 내면서, 앞에서 느릿느릿 가는 운전자에게 욕하고 손가락질 하며, 주차장에 차를 겨우 대고는 뛰어와서 타임카드 기계 앞에서 안도의 숨을 내쉬고 출근 시간을 타임카드를 찍는 생활. 그렇게 하루하루 번 돈을 왜 내가 이름도 모르는 여자에게 비싼 술을 사주고, 춤 한번 추자고 애걸복걸을 하고 있는가. 어떤 날은 열심히 술 사주고 춤 한번 시원하게 추자고 하면, 퇴짜를 놓는 여자들도 있었다. 그럴 때마다 난 사준 술 생각에 약이 바짝 올라 있었다. "나는 왜 이런 멍청한 짓을 하고 있는가?"

휘황찬란하게 돌아가는 네온 등 아래, 아주 늘씬하고 야한 미니스커트 차림의 금발에 파란 눈의 여자와 춤 한번 추면서, 모든 스트레스와 피로, 외로움, 쓸쓸함, 고독감을 날려버릴 수 있다는 인생철학을 품고 살던 내가, 이제는 그런 철학 자체가 바보 같다고 느껴지기 시작한 것이다.

그래, 지금 나는 멍청한 짓을 하고 있는 것이다. 이렇게 나이트클럽에서 마시고 피우고 여자 파트너들과 길길이 뛰며 춤을 춰 봐도, 문제는 해결되지 않고 스트레스는 사라지지 않았다. 오히려 지갑 속의 돈만 날리고, 신용카드 이자만 늘어나서 내가 더 손해 보는 모순을 스스로 자각하게 된 것이다. 그럴 때면 좀 망설이다가, 유흥업소를 빠져나와 집으로 향할 때도 있었다. 그런데 그렇게 일찍 귀가하는 길엔, '뭔가 빼먹은 건 아닌가?' 하는 헛헛한 생각도 들고, 아무도 반겨주지 않는 텅 빈 집에 쑥 들어가서는 궁금증을 뒤로한 채 잠자리에 들곤 했다.

한 발은 교회, 한 발은 세상에

금요일 새 신자 성경공부가 시작되면서, 나는 자연스럽게 매 금요일마다 가던 유흥업소 '출근'을 못하게 되었다. 금요일 오후 7시부터 10시까지는 성경공부, 10시부터 11시는 기도회, 그리고 집에 오면 자정 가까운 시각이었다.

그래서 금요일 하루 8시간 일하고, 퇴근 후 3시간 성경공부, 1시간 기도회를 하고 나면 몸이 너무 피곤해서 집에 돌아와 쉬고 싶어졌고, 실제로도 바로 집으로 돌아와 쉬는 것이 나의 새로운 금요일 일정이 되었다.

좋았다. 그런데 문제는, 가끔 성경공부와 기도회를 다 마치고 나서 280번 고속도로를 타고 다운타운 산호세를 지나야 할 때, 그 길목에 있는 다운타운 1가의 티파니 나이트(Tiffani Night)가 갑자기 궁금해지고, 5가에 있는 대형 디스코 클럽에 잠깐 들러 한 잔 하고 춤 한바탕 흔들고 가고 싶다는 충동이 불쑥불쑥 솟아나는 것이었다. '갈 것인가, 말 것인가?' 이 싸움이 늘 내 안에서 집으로 돌아오는 길에 벌어지고 있었다.

어느 날은, 정말 지옥에서 천국으로 올라왔다가 다시 지옥으로 떨어지는 기분이었다. 기도회에서는 너무나 깊고 뜨거운 감동을 받고, 찬송가를 부를 때면 눈물이 핑 돌고, 기도 중에는 내 마음속 깊은 곳까지 터져 나오는 울음을 주체할 수 없을 때도 있었다. 그런데도, 그런 감동이 끝나자마자 내 안에서는 또 다른 나, 완전히 딴판인 내가 등장하는 것이다.

기도회가 끝나고 고속도로를 타고 가는 그 길 위에서, 막 '할렐루야'를 외치던 내가, 갑자기 또 나이트클럽의 네온사인과 흥겨운 음악이 그리워지고, 그곳으로 발길을 돌리고 싶은 유혹이 밀려오는 것이다. 예수님을 영접했지만, 내 안에는 여전히 과거의 나, 세속적인 삶을 즐기던 내가 깊게 자리하고 있었다. 한편으로는 성경을 읽고 진리를 깨닫고 하나님을 사랑하게 되었지만, 또 한편으로는 여전히 세상의 유혹과 과거의 습관에 끌리는 내가 있었다. 이게 바로 이중인격자 아닌가?

한쪽 마음 구석에서는 자주 이런 소리가 들렸다.

"불과 작년, 1980년도만 해도 교회 근처에는 얼씬도 하지 않았고, 문제는 산더미처럼 쌓여 있었고, 인격은 개차반이었고, 매주 교회 간다는 건 상상도 못 하던 내가, 지금은 매일 성경을 무릎 치며 읽고, 금요일마다 3시간씩 성경공부와 1시간 기도회까지 하고 있으니, 하나님이 안 계시다면 이런 변화가 가능하겠는가?"

나는 분명 하나님이 계시다는 확신이 있었다. 그런데 또 한편으로는 이런 소리도 들려왔다. "그런데 왜 죄된 생활을 완전히 청산하지 못하고, 계속 죄된 생각과 행동을 반복하느냐? 하나님이 안 계시니까 널 도와주지 못하는 거다."

이 두 목소리 사이에서 나는 힘들었다. 무엇이 옳고 그른 건지, 내가 지금 어디로 가고 있는 건지 도무지 알 수 없었다. 분명 올 한 해 동안 좋은 일도 많았지만, 요즘엔 갑자기 대형 사고라도 날 것처럼 불안했다. 갈 수도 없고, 안 갈 수도 없는 진퇴양난에 빠져 있는 나 자신을 발견하게 되었다.

예전처럼 드러내놓고 담배 피우고, 술 마시고, 나이트클럽을 들락거리는 삶은 아니었지만, 마음이 정해지지 않아 양다리 걸친 생활을 하고 있는 것이 정말 싫었다. 이제는 정리를 하고 싶었다. 흑이면 흑, 백이면 백. 어느 한 쪽은 정해야 했다. 그래서 나는 하나님께 기도하기 시작했다.

"하나님, 한 번만 보여 주세요. 제가 이렇게 미적대며 한 발은 교회에, 한 발은 세상에 걸치고 있는 이유는, 하나님이 확실하게 살아 계시다는 것이 100% 믿어지지 않기 때문입니다. 하나님, 저는 하나님이 계시다는 것을 어렴풋이 믿고 교회생활을 하며, 신앙생활이 결코 쉬운 길이 아니라는 것을 깨달았습니다. 하지만 이 방법이 꼭 추천할 수 있는 길도 아닌 것 같습니다. 이건 제 인생의 큰 결정입니다. 만약 하나님이 계시지도 않은데, 계신다는 최면에 갇혀서, 없는 천국과 지옥을 믿고 헌금하고, 성경 읽고, 공부하고, 기도하고, 시간과 에너지를 다 쓰면서, 가고 싶은 데도 못 가고, 먹고 싶은 것도 마음대로 못 먹고, 하고 싶은 것도 하나님 때문에 못 하다가 결국 한 줌의 흙으로 돌아간다면, 차라리 죄도 짓고 인생의 향락도 즐기다 그렇게 죽는 게 낫지 않겠습니까? 하나님, 확신이 생긴다면 하나님의 길을 따르겠습니다. 그렇지 않다면 이제 제 방식대로 살겠습니다. 하나님, 살아 계시다는 것을 확실히 보여 주세요."

이 기도는 늘 나의 가장 큰 기도제목이었다.

그 즈음 우리 가정에서는, 모두가 예수님을 만난 후 믿음이 자라 1981년 10월 3일부터 가정예배를 시작했다. 사회는 둘째 남동생이 맡고, 찬양은 여동생 선희가 인도하고, 대표 기도는 아버지, 설교는 내가 했다. 끝 찬송은 찬송가 469장 "평화, 평화로다 하늘 위에서 내려오네"를 부르고, 주기도문으로 예배를 마쳤다.

매일이 부흥회 같았다. 그것도 모자라, 우리는 차고 앞에 가로 2m, 세로 1m 크기로 '기도실'을 만들어 놓고는, 가정예배가 끝나면 서로 번갈아 들어가 밤 12시까지 기도하곤 했다. 나는 그때마다 하나님께 간절히 기도했다. "하나님, 좀 보여 주세요. 괴로워요. 보여 주시기만 하면, 완전히 하나님 편이 되어 살겠습니다. 보여 주세요!"

하지만 아무 응답이 없었다. 기도를 마치고 눈을 떴을 때, 환한 빛이 보이는 듯해 할렐루야를 외쳤지만, 고개를 돌려보니 기도실 문이 덜 닫혀 차고의 전기불빛이 들어오고 있었을 뿐이었다. 나는 실망했다. 마태복음 7장 7절에 '구하는 자에게 주신다'고 하셨는데, 아무것도 보여 주시지 않는 하나님께 섭섭함과 불안함이 생겼다.

그런데 어느 주일, 목사님께서 11월 6일 금요일, 사라토가 산 수양관에서 철야기도회를 갖는다고 광고하셨다. 나는 직감적으로 생각했다.

"이번 철야기도가 하나님이 살아 계신지 아닌지, 결판을 낼 수 있는 마지막 기회다." 그래서 11월 6일 금요일을 손꼽아 기다렸다.

회개의 통곡 끝에 받은 응답

드디어 11월 6일, 금요일이 되어 약 20여 명의 교인들과 함께 우리 가족도 수양관에 도착했다. 개회예배를 드리고 나도 간증을 했다. 예수 믿기 전의 삶, 믿게 된 동기, 그리고 믿은 후에 내 삶이 어떻게 변화되었는지를 나누었다. 이후 우리는 통성기도, 그룹기도, 짝기도 등을 새벽 2시까지 계속했다. 그리고 각자 배정된 캐빈으로 들어가 개인기도 시간을 가졌다. 나는 여동생 선희, 남동생 영관, 어머니와 함께 5번 방에 들어가 찬송을 부르며 기도를 시작했다. 본격적으로 하나님께 간절히 기도드렸다.

"하나님, 제발 보여주세요. 혹시 가능하시다면 하나님이 살아 계시다는 증거로, 매주 금요일마다 방언으로 기도하시는 우리 청년회장처럼 저도 방언 기도를 하게 해주세요. 그렇게만 해주신다면 저는 하나님이 살아 계신 것을 믿고, 평생 하나님만 따라 살겠습니다."

정말 열심히 기도했지만, 3시가 되어도 아무런 변화가 없었다. '아, 역시 하나님은 안 계신 건가? 내가 상상 속의 신을 믿은 건가?'

마음이 쓸쓸해졌다. 없는 하나님을 있다고 말한 목사님에 대한 서운함이 치밀었고, 억지로 나를 끌고 온 김충원 형도 원망스러웠다. 그래서 하나님께 따지듯 말했다.

"하나님, 정말 살아 계시다면 입 한 번 열어 방언하게 하시는 게 그렇게 어려우신가요? 이 하찮은 기도조차 응답해 주시지 않으시는 건가요?"

그 순간, 마음 깊은 곳에서 음성이 들려왔다.

"너는 죄가 너무 많아서 내가 응답할 수 없다."

나는 깜짝 놀랐다. 그 말은 마치 비수처럼 가슴 깊이 꽂혔다.

'제가요? 무슨 큰 죄를 지었다고요? 사람을 죽인 것도 아니고, 사기를 친 것도 아니고, 도둑질이나 강간을 한 적도 없어요. 나름 정직하게 살려고 노력하며, 남에게 해가 될까 봐 거짓말도 조심하며 살았어요. 그런데 그게 그렇게 큰 죄인가요?'

그러나 하나님은 내가 그동안 가볍게 여겨온 죄들-작은 거짓말, 꾸며낸 말, 순간의 분노 등-그 하나하나를 거룩하신 빛 앞에 드러내셨다. 마치 강한 손전등으로 더러운 카펫 밑을 비추자 온갖 벌레와 오물이 기어 나오는 것처럼, 내 인생의 더럽고 추한 죄들이 하나하나 드러났다.

나는 큰 충격을 받았다. 나 자신을 도덕적인 사람이라 여겼지만, 하나님 앞에서는 완전히 빵점이었다. 모든 것이 위선이었고, 자존심이었고, 내 만족과 이익을 위해 남을 이용한 죄악이었다. 천 번 죽어도 변명할 수 없는 죄인임을 인정할 수밖에 없었다. 그 순간 나는 가슴을 치며 울부짖었다.

'나는 더러운 죄인입니다. 나는 살 자격이 없는 자입니다!' 눈물과 콧물을 쏟으며 회개했고, 거의 한 시간을 그렇게 처절하게 기도했다.

그날 나는 하나님과 약속한 대로, '방언 기도'를 받지 못하면 하나님은 안 계신 분으로 알고 교회를 떠나겠다고 결심한 상태였다. 그런 협박성 기도를 하고 있었는데, 회개의 통곡이 끝날 무렵 내 입에서 갑자기 이상한 소리가 터져 나왔다.

"랄랄랄라, 두두두두…"

이상한 소리들이 나오기 시작하더니, 그것이 바로 방언 기도였다. 깜짝 놀랐다. 하나님이 정말 살아 계셨던 것이다! 그 소리에 깨어보니 여동생과 남동생도 방언으로 기도하고 있었다. 얼마나 감사하고 기쁜지 몰랐다. 한 시간 전만 해도 하나님은 없다고 단정하려 했던 내가, 이제는 살아 계신 하나님을 체험한 것이다.

기쁨과 감사로 가득 찬 나는 어머니께 다가갔다. 어머니는 우리를 낳으신 후 청력을 잃으셔서 늘 보청기를 착용하셨고, 그럼에도 불구하고 잘 들리지 않아 대화가 쉽지 않았다. 미국에서 늘 외로움 속에 사셨던 어머니를 생각하며, 나는 늘 청력을 회복시켜 달라고 기도하곤 했다. 이날 나는 하나님이 살아 계심을 체험한 확신으로 어머니의 귀에 손가락을 넣고 간절히 기도드렸다. 그리고 어머니는 며칠 동안 소리를 들을 수 있었다고 간증하셨다.

나는 방언으로 기도하며 너무도 좋았다. 철야기도회가 끝날 시간이 되어, 다른 성도들이 "김 형제님, 하산할 시간이에요."라며 우리 캐빈 옆을 지나갔다. 그러나 우리는 멈추고 싶지 않았다. 기도 인도자 박광균 집사님이 직접 알려주시기 전까지 우리는 계속 기도했다. 그리고 아쉬운 마음으로 하산했고, 집에 돌아가서 쉬며 주일예배에 빠지지 말라는 마지막 공지를 듣고 각자의 집으로 돌아갔다.

[산호제 제일 침례교회 청년들과 함께]

제 4 부
은혜의 선물
돕는 베필

최초의 총각 집사	100
미련 없이 회사에 낸 사표	103
전도사로 섬김과 신학공부	106
금식 기도로 간구한 배우자	108
혼란 속에서 흔들린 믿음	111
의심을 거두게 한 하나님의 사인	113
믿음으로 연 인연의 문	117
기도에 응답해 주신 주님	120
Grace, 은혜와 결혼하다	125

제 4 부　은혜의 선물 돕는 배필

최초의 총각 집사

"너희는 가라"는 마태복음 28장 19절의 말씀에 순종하여, 나는 수양관에서 돌아오자마자 전도에 나섰다. 집에 도착해 가족들을 내려준 뒤 "잠시 눈을 붙이세요." 라고 인사하고는, 곧장 교회에 가끔 빠지는 김 형제 가족과 여동생 친구인 주 자매 가족을 찾아갔다. 지금 이 감격을 한시라도 빨리 전하지 않으면 안 된다는 마음이 들었다. 잠자는 것보다 더 중요한 것은, 살아 계신 하나님을 아직 확신하지 못하는 이들에게 그분을 증거하는 일이었다.

운전대를 잡고 가는 길에 문득 두려움이 밀려왔다. '전도하러 갔는데 괜히 왜 왔냐고 하면 뭐라고 말하지?' 그때 성령님께서 마태복음 28장 19절 말씀을 생각나게 하셨다. "그러므로 너희는 가서 모든 민족을 제자로 삼아, 아버지와 아들과 성령의 이름으로 침례를 베풀고, 내가 너희에게 분부한 모든 것을 가르쳐 지키게 하라."

나는 그 말씀을 종이에 적어 손에 들고 갔다. 혹시 누가 묻거든 "하나님이 가라고 명령하셔서, 순종하려고 왔습니다."라고 말할 준비가 되어 있었다.

그런데 의외로 두 가정 모두 나를 따뜻하게 맞아주었다. 나는 누가복음 16장에 나오는 부자와 거지 나사로의 이야기를 간단히 전하며 이야기를 시작했다.

"살아 계신 하나님을 꼭 믿으셔서, 나사로 이야기 속의 부자처럼 후회하는 일이 없기를 바랍니다." 그리고 오늘 새벽 5시, 싸라토가 기도원에서 하나님이 살아 계심을 분명히 체험했고, 방언을 받은 간증을 나누자 모두 깜짝 놀라며 내일 꼭 교회에 가겠다고 약속했다.

돌아오는 길에 얼마나 감사하고 기뻤는지 모른다. 전날 저녁부터 한숨도 자지 않았지만 졸리지도 않았고, 아무것도 먹지 않았지만 배고프지도 않았다. 그저 감사하고 기뻤다. 하나님이 살아 계심을 직접 경험한 후였기에, 내 믿음은 이제 더는 흔들릴 수 없었다.

그 이후로 나는 담대하게 어디서든 복음을 전하는 전도자의 삶을 살게 되었다. 만나는 사람마다 "하나님이 살아 계십니다. 하나님을 믿으세요!" 하며, 서툰 영어지만 용기를 내어 복음을 전했고, 많은 미국인들이 예수님을 영접하고 교회에 나오겠다고 약속했다.

그때는 전도 방법도, 초대 방법도 제대로 몰랐다. 그래서 제일 잘 알려진 '사영리' 책자를 들고 다니며 복음을 전했다. 영접 기도는 빌리 그레헴 목사님의 영접기도문을 읽으며 함께 기도했다. 그렇게 20번쯤 반복하니 외워지게 되었고, 이후부터는 언제 어디서든 복음을 전하고 영접 기도를 인도하며, 거의 매일 '사람 낚는 어부'의 삶을 살게 되었다.

그 열심과 진심을 하나님께서 보셨는지, 교회에서는 나를 청년회 회장으로 세워주셨다. 교회도 눈에 띄게 부흥하여, 이듬해인 1982년에는 장년 교인 수만 해도 80여 명에 이르렀다. 교회 일이 많아졌고, 집사들을 선출하게 되었는데, 그때 나는 '최초의 총각 집사'로 만장일치로 선출되었다고 목사님이 전해주셨다.

사실 나는 앞에 나서서 이끄는 것보다는, 시키는 일을 조용히 돕는 편이 더 편한 성격이었다. 그러나 성도들이 하나님의 뜻으로 믿고 세워주었기에, 살아 계신 하나님께서 나를 도와주실 것이라는 확신으로 기꺼이 순종하고 그 직분을 맡게 되었다.

나는 금요 성경공부를 통해 정말 많은 것을 배웠다. 이지춘 목사님은 확실하게 가르치는 은사가 탁월하셔서, 말씀을 들을 때마다 내용이 머리에 쏙쏙 들어왔다. 그래서 1981년부터 시작된 금요 성경공부에 한 번도 빠지지 않고 참석했다. 새신자반을 졸업한 후에도 신·구약 성경공부반, '최선의 삶 1·2' 등 금요 성경학교에서 제공하는 거의 모든 과목을 3년 가까이 꾸준히 공부했다.

정말 유익한 시간이었다. 특히 침례교회의 정체성에 대해 배우면서, 하나님께서 나를 침례교회로 인도하시고, 예수님을 영접하게 하시며, 성경과 가까운 신앙생활을 하게 하신 것이 참으로 큰 축복이라는 사실을 깨닫게 되었다. 나는 미국의 대표적인 복음주의 교단 중 하나인 남침례교단(Southern Baptist Convention) 소속 교회에서 신앙생활을 한다는 것이 자랑스러웠다. 또한, 남침례교단의 선교부(IMB)에 소속된 선교사가 되면 월급과 자녀 교육비, 교통비, 건강보험 등을 전액 지원받을 수 있다는 사실을 배우고 나서, '내가 선교사로 나가게 된다면 반드시 IMB 선교사가 되어야겠다.'는 마음을 품게 되었다.

집사가 된 이후에는 다양한 사역에 참여하게 되었다. 처음에는 중·고등부 학생들을 가르치는 교사직을 맡았고, 이후에는 청년들이 교회에 모이기 시작하면서 청년·대학부 주일학교의 부교사로 임명되어 그 사역을 감당하게 되었다. 그때 청년·대학부 주일학교의 메인 교사는 박광균 집사님이셨고, 나는 그분과 함께 대학부를 인도하게 되었다. 박 집사님은 한 달에 한 번 정도 나에게 인도할 기회를 주셨다.

그러나 대학부 주일학교 인도는 생각보다 쉽지 않았다. 나는 당시 겨우 대학에 입학한 상태였고, 낮에는 일하고 밤에는 Mission College에서 한 과목씩 공부하고 있었다. 반면 우리 대학부에는 한국에서 유학 온 학생들이나 산호세 주립대학에 다니는 엘리트 학생들이 많았다. 성경에 익숙한 신앙의 선배들도 있어서, 인도자로서 늘 부담이 컸다.

나는 학벌도 부족했고, 예수님을 믿은 지 고작 3년밖에 되지 않아 성경 지식도 부족했으며, 일하느라 공부할 시간도 충분치 않았다. 그래서 한 달에 한 번, 1시간 정도 주일학교를 인도하는 일조차도 너무 어렵고 벅찼다. 무엇보다 신앙생활을 오래한 대학생들이 성경에 대해 질문할 때면, 어떻게 대답해야 할지 몰라 진땀을 흘리는 일이 많았다. 그럴 때마다 박 집사님이 구원투수처럼 나서서 친절하게 설명해 주셨고, 나는 그 도움 덕분에 겨우겨우 대학부 성경공부 부교사의 역할을 이어갈 수 있었다.

미련 없이 회사에 낸 사표

학생들에게 성경을 가르치면서도 성경 지식이 부족하다는 생각은 늘 내 마음을 짓눌렀다. 금요 성경공부나 교사 훈련 시간에 배우는 것만으로는 도저히 부족하다는 걸 몸소 느끼고 있었다. 그렇게 고민하며 대학생 주일학교를 겨우겨우 감당하던 어느 날, 교회에서 집으로 돌아가는 길, 280번 고속도로를 달리던 중 4가 근처에서 문득 왼쪽 간판 하나가 눈에 들어왔다. "San Jose Bible College."

아니, 교회와 우리 집 사이, 딱 중간 지점에 신학교가 있었던 것이다. 2년 동안 수없이 오가던 고속도로였지만, 그날 처음 간판이 보였다.

'저 신학교에 들어가 성경을 더 깊이 공부하면 얼마나 좋을까?'

곧장 방문해보았다. 등록이 가능했고, 외국 학생도 적극적으로 환영하고 있었다. 미션 칼리지와 디앤자 칼리지에서 이수한 교양과목 학점도 인정받을 수 있어, 앞으로 2년만 공부하면 1985년에 졸업할 수 있다고 학생처장

마이크 보우만 박사님이 안내해 주셨다.

입학 신청서를 들고 집으로 돌아오는 길, 나는 기쁨을 주체하지 못하고 하나님께 감사 기도를 드리며 찬송을 불렀다. 내가 성경공부를 깊이 하고 싶다는 소원을 품자마자 이렇게 길을 열어주시다니, 살아 계신 하나님께서 나를 친히 이끄신다는 것을 온몸으로 느낄 수 있었다. 그때부터 하나님의 인도하심에 대한 신뢰는 마치 산처럼 굳건해졌다.

낮에는 HP에서 컴퓨터 기술자로 일하고, 저녁에는 한 과목씩 신학교 수업을 들으며 공부를 시작했다. 배우는 모든 것이 신선했고, 너무 재미있어 금방이라도 성경 박사가 된 듯한 기분이었다. 하지만 점차 마음속에서 이런 갈망이 피어올랐다.

'이 직장이 좋은 직장이긴 하지만, 단지 월급을 위해 일만 하며 인생을 보내는 것이 과연 옳은가? 매일 새벽 다섯 시에 일어나, 하루 여덟 시간 회사에 매여 사는 이 시간을, 하나님을 위해 전도하고, 성경을 연구하고 가르치는 데 쓴다면 얼마나 가치 있을까?' 전임 신학생으로 신학에만 집중하고 싶다는 갈망이 날마다 깊어졌다.

HP는 실리콘밸리에서도 복지가 좋기로 손꼽히는 직장이었다. 해고 걱정이 없었고, 간식과 파티, 'Beer Burst' 같은 행사가 정기적으로 열리는 여유로운 분위기였다. 그러나 그 좋은 직장이 점점 재미없어졌다. 컴퓨터를 수리하며 마시는 커피 한 잔조차 더 이상 즐겁지 않았다. 하지만 문제는 고정 지출이었다. 매달 20개 가까운 고정비를 감당하려면 일정한 수입이 필요했기에, 그 부담 때문에 쉽게 사표를 낼 수는 없었다.

그렇게 몇 달을 고민하던 중, 이지춘 목사님께서 내게 전화를 주셨다. 교회가 성장하면서 사역이 많아졌고, 전임 전도사를 초빙하고자 모든 부장님들과 상의했는데, 만장일치로 나를 전도사로 세우기로 결정하셨다는 것이었다. 사례비는 현재 HP 급여보다는 적지만, 교회가 성장하면 그에 맞춰드릴 수 있도록 하겠다고 하셨다.

그 순간, 내 마음에서는 이미 "예!"라는 대답이 터져 나왔다. 몇 달 전부터 전도사의 삶을 간절히 바라왔기에, 이 제안은 내게 하나님의 응답처럼 들렸다. 하지만 걱정도 없지 않았다.

"목사님, 사실 저는 아직 성경도, 교회도 모르는 것이 너무 많습니다. 교회생활도 불과 3년밖에 안 됐고, 제가 부족한 지도력으로 교회에 누를 끼치진 않을까요?" 그러자 목사님께서 따뜻하게 말씀하셨다.

"걱정 마세요. 집사님을 여기까지 인도하신 분도 하나님이시고, 앞으로도 그분이 함께하실 것입니다." 그 말씀에 용기와 확신이 생겼다.

"그렇다면 저는 살아 계신 하나님과 목사님만 믿고, 이 사역을 감당하겠습니다."

그리하여 다음날, 나는 HP에 사표를 제출했다. 그리고 지난 5년 동안 적립해 두었던 HP 주식을 계산도 하지 않고 제일 침례교회 건축 헌금으로 드렸다. 내 마음은 설명할 수 없는 평안과 기쁨으로 가득 찼다.

'이럴 수가 있는가? 하나님께서 나의 작은 소원을 이렇게까지 이루어주시다니….'

나는 산호세 제일 침례교회 최초의 유급 전임 전도사, 그것도 총각 전도사로 초빙되었다. 상상조차 못했던 일이었다. 그 순간, 찬송가 141장의 가사가 내 입에서 절로 흘러나왔다.

"웬 일인가, 웬 은혜인가, 그 사랑 크셔라."

전도사로 섬김과 신학공부

전도사로 임명된 후, 나는 이지춘 목사님과 함께 많은 사역을 감당했다. 교회는 빠르게 성장했고, 더 넓은 공간이 필요해져 켐벨에 있는 미국 침례교회를 빌려 예배를 드리게 되었다. 성경공부가 체계적으로 이루어진다는 소문이 퍼지자, 매 주일마다 새 교인들이 몰려들었다. 그로 인해 새 가족 사역, 심방, 주일학교 교사 훈련, 설교 테이프 제작 등 정말 바쁜 날들이 이어졌다. 그 와중에도 나는 목사님과 의논해, 그 주간에 해야 할 심방, 훈련, 고등부·대학부 사역들을 마친 후 시간을 내어 신학교 공부를 꾸준히 이어갔다. 그리고 드디어 1986년 5월 13일, 산호세 바이블 칼리지를 Bachelor of Theology, Magna Cum Laude 우등으로 졸업하게 되었다.

나는 금요 새신자 성경공부반에 우수한 성적으로 들어가기 전까지, 공부와는 거리가 먼 사람이라고 스스로 생각했다. 머리가 좋지 않다고 여겼고, 기억력도 형편없고, 이해력도 부족하다는 낙인을 스스로에게 찍고 있었다. 어릴 적부터 성적은 늘 바닥이었고, 공부는 거의 포기한 채 살아왔다.

대신 운동은 늘 즐겁고 잘했다. 축구, 족구, 배구, 탁구, 마라톤, 배드민턴 등 구기 종목에서는 언제나 앞장섰고, 주변에서도 "거의 프로급"이라고 인정할 정도였다.

그렇게 공부에 자신 없던 나였지만, 성경공부는 달랐다. 정말 재미있었다. 신학교에서 신학을 공부할 때도 처음엔 영어로 강의와 시험, 보고서를 작성해야 했기에 너무 어렵게 느껴졌다. 그럴 때마다 나는 하나님께 이렇게 기도했다.

"하나님, 저는 세상 공부에는 실패했지만, 하나님 말씀 공부에서는 성공하고 싶습니다. 세상 공부는 늘 꼴찌였지만, 성경 공부에서는 하나님을 부끄럽게 하지 않게 해주십시오."

그 기도를 붙들고 신학 공부에 최선을 다했다. 영어가 부족하니 미국인 학생들과 친하게 지냈다. 그들의 노트를 빌려 필기하고, 함께 공부하고, 같이 밥을 먹으며 시험 준비도 함께 했다. 그 과정에서 많은 친구들을 사귀게 되었고, 사람들과 빠르게 융화되고 소통하는 능력도 생겼다. 그 능력은 이후 선교지에서도 큰 유익이 되었다.

어디서든 누구든, 처음 만난 사람과 단 5분 만에 친구가 되어 복음을 전하고, 영접 기도를 이끌며, 교회까지 인도하는 '사람 낚는 기술'이 개발되었다고 해도 과언이 아니었다.

금요 성경공부도 마찬가지였다. 나는 항상 예습하고 참석했으며, 복습도 철저히 했다. 이해되지 않는 부분은 깨알 같은 글씨로 명함 크기의 종이에 적어 주머니에 넣고 다니며 외우곤 했다. 그렇게 공부하니 실력이 점점 늘어났다.

그 시절 교회에서는 성경 퀴즈 대회, 성경 읽기 대회, 암송 대회 등을 개최했는데, 나는 대부분 1등 아니면 2, 3등을 차지했다. 상품으로 받은 간증집, 주석 책, 성경공부 교재들을 열심히 읽었다. 그 책들에서 얻은 지식과 간접 체험은 내 영적 깊이를 키워주었고, 성경을 이해하는 눈을 열어주었다. 이제는 누가 어떤 질문을 해도 먼저 대답하고, 성경에서 근거를 찾아내는 일이 가능해졌고, 사람들은 나를 '우수한 학생', '머리 좋은 청년', '똑똑한 집사'라고 불렀다. 신학 학사를 졸업하자, 주변에서는 나를 "박사님"이라고 부르는 성도들까지 생겨났다.

금식 기도로 간구한 배우자

 산호세 제일 침례교회에서 제공하는 모든 금요 성경공부 과정을 한 번도 빠지지 않고 열심히 수강하며, 나는 성경을 주신 하나님께 마냥 감사한 마음을 품게 되었다. 그때 나는 성경을 읽고 공부하면 할수록, 성경이 내 목숨보다도 귀하고, 아니 이 세상 70억 인류의 목숨보다도 더 소중하다는 사실을 거듭 느끼고 체험하게 되었다.

 세상에서 내 목숨과 바꿀 수 있는 것이 과연 몇이나 될까? 돈이 아무리 많다 해도, 백만 불이나 수억 불과 내 한 목숨을 바꿀 수는 없지 않은가? 일이 중요하고, 회사가 귀하다 하더라도 내 목숨을 대신할 수는 없다. 부모 형제가 아무리 소중해도, 내 목숨을 대신할 수는 없고, 취미 생활이 아무리 유익하다 해도 생명을 걸만한 가치는 없을 것이다.

 그러나 하나님의 말씀은 다르다. 내 목숨이 천 개가 있다 해도 그 모두를 바쳐도 부족할 만큼 소중한 것이 성경이라는 결론에 이르게 되었다. 어떤 일이나 목표에는 끝이 있지만, 하나님의 말씀은 연구하고 공부해도 끝이 없고, 완전한 이해에 도달할 수 없다는 것이 태평양 바닷물을 바가지로 퍼내는 것과 같다는 사실을 알게 되었다. 그런 위대한 말씀의 책이 내 손 안에 있다는 것은 기적이며, 축복이며, 은혜임을 느끼며 나는 기도했다.

 "하나님, 저를 목사로 만들어 주세요. 말씀을 연구하고 공부하며, 성도들에게 가르치고 선포하는 목회의 삶을 살고 싶습니다."

 나는 어느새 목사가 되고 싶은 열망을 품게 되었고, 그것이 하나님의 부르심이라는 확신을 갖게 되었다. 예수 믿기 전에는 '교회는 다녀도 매주일은 가지 말자'고 다짐했던 나였지만, 지금은 매주 교회를 가고, 청년회 회장, 집사, 전도사까지 되어버린 '광신자'처럼 되어 있었다. 그런 내가 이제는 목사가 되고 싶다는 마음이 생겼다는 사실은 놀라운 변화였다.

그러나 동시에 한 가지 커다란 숙제가 내 앞에 놓여 있었다. 이지춘 독사님과 함께 사역하며 보니, 목회란 단지 말씀만 가르치는 일이 아니었다. 매일같이 눈에 보이지 않는, 모래알 같은 수많은 일들이 있었고, 그것은 한 사람의 힘으로는 감당하기 어려운 일이었다. 그리고 무엇보다 사모의 역할이 목회에 얼마나 중요한지를 절감하게 되었다. 나는 진심으로 깨달았다. "사모는 단지 목사의 아내가 아니라, 자녀들의 엄마이자, 성도들의 친구가 되어야 한다."

그래서 나는 배우자에 대해 구체적인 기도 제목 7가지를 정해 매일 기도하기 시작했다. 특히 매주 금요일은 하루 종일 금식하며 기도하는 날로 정했다. 수업 전 근처에 있는 가톨릭 교회에 들어가 통곡하며 기도하고, 운동장을 한 바퀴 돈 후 샤워를 하고 미션 칼리지에서 수업을 듣고, 저녁에는 금요 성경공부에 참여하는 일정이었다. 금요일 하루는 기도와 말씀으로 꽉 채운 날이었다.

내가 하나님께 드린 7가지 기도 제목은 이러했다:

1. 믿음이 돈독한 여성
2. 나보다 키가 조금 작을 것(내가 보호자 역할을 할 수 있도록)
3. 목회자 아내로서의 소명과 의지가 있을 것
4. 미국에 계신 나의 부모님과 세 동생들을 도와줄 마음이 있을 것
5. 최소한 고등학교 졸업 이상의 학력을 가질 것
6. 귀엽고 따뜻한 인상일 것
7. 미국 내에서 만나 결혼할 수 있을 것

누군가를 소개받을 때면 나는 이 기준에 하나라도 맞지 않으면 더 이상

만나지 않았다. 특히 6번까지 다 맞아도 한국이나 외국에 있는 분이면 만나지 않기로 했다.

친구들은 벌써 연애를 하고, 결혼을 준비하고 있었지만, 나는 여전히 기도하며 기다리고 있었다. 어떤 때는 하나님께 원망 섞인 기도를 드리기도 했다.

"하나님, 전 목회 잘 해보겠다고 금식하며 기도하고 있는데 왜 이렇게 응답이 더디십니까? 다른 친구들은 기도도 잘 안 하는데 다 결혼 잘만 하잖아요."

그러던 어느 날, 마음속에 이런 음성이 들려왔다.

"영민아, 너 내게 너무 요구하고 있는 거 아니냐?"

깜짝 놀라 나는 항변했다. "아닙니다, 하나님. 저는 목회에 합당한 아내를 구하고자 하는 기도였을 뿐인데요?" 그러면서 기도 제목을 다시 하나씩 점검해보았다. 모든 항목이 다 중요하고 꼭 필요한 조건들이라 생각했지만, 마지막 일곱 번째 조건이 마음에 걸리기 시작했다.

"왜 꼭 미국에서 만나야 하나?" 라는 질문이 마음에 들었다. 사실 그 기도 제목은, 내가 미국 생활을 하며 고생한 기억 때문에 아내는 그런 수고를 안 하게 해주고 싶은 마음에서 넣은 것이었다. 그러나 경험을 통해 배우는 것도 좋은 일이란 생각이 들어서 나는 결국 7번 기도 제목을 지웠다.

바로 그 주일, 이지춘 목사님이 나를 부르셨다. 한국 침례 신학 대학교 정진황 총장님께 나의 소개서를 보내면 어떻겠냐는 말씀이셨다. 그래서 나의 6개 기도 제목과 사진을 보냈다. 그 후 대전 침신에서 편지가 왔는데 총장님은 도서관에서 일하는 아주 성실한 자매가 있는데 내게 소개해 주신다는 내용이었다. 그 자매가 바로 손금식 자매였다.

손 자매의 편지를 열어보는 순간, 나는 놀라움을 금치 못했다.

첫째, 그녀의 이름이 '금식'이었다. 성씨는 손 씨였지만, 이름이 '금식'이라니! 이름만으로도 금식하며 기도하고, 말씀을 읽고 전도하는 모습이 그려질 만큼 감동이었다. 그리고 키가 150cm라는 것도, 내 키보다 작아서 감사했다. 또 편지에는 사모 될 의향이 있고, 부모님을 섬길 준비도 되어 있으며, 대전의 성모 여고를 졸업했다는 내용도 있었다. 편지를 읽는 내내 가슴이 벅차올랐다. 하나님께서 내 기도를 응답하신 것이라는 확신이 들었다. 곧바로 감사의 편지를 보냈고, 이후 우리는 3개월 동안 펜팔을 주고받으며 서로를 알아갔다.

그녀의 글은 따뜻했고, 글씨도 현대적이며 감각이 있었다. 내 편지가 전통적인 형식이었다면, 그녀의 편지는 마치 대화를 나누는 듯 자연스럽고 신선했다. 그리고 함께 보내준 신상언 씨의 짧은 수필집이 내 마음에 쏙 들었다. 간결한 글들이 내 일상 속에서 읽기에 딱 좋았다. 이 모든 과정이 하나님의 섬세한 인도하심이었음을 부인할 수 없었다. 나는 확신했다.

"이 자매가 바로 하나님께 금식과 눈물로 구했던 나의 아내다."

혼란 속에서 흔들린 믿음

그런데 한 가지 심각한 문제가 생겼다. 매번 편지를 받고, 소포를 받을 때마다 하나님은 내 마음에 확신을 주셨다. "이 여자가 바로 네 아내다." 그 메시지를 받을 때면 난 조금의 의심도 없이 그것을 하나님의 뜻으로 받아들였고, 이제는 언제 어떻게 결혼식을 올리고, 한국에서 아내를 데려올 것인가를 계획하고 있을 즈음이었다.

원래 나는 한국에서 아내를 데려올 생각을 전혀 하지 않았기 때문에 미국 시민권 취득은 고려조차 하지 않고 있었다. 나는 나름대로 애국심이 강한 사람이었고, 비록 미국에 살고 있지만 나는 100% 한국인이라는 자부심이 있었기에 한국 국적을 버리고 미국 국적을 취득하는 것은 마치 고국을 배신하는 일처럼 여겨졌기 때문이다. 시민권 신청 자격이 주어진 지 몇 년이 되었지만 계속 미루고 있던 터였다. 그러나 미국 시민권자만이 결혼 이민 초청을 통해 약 1년 이내에 배우자를 데려올 수 있다는 정보를 듣고, 나 역시 시민권 시험 준비를 시작하게 되었다.

그 무렵, 내 마음에 이상한 생각 하나가 불쑥 스쳐 지나갔다. 그동안 손금식 자매가 보내준 사진이 꽤 많았다. 자매의 아버지가 사진사여서 어릴 때부터 사진을 많이 찍어 주셨다며, 편지를 보낼 때마다 많은 사진을 함께 보내주었다. 사진 속 배경은 정말 멋졌고, 포즈도 자연스러웠다. 그런데 그 모든 사진들을 가만히 다시 떠올려보니 하나의 공통점이 눈에 들어왔다. 전부 앉은 자세의 사진이었다.

산에 가서도 앉아서, 바닷가에서도 앉아서, 길가에서도, 꽃길에서도 전부 앉은 자세였다. 갑자기 온몸에 식은땀이 솟았다. 숨이 가빠지고 가슴이 답답해서 몇 번이고 입을 쫙 벌려 숨을 들이쉬고 내쉬며 진정하려 했다.

"혹시, 이 여자가 다리에 문제가 있는 건 아닐까? 혹시 하반신 장애인인가? 지체장애를 갖고 있는 건가?"

그동안 그런 이야기는 전혀 없었고, 나 역시 기도 제목 중에 '건강한 몸을 가진 아내'라는 조건을 명시하지는 않았다. 만약 그녀가 정말 그런 상황이라면, 일부러 언급을 피하고 지금까지 3개월간 편지를 주고받으며 나를 속이고 있는 것일 수도 있다는 생각이 들었다. 아니, 하나님께서 보내주신 아내라고 확신했던 그 순간들, 편지를 받을 때마다 들려왔던 하나님의 음성은 그럼 무엇이란 말인가?

기도 제목 6가지가 첫날 편지에서 그대로 응답되었기에 나는 그녀를 내 아내로 의심 없이 받아들였고, 하나님의 완벽한 예비하심으로 믿고 감사했었다. 그런데 이제 와서 이런 불길한 의심이 마음을 휘감는 것이었다. 나는 숨을 제대로 쉴 수가 없었다. 정신이 흐려지고 집중이 되지 않았다. 일손도 잡히지 않고 마음은 복잡하기 그지없었다. 몸은 뜨겁고 이상한 반응을 일으켰다. 결혼이란 것은 내 평생을 함께할 동반자를 선택하는 일인데, '장대인과 결혼을 한다.'는 것은 가뜩이나 부족한 내게는 상상도 하지 못했던 일이었다. 그렇다고 무턱대고 편지에다 "당신, 혹시 지체장애가 있습니까?" 하고 물을 수는 없지 않은가. 그건 아무리 급해도 무례한 일이었다. 전화를 걸어 확인해볼까 하다가, 도저히 입에서 그런 말을 꺼낼 수가 없었다. 수화기를 들었다 놓기를 몇 번이나 반복하다 결국 마지막으로 결심했다. 직접 한국에 가서 내 눈으로 확인하고 나서 결정하자. 그것은 비싼 국제전화보다 확실한 방법이었다.

의심을 거두게 한 하나님의 사인

나는 무엇보다도 먼저 손 자매가 신체적으로 불편한 분인지 직접 확인하고, 그에 따라 결혼 여부를 결정하는 것이 우선이라고 판단했다. 그리고 목사님께 말씀드렸다.

"목사님, 이번 월요일에 손 자매를 만나 뵙고, 일이 잘 풀리면 결혼식까지 올리고 오겠습니다. 4주 동안은 다른 집사님들 중에서 예배 인도를 맡겨주시고, 혹시 잘 안 되면 토요일에 돌아와 아무 일 없었던 듯이 예배 사회와 주중 사역을 계속하겠습니다. 그러면 성도들 사이에 불필요한 소문이 도는 것도 막을 수 있을 것입니다."

목사님은 흔쾌히 허락해 주셨다. 나는 자매에게 전화했다.

"서로 편지로는 많이 알게 되었지만, 이번에는 직접 만나서 자매님을 뵙고 싶습니다. 월요일에 한국에 가서 뵙고 싶습니다."

그녀는 흔쾌히 대답했다. "전도사님 나라인데요, 오세요!"

나는 카드를 사용해 비행기 표를 사고, 월요일에 출국했다. 8년 만에 비행기를 탔다. 옆자리에 앉은 분이 한국인이었기에 통성명을 했는데, 그분은 교인이었다. 나는 내 신앙 간증을 나누었고, 그분도 감동적인 자신의 이야기를 들려주었다. 하나님께서 사람을 만나게 하시는 방식이 참 다양하다는 생각이 들었다. 그분은 서울에서 하룻밤을 보내고 다음 날 아침 자신의 고향으로 간다고 했고, 자신이 잘 아는 여관이 있다며 함께 가자고 제안해 주었다. 예약 문화가 거의 없던 시절, 그분 덕분에 나는 월요일 밤을 무사히 보낼 수 있었다.

다음 날 아침, 나는 대전행 고속버스를 타고 출발했다. 차 안에서 나는 계속해서 기도했다. "하나님, 이 먼 길을 오게 하셨으니 제발 사지가 멀쩡한 여자이기를 원합니다." 신체에 이상이 있다면 상황은 복잡해질 수밖에 없었다. 그러나 아무 문제가 없다면, 이 기회에 결혼식까지 마치고 돌아갈 계획이었다.

나는 미리 부모님께 부탁을 드려 놓았다. 일이 잘 풀려서 결혼 날짜가 잡히면, 미리 사둔 결혼반지를 가지고 아버지가 집안 대표로 참석해 주시고, 친지들에게 초청장을 보내어 버스를 대절해 결혼식에 참석하게 해달라고. 지금쯤 가족들은 미국에서 나의 연락을 기다리고 있는 상황이었다.

드디어 대전에 도착했다. 나는 창밖을 두리번거리며 사진 속 손 자매의 모습을 찾고 있었다. 그러던 중, 오른쪽에서 빨간 잠바에 양털 칼라가 달린 옷을 입고, 자주색 구두를 신고 사뿐사뿐 걸어오는 여인을 보았다. 가까이 올수록 틀림없이 손 자매임이 확실했다. 나는 속으로 외쳤다.

"감사합니다, 하나님! 사지가 멀쩡합니다! 신체에 아무 이상이 없습니다!"

　이미 내 마음속에서는 결혼 결심이 굳어지고 있었다. 당장이라도 무릎을 꿇고 "결혼해 주시겠습니까?" 하고 싶었지만, 한국의 전통과 절차를 고려해 참았다. 천천히, 자연스러운 시점에 프로포즈하자고 마음먹었다. 버스에서 내려 내가 먼저 물었다.

　"손 금식 자매님?"

　"네, 김 전도사님이시죠? 먼 길 오시느라 시장하시겠어요."

　손 자매는 나를 집으로 데려갔다. 집에 도착하니 자매의 부모님께서 점심을 준비해놓고 기다리고 계셨다. 첫 대면이라 다소 어색했지만, 이것저것 질문을 받으며 맛있는 점심을 나누었다. 두 분 인상은 온화해서, 하나님을 잘 믿는 분들이라는 것이 표정과 말씀 속에서 드러났다.

　식사 후 자매는 근처 찻집에서 대화를 나누자고 했다. '커피가 있는 풍경'이라는 이름의 조용한 찻집이었다. 은은한 음악이 흐르는 가운데 자매는 조리 있고 재치 있게 자신의 이야기를 풀어냈다. 처음 만나는 남자 앞에서도 수줍음 없이 짜임새 있게 이야기하는 모습에 나는 안도의 미소를 지었다. 성도들이 이 자매를 무시하거나 업신여기지는 않겠구나 하는 확신이 들었다. 저녁에는 자매가 추천한 경양식 돈가스 전문점을 찾았다. 미국에서는 제대로 된 한식을 접하기 힘들었기 때문에 오랜만에 먹는 돈가스는 정말 맛있었다. 자매는 자신은 먹을 수 있는 양이 적다며 자신의 것도 나에게 주었고, 나는 고맙게 받아 맛있게 먹었다. 계산을 하려고 하자 자매는 자신의 동네니 자신이 내겠다고 했다. 내가 남자이니 내가 내겠다고 하자, 그녀는 고집을 부리며 현금을 내 손에 쥐여주며 나로 하여금 계산하게 했다. 직접 계산하는 대신 상대를 세워주는 지혜로운 배려였다.

　나는 이 자매의 센스에 깊은 인상을 받았다. 식사 후 자매는 다방에 가서 더 이야기하자고 했다. 나는 잠시 당황했다. 당시 내가 알고 있는 다방은,

어두컴컴한 조명 아래 레지라 불리는 찻잔 든 아가씨들이 짧은 치마에 긴 머리를 늘어뜨리고, 이 테이블 저 테이블 불량한 사람들에게 차를 나르는 유흥업소와 별 차이 없는 곳이었다. 학생이 다방에 들락거리다 학교 단속단에 발각되면 퇴학도 가능했기에 기독교인 자매가 빵집이나 공원이 아닌 왜 다방에 가자고 하나 싶었다. 더구나 나는 당시 산호세 제일침례교회 전도사로 교회의 얼굴 같은 사람이었고, 자매도 믿음의 가정 출신이었다. 그러나 주도권은 자매에게 있었기에 따라가기로 했다.

길을 걸으며 자매는 자신의 경제 철학을 이야기했다. 무엇을 살 때 첫째, 이 물건이 꼭 필요한가? 둘째, 이 물건을 살 돈이 있는가? 셋째, 이 물건 없이는 안 되는가? 이 세 가지 질문을 던지고 그 기준에 따라 소비를 결정한다고 했다. 나는 감탄했다. 나는 예전엔 신용카드부터 긁고 봤다. 집에 있는 물건이라도 더 좋아 보이면 샀고, 그래서 지금은 빚더미에 올라앉아 있다. 이 자매는 분명히 우리 가정의 경제부 장관감이었다. 실제로 지금까지도 40년 동안 그 자리를 지키고 있다.

도착한 다방의 간판을 보고 나는 깜짝 놀랐다. '예루살렘 다방'이었다. 안에서는 찬송가가 흘러나오고, 안내하시는 분은 "할렐루야, 어서 오세요!"라고 반겨주었다. 이곳은 마치 작은 교회 같았다. 자매가 나를 인도한 이곳에서 나는 감동을 받았다. 찬송 중에는 주숙일 씨가 부른 "마음을 다하고 성품을 다하고 힘을 다하여 여호와를 사랑하라"는 곡이 있었다. 신명기 6장 말씀을 바탕으로 한 찬양이었다. 나는 그 자리에서 가사를 받아 적어 부르기 시작했다. 그 찬양은 내 인생의 18번이 되었다.

그렇게 처음 만난 날, 우리는 각자 집으로 돌아갔다. 나는 여관으로, 자매는 자신의 집으로. 다음 날 오전 9시에 다시 만나기로 했다. 나는 잠을 설쳤다. 손 자매의 신체가 멀쩡하다는 것, 그녀의 지혜로운 말솜씨, 예루살렘 다방, 그리고 찬양까지 모든 것이 감동이었다.

믿음으로 연 인연의 문

다음 날 다시 만나 자매의 이야기를 들었다. 점심에는 중국집에 가서 짜장면과 짬뽕을 먹었고, 저녁은 삼겹살 전문점에서 함께 했다. 자매가 이 집은 삼겹살을 아주 잘한다고 해서 시켰더니, 반찬이 김치, 깍두기, 양념장, 마늘, 파절이, 양파 등등 많이 나왔다. 사실 나는 마늘, 파, 양파처럼 먹고 나면 양치질을 해도 냄새가 오래 가는 것들은 절대 입에 대지 않았다. 국이나 김치 속에 그런 것들이 있으면 젓가락으로 다 골라내어 한쪽에 몰아놓고 먹었다. 그래서 집에서도 어머니나 누이동생, 고모들에게 종종 핀잔을 들었다. 그런데도 몰래, 안 볼 때는 꼭 골라내는 버릇이 내게는 있었고, 지금까지도 68년간 이어져 오고 있다.

그래서 미국에서도 삼겹살은 아예 주문해 본 적이 없다. 늘 김치찌개나 불고기 백반, 아니면 두부찌개 정도가 나의 단골 메뉴였다.

그런데 그날은 달랐다. 나의 미래의 아내가 될 자매 앞에서, 그런 반찬들이 수두룩하게 놓여 있었고, 자매는 정성스럽게 삼겹살을 싸 주면서 그 끔찍하게 여겼던 파절이와 마늘, 양념까지 올려서 나에게 건넸다. 파나 마늘을 골라낼 시간적 여유도 없었고, 무엇보다 그녀의 손길을 뿌리칠 수 없었다. 나는 그대로 받아먹었다.

그런데 이게 웬일인가? 입에 넣자마자 삼겹살이 부드럽게 살살 녹으며, 파와 마늘의 향이 어우러져 입 안 가득 기가 막힌 풍미가 퍼졌다. 그동안은 냄새 난다고만 생각했던 파절이와 마늘이 오히려 고기의 맛을 한층 더 끌어올리고 있었던 것이다.

난생처음으로 삼겹살을 그렇게 맛있게 먹었다. 그 이후로 나는 삼겹살 애호가가 되었다. 물론 비싸서 자주 먹지는 못하지만, 여유가 되면 파, 마늘, 고수까지 듬뿍 넣어 먹는 진정한 '삼겹살파'가 되어버렸다. 내가 너무 맛있게 먹는 것을 본 손 자매는 자기는 배부르다면서 자기 것도 내게 건넸다. 나는 감사히 받아 모두 싹싹 비웠고, 그녀는 무척 흡족한 표정이었다. 나도 참 기분이 좋았다.

미국에서는 이렇게 맛있고 배부르게 먹어 본 적이 거의 없었다. 미국에서는 점심시간에 밥이나 김치를 먹으면 미국 동료들이 냄새 난다고 불평하고 은근히 무시했기에, 아침엔 도넛이나 커피로 때우고, 점심은 샌드위치를 싸 가서 먹고, 저녁에야 겨우 집에서 한식을 먹는 생활이 대부분이었다. 그런데 이곳에서는, 그것도 내가 학수고대하며 기다리던 자매와 함께, 매번 유명한 식당에서 맛있게 먹고 있으니 더할 나위 없는 만족이었다.

계산할 때도 자매는 당연하다는 듯 반반 내자고 했고, 실제 계산해 보니 가격도 무척이나 저렴했다. 하지만 나는 이쯤에서 마음속 결심을 굳혔다.

'이제부터 모든 식사값은 내가 낸다!'

그리고 우리는 다시 찻집으로 자리를 옮겨 또 많은 이야기를 나눴다.

오후 4시 30분쯤, 손 자매가 말했다.

"어제와 오늘, 제가 말씀드릴 수 있는 건 다 드렸어요. 이제는 전도사님 이야기를 좀 들려주세요."

나는 지난 8년간의 미국 이민 생활과, 1981년 3월 29일 회심한 후 어떻게 청년 회장, 총각 집사, 교회 최초의 전도사가 되어 섬기게 되었는지를 이야기했다. 그리고 우리가 결혼하게 된다면, 아내도 일을 해야 하고, 매달 외상값도 갚아야 한다는 현실적인 이야기도 숨김없이 털어놓았다. 지금 내가 가지고 있는 집, 차, 가구들은 전부 할부로 산 것들이고, 사실상 내 것이 아니라고 설명했다.

그 당시, 많은 총각들이 미국에 이민을 간 뒤 아내를 구하러 한국에 왔다가 사기를 치고 돌아가는 일이 많았다. 주유소에서 연료를 넣는 일꾼이 자신이 운영하는 사업가인 것처럼 꾸미거나, 식당 종업원이 자기 식당이라 속이기도 하고, 세탁소 캐셔가 세탁소 주인인 척하며 결혼해 들어온 사례들도 있었다. 결국 이혼이나 소송으로 이어지는 일이 비일비재했다. 나는 그런 오해를 미연에 방지하고자, 내 경제 형편을 있는 그대로, 진심으로 솔직하게 털어놓았다. 지금 내 손에 있는 것들은 다 은행 것이며, 신용카드 회사에 갚아야 할 돈도 많기에 철저하게 돈 관리를 잘해야 하는 상황이라고 설명했다.

그날 나는 정중하고 신중하게 결혼해 줄 것을 요청하는 프로포즈를 했다.

나는 당연히 "감사합니다. 이렇게 멀리까지 오셔서 직접 프로포즈까지 해 주시다니 영광입니다. 감사해요!" 하며 환하게 웃으며 "Yes!"라고 대답해 줄 것을 기대하고 있었다. 그런데 'Yes'라는 대답이 좀처럼 나오지 않았다. 자매는 뭔가 골똘히 생각하는 눈치였다. 그리고 마침내 그녀의 입에서 나온 말은 이랬다.

"전도사님, 저는 아직 결혼할 준비가 안 되었는데요."

이게 무슨 날벼락인가? 너무도 가혹한 선언이었다. 나는 속으로 외쳤다.

'아니, 준비가 안 되었다니요? 저는 당신의 첫 번째 편지를 받고 결혼 준비를 다 마쳤고, 결혼반지도 미리 준비해 두었고, 어제는 거금을 들여서 결혼식까지 올릴 생각으로 왔는데요?'

혼란스러웠다. 불과 5시간 전까지만 해도 우리는 마치 결혼식만 안 올린 잉꼬부부처럼 마음과 생활 철학이 척척 맞는, 이상적인 커플이라고 확신했다. 그런데 지금 이 순간, 우리는 순식간에 남남이 되어버린 것이다.

"전도사님, 저는 아직 결혼할 준비가 안 되었는데요."

이건 단순한 농담이 아니었다. 내 심장을 폭발시키는, 꽝! 하고 떨어진 진짜 폭탄 같은 선언이었다. 나는 그 순간, 무슨 결정을 내려야 할지 도무지

감이 잡히지 않았다. 강제로 결혼식을 올릴 수도 없는 노릇 아닌가?

그렇다고 아무 일도 없었던 것처럼 미국으로 돌아가 주일예배를 인도한다면, 오늘은 나에게 너무나도 슬픈 기억으로 남게 될 것이다. 어떤 결단을 내려야 하나?

'준비가 안 되셨다고요? 그럼 어쩔 수 없죠.' 하고 일어나 작별을 고하고 미국으로 돌아가야 할까? 자매는 도서관 직원으로 돌아가고, 나는 다시 마음을 정리해서 다른 길을 찾아야 할까?

이런 생각들이 마음속 깊이 가득 차오르면서, 나는 순간 기도했다.

'하나님, 도와주세요. 도와주세요. 여기까지는 참 잘 진행되어 왔는데, 자매가 준비가 안 되었다고 합니다.' 그때 문득 한 가지 아이디어가 떠올랐다. 그리고 놀랍게도, 그 아이디어가 내 마음에 가장 와 닿는 제안이었다.

"손 자매님, 제가 앞으로 3시간을 드리겠습니다. 오늘 밤 9시에 성지 여관으로 자매님의 결정을 알려 주세요. 만약 제 결혼 제안에 Yes라고 하시면, 결혼식 준비를 시작하겠습니다. 그러나 No라고 하신다면, 자매님의 결정을 존중하여 미국으로 돌아가고 모든 일은 없던 일로 하겠습니다."

기도에 응답해 주신 주님

우리는 그렇게 헤어졌다. 자매는 집으로, 나는 내가 묵고 있는 성지 여관으로 돌아왔다. 그날처럼 마음과 발걸음이 무거웠던 적은 별로 없었다. 죄를 짓고 다닐 때도 이렇게 마음이 괴롭고 불안하지는 않았다. 여관에 도착한 나는 침대에 파김치처럼 쓰러졌다. 시계 바늘은 유난히 느리게 움직이는 것 같았다. 시계가 망가질 정도로 눈을 떼지 못한 채 바라보았다.

드디어 9시를 가리키는 순간, 정확히 9시에 전화벨이 울렸다. 따르릉- 그 전화가 자매가 거는 전화임을 직감했다.

"여보세요?"

전화기 너머로 자매의 힘찬 목소리가 들려왔다.

"저희 부모님께서 결혼하래요."

순간 나는 외쳤다.

"할렐루야! 자매님, 이렇게 좋은 소식 주셔서 감사합니다. 안녕히 주무시고 내일 아침 9시에 여기서 다시 만나요."

수화기를 내려놓고 감사의 기도를 올렸다. 드디어 큰 고비를 넘겼다. 안도의 숨을 내쉬며 감사했다. 이제 결혼식만 올리고 금의환향하면 되는 것이었다.

그날 자매는 집으로 돌아가는 길 내내 하나님께 항의하듯 기도했다고 한다. 겨우 30분 남짓 들은 이야기는 대부분 부정적인 내용이었고, 결혼을 전제로 펜팔을 이어왔지만, 서로를 알게 된 시간은 너무 짧았으며, 여전히 남아 있던 내 날카로운 면모가 마음에 걸렸다고 했다. 그렇게 하나님께 간절히 호소했지만, 하나님께서는 이 결혼을 하라고 하셨다고 한다. 그래서 자매는, 그동안 교제하려 했던 어떤 사람에게도 마음을 열지 않으셨던 부모님께 이 결혼을 해야 할지를 물어보기로 하고, 집에 도착했다. 마침 집에 계셨던 부모님께 내가 청혼했다는 사실과 우리가 나눈 이야기를 전하며 결혼을 허락해 달라고 여쭈었더니, 놀랍게도 부모님께서 선뜻 허락하셨다고 한다. 사실 자매는 장녀였고, 그 당시엔 직장생활을 하며 집안 생계를 돕고 있었기에 부모님께서 쉽게 허락하시기 어려운 상황이었을 것이다. 그럼에도 불구하고 허락하신 것은, 아마도 부모님께서도 하나님의 인도하심을 느끼셨기 때문일 것이다.

자매는 내가 밤새 뒤척이며 고민했던 그 밤에, 오히려 평생 잊지 못할 꿀 잠을 잤다고 했다. 나는 그날 밤 쉽게 잠들지 못했다. "저희 부모님이 하래요"라는 대답이 마음에 걸렸다. 그건 자매 자신의 결정이 아니라, 부모님의 결정을 전한 것이 아닌가? 속으로 생각했다. '난 당신과 결혼하러 왔지, 당신 부모님과 살려고 온 게 아니잖소?' 이 말이 자꾸 내 마음을 불편하게 만들었다. 그리고 또 다른 생각이 들었다.

'영민아, 봐라. 하다못해 집, 바지, 구두, 차를 살 때도 몇 시간씩 투자해 입어보고, 거울도 보고, 사겠다고 공을 들이는데, 인생에 한 번뿐인 결혼, 평생 함께 살아갈 배우자를 정하는 데 고작 3시간을 주고 결정하라고 한 것은 협박이나 다름없지 않냐?' 또 스스로 따졌다. '자매의 어느 구석이 매력 있냐? 얼굴도 그냥 그렇고, 옷차림도 초등학생도 안 입을 스펀지 잠바에, 어린이용처럼 보이는 털 목도리 등 어느 하나 매력적인 구석이 없지 않냐?' 그렇게 조목조목 따져보니, 나는 엄청난 실수를 한 것 같았다. 첫째, 시간을 너무 짧게 줬고, 둘째, 상대방은 내 이상형이 아닌 것 같았고, 셋째, '부모님이 결혼하래요'라는 대답은 본인의지가 아닌 외부 압력에 의한 결정일 수도 있었다. 나는 그날 밤, 결혼을 다시 생각하기로 결심했다.

'이 결혼이 성사되면, 내 결혼 생활은 오히려 우리 부모님보다 더 불행할지도 모른다.'는 생각이 들었다. 그래서 마음을 정했다. '모든 것을 없던 일로 하고, 미국으로 돌아가자.' 그리고 그 생각을 자매에게 어떻게 전할지 시나리오까지 짰다. '내가 너무 서둘렀고, 엄포를 주었고, 일방적이었고, 결정도 본인의 의지가 아니었으니 다시 신중히 생각해보자고.' 그날 밤 나는 식은땀을 흘리며 잠시 눈을 붙였다가 일어나서 간절히 기도했다. "하나님, 첫 편지에서 여섯 가지 기도 제목과 자매님의 답이 정확히 일치할 때, 하나님께서 이 자매가 내 아내라고 말씀해 주셨잖아요? 자매가 보내온 편지, 소포, 소책자를 받을 때마다 하나님께서 '이 아이가 너의 아내'라고 확신을 주셨고, 나도 110% 그렇게 믿었습니다. 그리고 어제 직접 얼굴을 보고 하나님이 보내신 내 짝임을 확인했기에 결단을 내렸습니다. 그런데 지금 자머는 아직 준비가 안 되었다고 하네요. 그래서 모든 것을 다시 시작하려고 생각 중인데, 이게 맞는 건가요? 하나님, 내일 다시 9시에 만날 텐데 부디 확실한 하나님의 신호를 보여 주세요. 사인을 보여 주세요. 그러면 자매님과 결혼하겠습니다." 이렇게 기도하며 겨우 잠자리에 들었다.

1985년 2월 28일 아침 9시. "똑 똑 똑." 아, 손 자매다! 가슴이 쿵쾅댔다. 중대한 발표를 자매님께 해야 할 시간이 코앞으로 다가왔기 때문이다. 더군다나 그 내용은 좋은 소식이 아니었기에 자매님을 뵙는 것이 송구스러운 마음이었다. 문을 열고 자매님을 맞이했다. 아침 공기가 제법 쌀쌀했다. 자매님도 추웠던지, 겨울용 자주색 바바리코트의 칼라로 얼굴 일부를 덮고는 토끼처럼 귀엽게 깡총 뛰어 방 안으로 들어왔다.

나는 반갑게 인사드리고, 앉으시라고 권했다. 나도 책상에서 의자를 꺼내 앉았다. 자매님은 내 오른쪽에 앉았다. 내가 먼저 말을 꺼냈다.

"자매님, 사실 어젯밤 잠을 설쳐 가며 깊이 고민한 끝에 이 일은 없었던 것으로 하는 것이 서로에게 좋겠어요. 결혼은 인생에서 가장 중요한 결정 중 하나인데, 화요일 오후 12시에 만나 6시간 교제하고, 어제 9시에 다시 만나 8시간 함께 지낸 후 결혼을 제안한 것은 제가 너무 경솔했습니다. 자매님께 실례를 범한 것 같아 송구스럽고, 그래서 저는 미국으로 돌아가려고 합니다."

그러자 자매님이 조용히 말했다.

"아닙니다! 전도사님, 전 이미 결정을 내렸어요. 우리 결혼해요."

하지만 나는 단호히 말했다.

"아니요, 자매님. 지금 바로 미국으로 돌아가도록 비행기 표를 바꾸겠습니다."

나는 의자에서 일어나며 손을 뻗어 전화기를 잡으려 했고, 그 순간 자매님과 얼굴이 가까워졌다.

　내 눈이 자매님의 얼굴을 바라보는 순간, 그녀의 얼굴이 너무나 예쁘게 보였다. 아름답고, 귀엽고, 사랑스럽게 느껴졌다. 그때 내 안에서 형언할 수 없는 맑고 깨끗한 사랑이 아침 안개처럼 스르르 피어올라 자매님을 향해 나갔고, 자매님의 사랑과 내 순수한 사랑이 하나로 어우러지는 듯한 느낌이 들었다. 하나님의 사인이 마음에 스며든 순간, 내 안에 있는 순결하고 깨끗한 사랑이 자매님의 마음에 스며드는 것을 느꼈다. 그리고 자매님을 바라보는 순간, 그 사랑이 너무나 생생하고 진실하게 느껴져 충동적으로 입맞춤하고 싶은 강한 감정이 올라왔다. 그 키스는 욕망의 키스가 아닌, 순결하고 헌신적인 사랑의 표현이라는 느낌이었다.

　바로 그 순간, 내 마음 깊은 곳에서 조용하지만 분명한 음성이 들렸다.

　"이 사인이 네가 나에게 요구했던 나의 사인이다. 너는 이 사람을 충분히 사랑할 수 있다." 아, 이것이 하나님이 나에게 주시는 사인이구나!

　하나님이 주신 아내라는 확신이 마음에 꽉 차 올랐다. 모든 의심과 질문이 사라졌다. 확실했다. 더 이상 질문이 필요 없었다. 나는 수화기를 내려놓고 자매님을 바라보며 말했다. "그래요. 우리 결혼해요. 이제 우리 나가요."

　우리는 함께 방을 나서 추운 겨울 골목길을 걸었다. 우리는 대전의 골목길을 이리저리 걸으며 결혼식을 준비하기 시작했다.

Grace, 은혜와 결혼하다

그날 점심을 먹으며 나는 자매님께 말했다.

"자매님께 오늘 영어 이름을 선사하겠습니다. 미국에 오시면 만나는 사람들은 성이 아니라 이름으로 부릅니다. 그런데 자매님의 이름은 금식이기에 'My name is Keum Sik Kim'이라고 소개하면 미국인들은 발음하기도 어렵고, 기억하기도 힘듭니다. 그래서 영어 이름을 가지시는 것이 좋습니다." 그리고 나는 이어서 설명했다. "영어 이름 중에서도 크리스천으로서 가장 의미 있고 아름다운 이름은 바로 'Grace'입니다. 미국 시민권을 따실 때에도 Grace Keum Sik Kim으로 신청하시면 됩니다. 그리고 Grace의 의미는 성경적으로도 깊습니다. 받을 자격이 전혀 없는 사람에게 하나님께서 거저 주시는 선물, 그것이 바로 은혜입니다. 저는 자매님이 저 같은 사람에게 하나님께서 거저 주신 가장 큰 선물이라고 믿습니다. 그래서 자매님의 이름을 Grace로 부르고 싶습니다."

그때부터 나는 그녀를 Grace라고 부르고 있다. 지금도 나는 그 이름을 지어준 일이 내 인생에서 참 잘한 일이라고 생각한다.

아내는 1960년 9월, 대전에서 장녀로 태어났으며 본가는 유성에 있었다. 삼대 째 예수 그리스도를 믿어 예배 드리는 신앙의 가정에서 자랐고, 장모님이 장인과 결혼하게 된 이유도 그가 독실한 그리스도인이었기 때문이었다.

머리 좋은 부모님 밑에서 신앙 안에 바르게 자란 아내는 언제나 교회 중심의 삶을 살았다. 어릴 적부터 교회의 모든 일에 열심히 참여했고, 교회는 그녀의 삶 그 자체였다. 하지만 그 신앙은 머리로 이해한 것이었고, 가슴 깊은 곳에서는 그저 '착한 아이'일 뿐이었다. 체구도 작고 수줍음이 많았던 아내는 묵묵히 그러나 꾸준히 교회 일에 참여하며 조용한 신앙인의 삶을 이어가고 있었다.

그러던 어느 날, 그녀가 다니던 대전 중앙침례교회에서 청소년을 위한 선교 영화를 상영했다. 그 영화는 한 백인 선교사가 아시아의 어느 지역에서 아이들에게 예수님을 전하다가 장마로 무너진 둑에 깔린 아이를 구하기 위해 자신의 몸으로 덮어 아이를 구하고 죽은 이야기였다. 그 장면을 보던 아내는 가슴 깊이 깨달았다.

"아, 저 아이가 바로 나고, 그 돌아가신 선교사님이 바로 예수님이구나. 나를 위해 당신의 목숨을 내어 주셨구나. 한 번도 나를 외면하지 않으시고 날 위해 돌아가시고 지금까지 날 사랑하고 계셨구나."

그 순간, 아내는 하나님의 사랑을 처음으로 분명하게 깨닫고, 예수 그리스도를 자신의 구주로 영접하게 되었다. 그때부터 그녀의 삶은 조용히, 그러나 확실하게 변해가기 시작했다. 예수님은 그녀를 천천히, 하지만 분명하게 바꾸어 가셨다.

머리로만 알던 예수님을 가슴으로 체험하게 되었고, 수줍음은 점차 사라지고 용기가 생기며, 점점 더 적극적인 삶으로 나아가게 되었다. 아이들을 가르치고 청년들과 함께하며, 복음을 전하는 삶으로 변해갔다. 옆에 있던 이들이 아내의 변화를 보면서 더 많은 일들을 할 수 있는 기회가 생겼다. 고등학교를 졸업한 후, 아내는 대학생 선교회(CCC) 대전지부 사무원으로 1년 반 동안 일했다. 그때 하나님은 아내를 선교사로 부르셨다.

1980년대, 서울 여의도에서 열린 복음화 성회에 미국의 복음 전도자 빌리 그래함 목사님이 오셨고, 백만 명이 넘는 인파가 그 자리에 모였다. 그 집회에서 빌리 그래함 목사님은 "하나님이 여러분을 선교사로 부르신다"는 알타 콜(헌신 결단의 초청)을 하셨다. 그때 아내는 '나는 아닐 거야' 하며 일어나지 않으려 했지만, 정신을 차리고 보니 어느새 자신이 벌떡 일어나 있었다고 한다. 그때 그녀의 나이는 겨우 스무 살이었다.

당시에는 하나님이 자신을 한국 근처 아시아의 어느 지역으로 보내시려는 줄 알았다고 했다. 하지만 선교사로의 부르심은 아내에게 그리 달가운 일은 아니었다.

교회에서는 늘 "자매는 사모 감이야!"라는 말을 들었지만, 아내는 그런 말이 무척 부담스러웠다고 했다. 장녀였던 그녀는, 부모님이 자신을 어렸을 때 하나님의 일꾼으로 서원하셨다는 말을 듣고 억울함을 느꼈다. "왜 내 의사는 묻지도 않고 그렇게 중요한 걸 결정하셨을까?" 하는 마음이 늘 남아있었다. 그래서 입버릇처럼 "나는 절대 사모는 안 할 거야!"라고 말하곤 했다. 그러나 하나님께서는 아내를 향한 계획을 하나하나 이루어 가고 계셨다.

직장 생활을 통해 사역에 필요한 자질을 익히게 하셨고, 이후 침례신학대학교 도서관으로 이직한 아내는 그곳에서 성실히 일하며 더 많은 것을 배워 갔다. 그리고, 내가 아내를 만난 것도 바로 그 도서관을 통해서였다. 그 학교 학장님을 통해서였으니 말이다.

결혼 날짜는 3월 9일 토요일 오전 11시로 정했다.

장소는 대전 중앙침례교회, 주례는 유병문 담임목사님, 축도는 대전 침례신학대학 학장이신 정진황 박사님께서, 축가는 청년부에서 맡기로 했다. 미국에 있는 가족들과 이지춘 목사님께도 연락 드렸다.

그리고 우리는 단 10일 만에 모든 결혼 준비를 마쳤고, 드디어 미국과 한국, 양쪽에서 많은 이들이 우리의 결혼을 축하해 주었다. 나는 이 결혼이 하나님의 엄청난 은혜와 도우심, 인도하심으로 이루어진 기적 같은 일이었다고 확신한다.

그리고 지금도 우리는 신혼부부처럼 살고 있다. 한 번도 우리 부모님처럼 치고받으며 싸운 적 없이, 행복하게 살고 있다고 자부할 수 있다.

결혼 후 3주를 함께 살고 난 후, 나는 그해 3월 말 미국으로 돌아갔다.

아내는 1년 2개월 동안 이민 수속을 준비하면서 영어 학원에서 영어를 배우고 있었고, 나는 매달 생활비를 보내주며 그 시간을 함께 견뎠다. 우리는 이틀이 멀다 하고 카드와 편지를 보내며 서로를 위로하며 그 시간을 기다렸다.

드디어 1986년 4월 말, 아내가 미국에 입국했고, 부모님과 동생들과 함께 3개월을 살았다. 그리고 7월에는 정들었던 산호세 제일침례교회 전도사직을 사임했다. 그동안 나에게 복음을 전해 주시고, 예수님을 영접하게 하시며, 목회 철학과 자세, 교회 행정의 중요성을 몸소 보여주신 이지춘 목사님께 감사드린다. 또한 성경공부를 귀납적으로, 자연스럽게 남에게 창피 주지 않으면서도 진리를 전하는 방법을 가르쳐 주신 최영기 목사님(가정교회 창시자)께도 감사드린다.

수년간 주일학교 교사 훈련 때 배우게 된 이 방법 덕분에, 나는 대학부 주일학교 전도사 사역을 하며 "전도사님의 성경공부에서 많이 배운다."는 좋은 평가를 받을 수 있었다. 그리고 산호세 교회의 성도들께도 진심으로 감사드린다.

그저 예수님 잘 믿는다는 이유만으로, 자기 아들뻘 되는 청년에게 "집사님" 하며 존중해 주시고, "전도사님" 하며 따라다니며 온갖 행사를 함께 도와준 고등학생들, 그리고 교회의 많은 집사님들과 지도자들, 일꾼들께 감사를 드린다. 하지만 당시에는 전도사로 사역하고 있었기에 교회 행사가 항상 우선순위였다.

공부도 해야 하고, 교회 일도 감당해야 했고, 아내에게 편지도 써야 했고, 집안도 돌봐야 했기에 정신이 하나도 없었다.

예수님을 영접하기 전의 나는 '공부 파'가 아니라 완전히 '노세 노세 젊어서 노세' 파였고, 운동에 빠져 사는 사람이었다. 그러나 예수님을 만난 이후로는 그 '노세 노세' 스타일에 대한 관심과 흥미가 완전히 사라졌다. 대신 신학 서적을 들여다보고, 성경을 연구하고, 말씀을 공부하거나 설교 준비를 하는 일에서 참된 만족을 느꼈고, 성령의 역사와 조명, 충만을 경험하며 기쁨이 배가되는 체험을 하곤 했다. 돌이켜보면 착각이었지만, 그래서 나는 스스로를 '학자 스타일'이라고 생각했다.

[결혼식]

제 5 부

부르심에 순종하며

골든 게이트 신학대학원(GGBTS) 입학	132
이 졸업장은 당신 겁니다	136
치노에서 시작된 목자 여정	138
하나님! 우째 이런 일이	141
하나님의 계산법	145
한 권 주석서가 준 깨달음	148

제 5 부 부르심에 순종하며

골든 게이트 신학대학원(GGBTS) 입학

본격적으로 신학 공부에 몰입하기 위해 나는 아내와 함께 현재 게이트 웨이가 된 Golden Gate Baptist Theological Seminary 학생 아파트로 이사했다. 학생 기숙사에는 기본 가구가 갖추어져 있었지만, 전도사 월급으로 생활하던 우리는 수입이 끊기자마자 재정적인 어려움에 부딪혔다.

도착하자마자 나는 학교 게시판을 샅샅이 뒤져 청소 일을 찾았고, 일주일에 한 번 네다섯 집을 청소하며 약간의 수입을 얻어 방세와 등록금을 충당했다. 틈만 나면 게시판의 구인 광고를 확인해 전화하고, 면접을 보고, 새벽에는 동전 세탁소 문을 열고 밤에는 청소 후 문을 닫는 일을 맡았다.

아침 6시에 출근해 수업 전에 일하고, 밤 10시에 다시 가서 문을 닫는 생활은 무척 피곤했다. 아내도 일자리를 찾기 위해 애썼다. 마침 학교 근처에 있는 Cynthia Boutique에서 일하게 되었는데, 버클리 대학을 졸업한 두 여성이 운영하던 이 회사는 동남아시아에서 만든 은 장식품을 판매하는 사업장이었다. 월급도 괜찮고 거리도 가까워 출퇴근이 편리했다.

영어 실력이 부족했던 아내는 처음엔 며칠만 도와 달라고 부탁했지만, 나는 단호히 거절했다. 영어는 어렵더라도 얼굴에 철판을 깔고, 앵무새처럼 따라 하며 익혀야 한다는 사실을 나는 뼈저리게 알고 있었기에 강하게 밀어붙였다.

아내는 울상이 되어 야속하다는 표정으로 출근했지만, 이내 잘 적응해 나갔다. Cynthia와 Laura는 아내를 칭찬했고, 마케팅 매니저도 "Grace는 미국에 온 지 얼마 안 됐는데도 영어가 눈에 띄게 는다."고 인정했다.

1년도 채 안 되어 아내는 영어로 대화하고, 물건을 구매하며, 전화로 문제를 해결하는 신통한 능력을 보이기 시작했다.

그러던 중 아내는 에녹이를 임신했다. 우리는 가족용 아파트로 이사하게 되었다. 독채였고, 큰 유리창 너머로 보이는 파넬 마운틴은 매일 아침 우리에게 그림 같은 풍경을 선사했다. 높은 산 위로 뭉게구름이 흐르고, 바람이 불면 산 전체를 감싸는 푸른 장관은 말로 다 표현할 수 없는 감동이었다. 그러나 우리는 공부와 생계로 바빠 그런 풍경을 즐길 여유조차 없었다.

이사 간 아파트에는 가구가 마련되어 있지 않아 급하게 구해야 했다. 아내는 미국에 온 지 8개월도 채 되지 않았지만, 졸업 예정자 명단을 학생 전화부에서 찾아 목록을 만들고, 한 사람씩 연락해 어떤 것은 공짜로, 어떤 것은 매우 저렴하게 가구를 구입해왔다. 아내는 특유의 사업가적 기질을 발휘하며 모든 것을 능숙하게 준비했다.

그때 나는 깨달았다. 과거에 하나님께 "왜 요구하시냐?"며, 미국에 이미 영어도 잘하고 생활에 익숙한 여인을 만나게 해달라고 기도했던 내 요구가 사라진 후에야, 하나님께서 한국에 있는 아내를 소개해 주신 뜻을 비로소 알게 된 것이다. 아내는 언어 습득 능력이 탁월했고, 그것을 하나님은 이미 아시고 계셨던 것이다. 정말 감사한 일이었다.

아내는 미국 생활에 완벽하게 적응했고, 2년 정도 지나자 영어도 나보다 더 잘 쓰고 말하게 되었다. 정말 대단한 여자다. 나는 그런 아내를 만나 결혼한 것을 인생의 큰 복이라 여기며, 스스로를 세상에서 가장 복 받은 사람이라 자부한다. 그리하여 나는 매일 아버지가 하시던 말, "처자식 자랑은 바보나 한다."던 그 말씀대로, 스스로 '멍청한 바보'가 되어 행복하게 살아가고 있었다.

1985년 8월, 드디어 첫 학기가 시작되었다.

등록한 과목은 선교학, 구약개론, 신약개론, 그리고 영적 형성이었다. 산호세 성경학교를 우등(Magna Cum Laude)으로 졸업했던 나는 자신감에 차서 과목을 선택했지만, 현실은 생각보다 훨씬 어려웠다.

숙제는 많았고, 수업 중에는 불시에 퀴즈가 주어졌으며, 리포트와 발표, 에세이 제출이 끊임없이 이어졌다. 무엇보다 리포트를 제출하면 피드백은 빨간 줄로 가득했고, 자주 '다시 제출하라'는 말을 들어야 했다.

Golden Gate는 산호세 학교와는 달랐다. 이곳은 조교들이 리포트를 검토했기 때문에 글자 크기, 문서 규격, 각주와 미주, 참고 문헌 형식까지 학교의 기준을 맞춰야만 감점 없이 통과할 수 있었다. 조금만 어긋나도 감점이었고, 오타 하나, 문법 오류 하나에도 점수가 크게 깎였다.

산호세에서는 공책에 손으로 정성껏 써도 A나 B를 받을 수 있었지만, 이곳에서는 반드시 타이핑하여 인쇄한 뒤 정해진 기한 내에 제출해야 했다. 내게는 생소하고 낯선 시스템이었다. 결국 첫 학기 성적표는 충격 그 자체였다.

선교학 D, 구약과 신약개론 C, 그리고 영적 형성은 간신히 Pass. 신학교에서는 흔히 "C와 D는 시들시들, B는 비실비실"이라는 우스갯소리가 있는데, 나는 바로 그 '시들시들한' 성적을 받아 들고 말았다.

신학교의 규정에 따르면 C나 D와 같은 성적이 반복되면 기숙사 거주 자격을 박탈당하게 된다. 그럴 경우 캠퍼스 밖에서 생활해야 하는데, 이 지역은 북가주에서도 손꼽히는 부촌이었다. 기숙사에서 쫓겨나기라도 하면, 자존심은 물론이고 '공부 못해서 나간 사람'이라는 인식까지 남을까 두려웠다.

공부를 안 할 수도 없었고, 한다고 해서 성적이 오를지도 확신할 수 없었다. 불안은 점점 커져만 갔다. 그래서 나는 '작전'을 세우기 시작했다. 미국 친구들과 적극적으로 사귀는 것이었다. 보고서를 아무리 들여다봐도 내 영어 실력으로는 무엇이 틀렸는지 알 수 없었고, 결국 매번 '다시 제출'이라는 말을 들었다. 나는 친구들을 집에 초대해 식사를 대접하고 관계를 맺으며 도움을 구했다. 수업이 끝난 후에는 그들의 노트를 빌려 나의 노트에 옮겨 적고, 퀴즈와 시험을 함께 준비했다.

그렇게 나는 Douglas, Wayne, Mark, Gerald, Peter, George 등 여러 미국 친구들과 사귀게 되었고, 그들은 나의 친구이자 리포트 편집자(editor)가 되어 주었다. 나는 리포트를 미리 써서 친구들에게 첨삭을 부탁했고, 아내는 그것을 컴퓨터로 정리해 타이핑해 주었다. 조금 미안한 이야기지만, 당시 나를 도와주던 미국 친구들 대부분은 졸업을 제시간에 하지 못했고, 두 명만 내가 졸업한 뒤 몇 년 지나서야 마침내 학위를 받았다. 마치 이솝 우화의 '거북이와 토끼' 같았다.

다행히 이지춘 목사님께서 Golden Gate Seminary에서 공부하신 경험이 있어 "그 학교는 제출할 게 많으니 개인용 컴퓨터 한 대는 꼭 있어야 합니다."라고 조언해 주셨다. 나는 반신반의하면서도 컴퓨터를 구입했고, 아내의 도움을 청했다. 아내는 한국 침례신학대학교 도서관에서 영문 타자 업무를 했던 경험이 있어 전문가 수준이었다. 나는 한글 타자에는 익숙했지만 영어 타자는 속도도 느리고 오타도 많아 감당하기 어려웠다. 결국 아내가 내 모든 리포트를 타이핑해 주었고, 나는 시험공부에만 집중할 수 있었다.

이 졸업장은 당신 겁니다

두 번째 학기 성적은 첫 학기보다는 나았지만 여전히 B, C, B, C 수준의 '비실비실' 성적이었다. 그래도 쫓겨나는 일은 피했지만, 이렇게 열심히 했는데도 성적이 이 정도라는 사실은 납득이 되지 않았다.

교수들의 강의 방식도 어려웠다. 대부분 자기 노트를 읽어 내려가기만 하고, 학생들은 받아 적기만 했다. 노트를 나눠주면 덜 힘들었을 텐데, 시험 문제는 또 너무 어렵게 나와 위로조차 되지 않았다.

이곳 GGBTS는 학점 따기 어렵기로 유명했다. 한국 학생들 중에는 몇 학기 다니다 남침례 신학교로 전학 가는 경우도 있었다. 그런 이야기를 들을 때마다 마음이 흔들렸다. 그 아름다운 '선지 동산'에서 나는 수많은 날을 눈물로 보냈다.

"신학 공부가 이렇게 어려워서야 졸업이나 할 수 있을까?"

신학교 언덕 위에서 내려다보이는 샌프란시스코의 불빛은 찬란했지만, 내 마음은 늘 소용돌이쳤고 불안과 피로가 몰아쳤다. 지쳐 있었고, 돌아갈 수도 없었고, 그렇다고 버틸 힘도 없었다.

그 아름다운 도시를 바라보며 나는 수없이 무릎을 꿇고 눈물로 기도했다. 모든 것이 힘들었다. 공부가 어려워 쩔쩔매는 중 첫아이 에녹이 태어났고, 두 해 뒤에는 아론이가 태어났다. 우리는 경제적 여유가 없어 아이들을 국가 보조를 받는 어린이집에 보내며, 아내는 다시 일을 나갔다. 나는 새벽과 저녁에 세탁소에서 일했고, 주말에는 가정집 청소와 정리는 물론 쓰레기 수거까지 마다하지 않았다.

신학교 3년째에는 먼 길을 오가는 헤이워드 침례교회 전도사로 사역하며, 다리 통행료를 아끼기 위해 리치몬드 브리지를 이용했다.

항상 피곤했기에 "하나님 아버지…." 하고는 기도 중에 엎드린 채 잠든 적이 많았다. 그러나 하나님의 은혜와 친구들, 아내의 도움으로 드디어 사각모와 빨간 후드를 두르고, 1989년 12월 16일, 49명이 졸업하는 장엄한 GGBTS 예배당에서 신학 석사학위를 취득하는 영광을 누렸다. 감회가 깊었다. 미국 신학생들도 몇 년씩 걸리는 어려운 신학 과정을 쫓겨나지 않고, 3년 만에 마치고 졸업한 것은 전적인 하나님의 도우심과 친구들, 특히 아내의 전적인 헌신과 도움이 있었기에 가능했다. 그녀가 모든 리포트를 타이핑해 주었기에 시간 내에 제출할 수 있었고, 점수를 받을 수 있었으며, 기숙사에서 지낼 수 있었고 결국 졸업할 수 있었다.

그래서 나는 늘 입버릇처럼 말한다. "이 졸업장은 당신 겁니다."

어려운 석사 과정을 마친 것에 대해 나름 자부심이 있었지만, 동시에 성령님은 내 마음에 경고를 주셨다. "네가 교만해지면 넌 끝장난다." 순간 놀라 "무슨 말씀이세요?"라고 묻자, "유명한 GGBTS 졸업했다고 교만병에 걸려 버리지 마. 네가 한 건 별로 없다."

정말 맞는 말씀이다. 친구들이 빌려준 노트가 없고 선배들이 남겨준 시험 노트들이 없었다면, 매번 Proof Reading을 해주는 더글라스, 웨인, 제랄드, 마이크가 없었다면, 도서관에 박혀 공부하느라 아내를 혼자 타자기 앞에 외롭게 앉혀두지 않았다면, 에녹이를 임신해 산달이 되었는데도 그 몸으로 컴퓨터 앞에서 리포트를 정리해주지 않았다면, 내가 어찌 A, A+, B+를 받을 수 있었겠는가? 하나님 말씀은 내 마음을 꿰뚫었다. 나는 그 말씀을 잊지 않기로 다짐했다.

석사 과정을 하나님 은혜로 마쳤다는 사실은 내게 큰 자부심이 됐다. 하나님이 나를 사랑하시고 사용하신다는 확신은 무엇과도 바꿀 수 없는 기쁨이었다.

자연스레 더 큰 꿈도 생겼다. 하나님이 허락하시면 나도 큰 교회를 맡아 목회할 수 있겠다는 믿음이 생긴 것이다. 그래서 아내와 의논한 끝에 단독 목회를 결심하고, 당시 담임 목사이시던 최기태 목사님께 학생 전도사직 사임 의사를 전했다.

치노에서 시작된 목자 여정

나는 목회를 하고 싶은 욕심이 생겼다. 하나님께서 은혜 주시고 도와주신다면, 한 교회를 인도하는 목사가 될 수 있다는 확신이 생겼다. 분명 하나님은 내가 어디든지 가기만 하면 구원받아야 할 잃은 영혼들을 보내주실 것이라는 믿음으로 마음이 가득 찼다.

그래서 아내와 나는 단독 목회를 하기로 뜻을 모았고, 헤이워드 침례교회에서 1990년 12월 2일에 목사 안수를 받았다. 안수를 받은 후, 우리는 목회지를 아예 우리가 아는 사람이 아무도 없는 남가주 지역으로 정하고, 그곳에 한인 침례교회가 없는 지역에 교회를 개척하기로 결정했다.

우선, 남가주 중에서도 복잡한 LA보다 새롭게 한인들이 몰려드는 신도시를 중심으로 찾아보기로 했다. 전화번호부에 나오는 김씨, 이씨, 박씨, 조씨, 최씨의 수를 세어가며 한인 인구가 증가하는 지역을 조사했고, 그 결과 '치노(Chino)'라는 동네를 선택했다.

그 후 남침례교단 Inland Empire 지방회 회장인 Ureno Gonzalez 박사께 편지를 보내, 치노 지역에 남침례교회가 있다면 그 교회 주일학교 교실을 개조해 한인 침례교회 개척 예배를 드릴 수 있도록 도와달라고 요청했다. 그러자 박사님께서 답장을 보내오셨다. 치노 지역의 담임 목사인 Raymond 목사님과 이야기를 나눈 결과, 교실 하나를 빌려줄 테니 언제든지 와서 개척 예배를 드리라고 하셨다.

우리는 그동안 사역하던 헤이워드 침례교회에서 송별 예배를 1월 첫 주인 6일에 드린 후, 17피트짜리 U-Haul 트럭을 빌려 금요일에 짐을 실었다. 당시에는 짐이 많지 않아 트럭에 빈 공간이 많았고, 짐이 이리저리 움직이면서 마모되지 않을까 걱정하며 조심스럽게 실었다.

그리고 토요일 새벽 3시에, 자고 있던 에녹이(3)와 아론이(1)를 태우고 출발했다. 무려 390마일의 여정을 아내는 울고 보채는 아이들을 달래며 먹이고, 재우고, 지도를 보며 길을 안내했다. 지금 같으면 내비게이션이라도 있지만, 그때는 오직 종이 지도뿐이었다. 나는 페달을 밟고, 아내가 '돌아라' 하면 돌고, '가자' 하면 가고, '서라' 하면 서며 길을 달렸다. 마침내 우리가 첫 목회를 시작하게 될 치노에 도착한 다음 날 Pipeline 침례교회 주일예배에 참석했다. 그날 담임 목사이신 Raymond 목사님께서 예배 시간에 우리 부부를 소개해 주셨다.

"오늘부터 이 지역에 있는 잃은 영혼들을 구원으로 인도하고 예수님의 제자로 만들기 위해 오신 목사님 부부입니다."

그분은 우리를 따뜻하게 맞아 주시며, 무엇이든 도와주겠다고 하셨고, 교회 모든 성도들이 우리 첫 목회를 위해 합심해서 기도해 주었다. 그 순간 나는 마음속으로 다짐했다. '이 교회에도 내가 또 빚을 졌구나. 하나님, 제가 이 교회를 성장시켜서 이 사랑의 빚을 반드시 갚겠습니다.'

그렇게 우리는 축복의 기도 속에서 새로운 목회의 첫발을 내디뎠다.

첫 개척 예배는 1월 27일, 마지막 주일로 정하고 우리는 보름 동안 분주하게 준비에 매달렸다. 교회 이동식 간판 제작, 교회와 목사 소개서 작성, 명함 인쇄, 교회 전화 개설, 개척 예배 설교 본문과 제목 준비, 주보 제작 등 해야 할 일이 한두 가지가 아니었다. 나는 하나님께 간절히 기도드렸다.

"하나님, 이곳 치노에 저를 보내셨으니 저는 여기서 뼈를 묻겠습니다. 절 통해 하나님의 살아 계심을 이 지역의 모든 믿지 않는 사람들이 알게 하시고, 주님을 만나 천국에서 영원한 생명을 누리게 하소서."

또 이렇게 구체적으로 기도드렸다.

"하나님, 소돔과 고모라는 의인 10명이 없어서 망했지만, 제가 목회할 치노 침례교회에는 6월까지 단 10명만 보내주십시오. 그러면 그 10명을 20명의 의인으로 세우겠습니다. 그들이 또 나가서 전도하면 1992년에는 40명이 될 수 있습니다."

그렇게 10년이 지나면 분명 큰 교회가 될 거란 소망을 가졌다.

그래서 전도를 나가야겠다고 결심했다. 전도지와 교회 약도, 안내서를 한아름 만들고는, 만나는 한인들마다 나눠주며 전도하면 한 달이 채 지나기 전에 하나님께서 분명히 10명을 보내주실 거라고 굳게 믿었다.

첫 개척 예배를 위해 모든 준비를 거의 완벽하게 마쳤다. 주보도 50부 인쇄했다. 분명히 개척 소식을 듣고 사람들이 구름떼처럼 몰려올 것이라는 기대 혹은 착각과 희망이 충만했다. 계속 다니지는 않더라도, 첫 예배만큼은 '구경 삼아'라도 많은 이들이 올 것 같았다. 혹시 오는 길에 딴 마음을 먹을까 봐 노심초사하며, 아예 이동식 교회 간판을 만들고 내 차 양쪽에도 '치노 침례교회'와 전화번호가 적힌 스티커를 붙였다. 교회 근처에 주차해두고 오가는 사람들에게 자연스럽게 교회를 알리려는 의도였다.

그토록 바라던 단독 목회, 하나님과 함께하는 첫 '처녀 목회'가 시작된다는 사실만으로도 가슴이 벅찼다. 살아 계신 하나님께서 함께하시면 못할 일이 뭐가 있겠는가? 만 명을 한 교회로 모아 주시는 일이 하나님께 무슨 짐이 되겠는가? 하나님이 "너, 저 치노 침례교회로 가라" 하시면 사람들은 가는 것이다. 만 명 모이게 하시는 일쯤은, 말 그대로 영어 표현 그대로 'Piece of cake', 아무 일도 아니라는 믿음이 내 안에 가득했다.

하나님! 우째 이런 일이

개척 예배 첫날, 나는 마치 결혼식장으로 들어가는 신랑처럼 설렜다. 다리미로 셔츠를 한 번 더 다리고 또 다리며, 장모님이 손수 마련해주신 까만 양복을 차려입었다. 주보 50장을 챙겨 들고는 교회 주차장 입구에 나가 성도들을 기다렸다. 대예배 시간은 오전 11시 정각. 초대장에도 '늦으면 자리가 없을 수 있으니 정시에 와 달라.'고 분명히 써넣었다.

예배 순서도 은혜와 사랑, 믿음을 담아 보름 전부터 준비해놓은 것들이었다. 이 예배는 준비하면서도 눈물을 참지 못할 만큼 감동적인 순서들이었다.

"하나님, 제가 주님의 교회를 이 치노 땅에 개척했습니다. 이제 하나님의 기적과 능력과 은혜를 보여주실 차례입니다."

흥분과 기대 속에 마음은 두근두근 떨렸다. 시간이 너무도 빠르게 흘러, 어느새 11시가 다 되어가고 있었다. 이제 곧 구름떼 같이 몰려올 성도들의 그림자가 보일 거라 믿었다. 그런데 11시가 되어도 단 한 사람도 보이지 않았다.

나는 담임목사였고, 시간이 되었기에 예배를 시작해야 했다. 아내에게 주보를 건네주며, 혹시 늦게 오시는 분들은 뒷문으로 안내해 예배실로 들여보내 달라고 부탁했다. 나는 주일학교 교실을 개조한 예배실로 들어가 나 혼자 찬송을 부르며 예배를 시작했다.

"멀리 멀리 갔더니, 처량하고 곤하여…"

"모두 자리에서 일어나셔서 찬송가 440장을, 기도하는 심정으로 찬양하시겠습니다!"

그런데 아무도 일어나는 사람이 없었다. 아무도 없었기 때문이다.

그 순간, 아내가 예배실로 들어왔다. 나는 예정된 순서대로 말했다.

"이 시간에는 치노 침례교회를 대표하여 김금식 사모님께서 대표기도 해 주시겠습니다."

아내는 조용하고 또박또박 기도를 드렸다. 하지만 예배실엔 우리 둘뿐이었다. 나는 예배를 인도하면서도 혹시 처음 오시는 분들이 미국 성도들이 드리는 본당으로 들어간 건 아닐까 하는 생각에, 유리창 너머로 차고 쪽을 쳐다보기도 했다. 하지만 끝내 한국 분들은 아무도 오지 않으셨다. 그토록 시간과 정성을 들여서 주석을 참고하며 준비한 45분짜리 설교 원고를 펼치며, 나는 다음 순서를 이어갔다. 허전한 마음을 달래며 강단에 올라 말씀을 봉독하고, 설교를 했다. 이미 하나님 품에 돌아와 사모가 되어 내 앞에 앉아 있는 아내를 향해 나는 "하나님께 돌아온 결과"라는 제목으로 설교를 시작했다.

첫 주에 이어 둘째 주도, 셋째 주도, 그리고 오랫동안 우리는 단둘이 예배를 드렸다. 그 후 나는 매일 아침 교회 본당에 엎드려 새벽기도를 드리기 시작했다. 그리고 기도가 끝나면 밖으로 나가 가가호호 방문하고, 인근 가게들을 찾아다니며 전도와 교회 소개를 했다. 이렇게 전도를 하다 보니 근처에 사시는 분들 중 몇몇은 예수님을 영접하고는 매우 기뻐하셨다. 어떤 분들은 직접 교회를 찾아오기도 했고, 새벽기도에 참여하겠다고 약속하기도 했다. 특히 김 자매, 이 자매, 박 자매는 예수님을 영접한 후 새벽기도에 꾸준히 나오겠다고 결심했고, 나는 그들을 위해 사도행전 강해를 시작했다. 그렇게 시작된 새벽기도에는 점점 은혜가 더해져, 이후에는 이 선생, 이 자매, 박 집사, 이 형제, 유 자매, 유 형제도 예수님을 영접하게 되었다. 그들은 모두 교회를 방문하겠다고 굳게 약속했고, 나는 하나님의 역사하심을 눈앞에서 하나하나 확인할 수 있었다.

개척한 지 두 달이 다 되어가도록, 주일예배에 참석하는 성도가 한 명도 없었다. 그동안 새벽기도에는 박 집사님, 이 형제, 유 자매, 김 집사님이 꾸준히 참석해 주셔서 큰 위로가 되었지만, 정작 주일 대예배는 오지 않으셨다. 좀 와 주셨으면 하는 마음이 있었지만, 그분들은 "주일은 우리가 원래 다니던 교회에 가는 게 마음이 편하다"고 하셨다.

어린이 예배도 없고, 학생 예배도 없고, 성도도 거의 없는 상황에서 아이들이 오기 싫어한다는 말도 들었다. 그들의 입장도 충분히 이해할 수 있었다. 아니, 나는 누구보다도 잘 이해했다. 왜냐하면, 나도 그랬으니까.

그래서 나는 3월부터는 주일마다 설교를 두 편 준비해서 예배를 진행하기로 했다. 오전 11시에 혹시라도 누군가 오면 언제든지 설교할 수 있도록, 늘 네 편의 설교 원고를 가지고 교회에 갔다. 예를 들면, "하나님께 돌아온 결과", "겨울이 오기 전에 준비해야 할 세 가지", "천국에 없는 다섯 가지", "내가 너를 사랑한다." 같은 설교였다. 새로 방문한 분이 있다면, 그분의 영적인 상태를 예배 시작 전 짧은 대화 속에서 최대한 빨리 파악한 후, 그 상황에 맞는 '맞춤 설교'를 전하는 것이 내 전략이었다. 아직 예수님을 믿지 않는 분이라면 누가복음15장 1-7절 말씀으로 "하나님을 두려워해야 할 이유"에 대해 설교하고자 했다. 어떤 분이 이민 생활에 지쳐 낙심한 상태로 오셨다면, 이사야 41장 말씀으로, "천국에 없는 다섯 가지"라는 설교로 하나님의 위로를 전하고자 했다.

하지만, 아무도 오지 않는 날이 많았다. 그럴 땐 준비해 간 설교 대신, 아내를 대상으로 요한계시록 강해 설교를 진행하기로 마음을 정했다. 이미 성도가 없다고 예배를 생략할 수는 없었고, 또 11시에 누가 안 왔다고 해서 예배를 늦출 수도 없었다. 언제 누가 올지 모르기 때문에 정해진 시간에 예배를 드리는 것이 중요했다.

만약 그날도 아무도 오지 않는다면, 나는 평생의 충성된 교인이자 가장 소중한 성도인 아내를 위해 요한계시록을 강해하며 영적 양식을 나누었다. 그러나 예배 중에 새 교우가 들어오면 곧바로 계획을 변경해서 복음 설교를 전하고, 요한계시록 강해는 다음 주로 미루었다. 그렇게 나는 매 주일, 단 한 영혼이라도 하나님께 인도되기를 바라며 예배를 준비하고 또 준비했다.

교회를 개척하는 동안, 생계를 책임져야 했던 것은 아내였다. 신학교에 있을 때도, 헤이워드 교회에서 학생부를 맡았을 때도 아내는 이런저런 많은 일을 했다. 그래서 아내는 하나님께 간절히 기도 드렸다. "하나님, 샌드위치 가게와 드라이클리닝 가게만은 제발 피하게 해주세요. 그 외에 어떤 일이든 다 괜찮습니다."

그런데 하나님께서는 참 아이러니하게도, 아침에는 샌드위치 가게에서, 오후에는 드라이클리닝 가게에서 일하도록 인도하셨다. 우리에겐 당황스럽고 고된 현실이었지만, 지금 돌아보면 그것 또한 하나님이 계획하신 길이었다. 가끔 하나님은 우리의 기도에 '거꾸로' 응답하시지만, 결국에는 그 길을 통해 하나님의 영광이 드러나는 것을 우리는 경험하며 배워갔다. 하나님의 뜻에는 늘 상상을 뛰어넘는 놀라움이 담겨 있다.

아내는 샌드위치 가게에서 일하며 참 많은 것을 배웠고, 그 경험들은 훗날 적은 수의 교인들을 섬기는 데 요긴하게 쓰이게 되었다. 또한 오후에 드라이클리닝 가게에 가면, 그 가게 주인아주머니는 마치 엄마처럼 따뜻한 식사를 차려놓고 아내를 기다려 주셨다. 일하며 밥을 챙겨 주시고, 인생의 이야기들을 나누며 많은 가르침과 위로를 주셨다. 친정어머니가 한국에 계신 아내에게, 그분은 마치 이 땅의 어머니 같았다. 진심 어린 사랑과 따뜻한 돌봄으로, 아내의 외롭고 힘든 시절을 지탱해 주셨다. 이사를 하면서 연락이 끊겼지만, 지금도 아내는 그분을 자주 떠올리며 감사의 마음을 담아 이야기를 꺼내곤 한다.

하나님의 계산법

창립 4개월 만에 드디어 4명의 성도와 함께 감격의 주일예배를 드렸다.

열심히 심방하고, 길거리에서 복음을 전하며 전도한 지 3개월 만에, 복음을 듣고 예수님을 영접한 사람은 족히 백 명은 넘었다. 그리고 매일 새벽에는 직장에 가기 전 치노 침례교회로 와서 내 설교를 듣고 기도한 후 출근하는 분들도 10명이 넘었다. 하지만 정작 주일 대예배는 거의 3개월 동안 성도 없이, 오직 아내에게 요한계시록을 강해하는 시간만 계속되었다. 너무나 힘들고 어색한 시간들이었다.

그러던 중, 5월 19일, 네 분을 예배에 모시고 와서 처음으로 예배 순서를 따라가며 설교하고, 축도까지 한 감격의 예배를 드렸다. 맛있는 점심을 정성껏 준비해 드리고, 예배 후에는 차로 모셔다 드렸다. 나는 그저 감사할 따름이었다. 김 자매님, 이 선생님, 박 자매님, 박 형제님, 이 귀한 네 분을 보내주신 하나님께 깊이 감사드리며 네 분을 앉혀놓고 부흥회를 인도하는 기분이었다. 절반 이상은 고개를 푹 숙이고 주무셨지만, 그래도 박 형제님은 설교에 귀 기울여 주셨다. 두 분이라도 설교를 진지하게 들어 주시니 마치 2천 명 앞에서 설교하는 듯한 기분이 들었다. 졸고 계신 분들도 밉지가 않았다. 오셔서 하나님의 자리를 빛내 주신 것만으로도 얼마나 감사한지 모른다. 덕분에 나는 큰 힘을 얻었다.

문득, 이 지춘 목사님이 개척 초기에 우리 가족 여섯이 매주 맨 앞자리에 붙박이처럼 앉아 설교를 들었던 것을 얼마나 든든하게 여기셨을까 생각해 보게 됐다. 그래서 하나님께 이렇게 기도드렸다.

"하나님, 우리 치노 침례교회에도 그런 교인을 좀 보내주셔서, 토요일 저녁마다 전화를 돌리느라 애간장을 태우지 않게 하소서."

그리고 기도하는 내 눈에는 어느새 눈물이 고이곤 했다.

5월부터는 교인들이 한두 명씩 늘기 시작했다. 어떤 주일엔 거의 20여 명이 모이기도 했다. 하지만 이후부터는 성도들이 직장을 구했다며 떠나고, 결혼하거나 한국으로 돌아간다며 떠나서 6월이 되자 다시 열 명 정도만 남았다. 그렇게 힘들게 관계 맺고, 시간을 내어 커피도 사고 식사도 대접하며 복음을 전해 예수님을 영접한 분들이었다. 이 형제, 김 할머니, 이 자매, 박 형제, 박 선생님, 유 형제, 민 형제, 이 자매, 임 형제…. 주중에 심방하고 토요일에 다시 전화해서 출석을 권면하면 "꼭 가겠다."고 했지만, 정작 주일엔 빠지는 분들이 대부분이었다.

치노 힐에 사시는 차 없는 할머니들은 내가 직접 모시러 가야 교회에 올 수 있었다. 그래도 오신다 하면 나는 기쁘게 주일 아침에 두 번씩 교회 차로 돌면서 그분들을 모시고 왔다. 그런데 도착하자마자 고개 푹 숙이고, 코까지 골며 침 흘리며 주무시는 분들도 계셨다.

그럼에도 그 연세에 딱딱한 의자에 앉아, 자기 아들뻘도 안 되는 젊은 목사의 설교를 듣고 계시는 모습이 너무나 귀하고 고맙게 여겨졌다. 그러나 한편으론 고민이 들었다. 예수님의 지상명령인 '제자 삼으라.'는 명령을 따라 건강한 교회 지도자로 이분들을 세워야 하는데, 현실적으로는 거의 불가능하다는 결론이 들었다.

이런 분들을 내가 어떻게 예수님의 제자로 만들 수 있을까? 점점 마음이 흔들렸다. 목사로서의 부르심에 대한 확신이 흔들리기 시작했다.

"분명히 하나님이 '함께하겠다, 도와주겠다.' 하셨고, '가라, 내가 6개월 안에 열 명의 성도를 보내주겠다'고 하신 것 같았는데, 그 열 명을 잘 훈련하면 20명이 되고, 10년이면 1만 명이 된다고 말씀하신 것 같았는데, 지금 7개월이 지났지만 열 명 뿐이고 그마저도 연로하시거나 출석이 불규칙한 연약한 분들이니 이 상황에서 어떻게 지상명령을 이룰 수 있을까요?"

나는 간절히 기도했다. "주님, 저에게 병 고치는 은사, 각종 능력을 좀 부어 주셔서 이 교회가 급성장하게 해주십시오. 여기에 뼈를 묻겠다고 호언장담하며 믿음으로 왔는데, 지금 저는 거의 패잔병처럼 도망가고 싶은 심정입니다. 하나님, 도와주십시오. 도대체 왜 안 보내주시는 겁니까?"

나는 거의 낭떠러지 끝에 서 있는 듯한 느낌이었다. 그러나 만약 지금 목회를 포기하면, 평생 '패잔병'의 배지를 달고 살아야 할 것 같았고, 그렇다고 계속 목회를 이어 가자니, 이 치노에서는 아무리 발버둥을 쳐도 50명 이상은 어렵겠다는 결론에 도달했다. 그러자 문득 깨달음이 찾아왔다.

그 '만 명의 성도'는 하나님이 약속하신 것이 아니라, 내 계산이었다. 그건 하나님의 계획이 아니라 내 욕심이었다. 나는 교만했고, 비현실적인 숫자 놀음에 빠져 있었다. "아! 이제 어쩌죠, 하나님?"

그때 나는 결단했다. 이제부터는 내 계산이 아니라, 하나님의 음성을 정확히 듣고 행동하자. 그래서 7월 30일 월요일, 치노 근처에 있는 헬몬산 기도원에 들어가기로 마음먹고, 기도실 하나를 예약했다.

기도원에 도착한 나는 매일 아침 7시부터 기도를 드리기 시작했다.

"하나님, 이번 금식기도를 통해 이 자식을 불쌍히 여겨 주시옵소서. 기도에 응답하여 주시옵소서. 첫째, 병 고치는 은사를 주셔서 지옥 문 앞에서 큰 사역을 하게 하시든지, 둘째, 이곳이 아니라 다른 곳으로 보내시든지, 셋째, 교육 목사나 단계적인 훈련을 위한 중간지대로 보내시든지, 넷째, 지금처럼 꾸준히 하라고 하시든지, 하나님, 제 마음은 둔하고 멍청하오니 확실히 보여주시든지, 들려주시든지, 부족한 이 자식에게 확실하게, 갑절의 은혜로 응답해 주시옵소서."

금식기도 중에는 자리가 불편했지만, 찬송을 부를 때마다 내 마음에 하나님의 은혜가 몰려왔다. 특별히 '빈들에 마른 풀같이' 찬송을 부를 때면, 내가 얼마나 하나님의 사랑을 잊고 살아왔는지 느껴졌다. 그래서 어느 순간, 나는 다시금 주님 앞에 무릎 꿇고 찬송했다. 내 모든 소원과 기도 제목 등 하나님께 은혜를 간구하며, 예수님 닮기 원하는 찬송을 드리며 하나님의 음성에 귀를 기울였다. 그때 하나님께서 내 마음에 말씀하시는 듯했다.

"그곳은 네가 뭘 잘못해서 보내진 곳이 아니고, 그곳은 너를 훈련시키기 위한 장소로 한국의 군대 신병훈련소 같은 곳이다."

그 음성을 듣는 순간, 나는 감격하며 확신이 들었다. 여기는 내가 뼈를 묻을 곳이 아니라, 훈련을 받는 곳인 것을 하나님은 분명히 내게 알게 하셨다.

한 권 주석서가 준 깨달음

며칠 후, 우연히 동네 중고 가게에서 옷을 하나 사고 나오던 중, 책들이 놓인 코너를 지나게 되었다. 그곳에 얇은 주석서 한 권이 눈에 띄었는데, Dr. Vos, Howard F.가 쓴 『마태복음 주석』이었다. 가격은 단돈 1달러.

싸기도 하고 눈에 끌려 사가지고 와서 읽기 시작했는데, 읽다 보니 깜짝 놀랄 만큼 성경적인 깊이와 논리적 설명, 학문적인 통찰이 담겨 있었다. 그동안 내가 마태복음을 공부하며 궁금했던 수많은 질문들이 이 주석 안에서 정확하게 풀어지고 설명되고 있었다. 나는 그제야 깨달았다. '나는 그동안 내가 너무 내 생각만 고집하면서 신학을 공부해 왔구나.' 싶었다. 다 읽고 나서는 나에게 '자기 신학'이 없었다는 사실을 발견하게 되었다. 그 후, 나는 다시 그 가게로 가서 그분의 책을 모조리 다 사왔다. 얇고 간결한 책들이어서 쌓아놓고 읽기에 딱 좋았다. 로마서, 에베소서, 빌립보서…. 차례대로 읽을수록 내가 몰랐던 성경의 깊이를 하나하나 깨닫게 되었다. 며칠 뒤

다시 그곳에 가보니 더 이상 그분 책은 없었지만, 또 하나의 귀한 책이 눈에 들어왔다. Dr. Vernon McGee가 쓴 단권 주석서였다.

요한복음, 요한계시록, 갈라디아서에 대한 주석이 담긴 책이었는데, 특히 요한계시록에 대한 설명이 지금껏 들어보지 못한 방식으로 아주 구체적이고 실제적으로 다가왔다. 나는 그분의 주석 내용을 내 성경책에 꼼꼼히 옮겨 적어가며 공부하는 동안, 하나님께서 지금 이 시기를 "성도가 적고, 시간이 많고, 나를 필요로 하는 사람이 적은 시기"로 허락하신 이유를 알게 되었다. 하나님은 지금 나에게 신학을 세우는 훈련을 시키고 계신 것이다. 이곳은 사역지가 아니라, 트레이닝 센터다.

지금까지 나는 하루 종일 전도하고, 교회 출석을 권면하고, 상담하고 그러는 데 모든 시간을 다 쏟았다. 그런데 지금 하나님께서 내게 "너는 네 신학이 없다. 너의 신학을 정립하라"고 하시는 것 같았다. 그래서 나는 이 기간이 목회를 시작하기 전, 정립된 신학으로 건강한(Sound Doctrine) 말씀을 가르치도록 하나님이 주신 '트레이닝 기간'이라는 확신이 들었다.

그때부터 나는 아침에 아이들을 교회 유치원에 데려다 주고 집에 돌아오면, 아내가 일터에서 돌아올 때까지 책상에 앉아 닥터 미기(Dr. McGee)의 주석서와 닥터 보스(Dr. Vos)의 주석서를 시작으로 내 성경책에 깨알 같은 글씨로 적어 놓았다.

마태복음부터 누가복음까지 성경을 한 글자 한 글자 읽어가며, 내가 이해하기 어려웠던 부분이나 성도들이 혼동할 만한 구절에서 이 두 신학자와 다른 성경학자들이 제시하는 성경적이고 논리적인 설명과 노선을 정리해 나갔다. 공부를 하면 할수록 내가 모르는 것이 너무 많다는 것을 알게 되었다.

특히 이 두 분의 주석은 성경을 명쾌하게 설명하고 있었고, 나는 그들의 책을 만난 것이 하나님의 은혜임을 느꼈다. 그래서 나는 많은 책을 여기저기 주문하고 찾아내어 내 책장에 꽂아 두고 늘 읽었다. 이렇게 나의 시각을 정리해 나간 것이 1991년 8월부터 시작되어, 교회를 옮기고 난 후인 1993년 8월까지 꼬박 2년이 걸려 신약 27권을 다시 공부하게 되었고, 구약도 약 5년 동안 정리하게 되었다. 나는 이 성경책을 나의 보물 1호라고 부른다.

만약 집에 불이 난다면 다른 것은 다 놔두고 이 성경책만은 꼭 가지고 나올 것이다. 왜냐하면 이 책 안에는 나의 신학이 정립되어 있고, 이 책 하나만 있으면 부흥회, 매주 설교, 세미나 등 모든 사역을 준비할 수 있도록 철저히 정리되어 있기 때문이다. 나의 이 보물은 바로 치노 침례교회에서 하나님께서 시작하게 하셨다. 나는 이 치노 침례교회가 나의 트레이닝 센터가 아니었다면, 지금의 나는 결코 건강한 목사도, 바른 선교사도 되어 있지 못했을 것이다.

[골든게이트 신학대학원 졸업식]

제 6 부

스포켄 목회와 열매

두 번째 개척지 스포켄 교회	154
스포켄에서 드린 첫 예배	156
첫 열매와 구원의 확신	159
감격의 첫 부활주일 침례식	164
성령의 바람 분 어머니 주일	166
복음으로 물든 사역	167
5단계 축구식 선교 전략	171
저도 이제 한글 읽어요!	173
하나님 훈련소에서 자란 9년 열매	175

제 6 부 스포켄 목회와 열매

두 번째 개척지 스포켄 교회

치노에 개척하러 온 지도 어느덧 1년이 다 되어가고 있었다. 나는 그동안 나의 신학을 정립하기 위해 아침 일찍 아이들을 유치원에 데려다 주고, 종일 책상에 껌딱지처럼 앉아 밥 먹는 시간 외에는 자리를 뜨지 않고 공부에 매진했다.

그러던 중, 나는 나의 목회 방향을 놓고 인랜드 엠파이어 지방회 회장이신 우레노 박사님께 기도를 부탁드렸다. 그러던 2월쯤, 박사님께서 전화를 주셨다. 워싱턴 주 스포켄(Spokane)에 있는 한인 침례교회에서 목회자를 초빙한다는 광고가 나왔다는 소식이었다. 관심이 있으면 총회장이신 Tom Vance 회장님께 연락해보라고 전화번호를 주셨다. 나는 곧바로 회장님께 연락을 드렸다. 회장님은 나에게, 교회 측에서 비행기 표를 제공할 테니 직접 가서 성도들을 만나고 설교도 해보고, 그 후에 사무총회를 통해 결정이 되면 소수민족 사역을 위한 지역 목사로 사역을 시작할 수 있다고 하셨다.

그래서 나는 1991년 3월 첫째 주, 직접 스포켄에 가서 Dishman 침례교회 주일학교 교실에서 모여 예배를 드리고 있는 한인 성도 15명을 만났다. 그분들은 나를 따뜻하게 반겨 주셨고, 나 역시 간절한 마음으로 하나님의 말씀을 전했다. 예배 후 점심식사를 함께 하며 나의 간증과 목회 철학을 나누었고, 성도들은 잠시 의견을 모은 뒤 만장일치로 나를 스포켄 한인 침례교회 담임목사로 초청하겠다고 연락을 주셨다.

　나는 집으로 돌아와 그동안 함께했던 남은 성도들과 아내에게 이 사실을 알리고, 다음 주 주일 저녁까지 답을 드리겠다고 약속했다. 다음 주일에 성도님들을 모시고, 지금까지 있었던 일들을 자세히 설명 드린 후 이렇게 말씀드렸다.

　"Dishman 침례교회에서 저를 초청해 주셨습니다. 그곳에서 새롭게 시작하라는 하나님의 인도하심이 있다고 믿고 있습니다. 여러분의 의견을 듣고자 이 자리를 마련했습니다."

　그러자 모든 성도님들이 "그동안 수고 많으셨습니다. 새로운 목회지에 가셔서 꼭 목회에 성공하시길 바랍니다." 하며 오히려 기뻐해 주셨다. 내심 '단 한 분이라도 나를 붙잡으며 '목사님, 절대 떠나면 안 됩니다. 우리를 배신하면 안 됩니다.' 하고 말리면 어쩌나 싶었지만, 감사하게도 모든 분들이 한마음으로 축복해 주셨다.

　어떤 분은 "세상일에 바빠서 교회에 출석한 날보다 빠진 날이 더 많아 죄송합니다."라며 눈시울을 붉히기도 하셨다. 나는 진심으로 감사했다.

　그리고 4월 첫 주, 아내와 두 아들과 함께 U-Haul 트럭에 중고차를 트레일러로 달고 두 번째 개척지인 워싱턴 스포켄으로 떠났다. 그땐 트레일러 운전이 처음이어서 유턴도 못해 직진만 가능했다. 무려 1,200마일, 약 20시간의 운전이었다. 오레곤과 포틀랜드를 거쳐 스포켄으로 향하는 길은 어린 두 아들을 데리고 가기에 험난하고 길었다.

　하루 종일 운전하고 하루 밤을 모텔에서 자고 그 다음날도 열심히 달려 우리는 새 아파트에 도착했다. 몇몇 집사님들이 우리를 반겨주었고, 우리는 이삿짐을 함께 옮기며 새로운 시작을 준비했다. 이때부터 스포켄 한인 침례교회 목회가 시작되었다.

　나는 명함을 만들어 교회 안내지와 함께 지역 식당, 음식점, 가게 등에 배포했다. "스포켄 한인 침례교회"라는 이름과 전화번호가 찍힌 스티커도 차에 붙여 동네를 돌아다녔다. 사람들을 만나면 늘 인사하고 관계를 맺기 시작했다.

새벽기도로 하루를 열었다. 연세 많은 노인 분들을 위해 예배가 끝나면 직접 모셔다 드리기도 했다. 만나는 사람마다 전도했고, 교회를 소개했다.

그 당시 스포켄에는 이미 장로교회 2곳, 순복음교회 1곳이 세워져 있었고, 우리는 미국 Airway Heights 침례교회의 주일학교 교실을 빌려 예배드리는 상황이라 건물이나 위치 면에서 특별히 좋은 조건은 아니었다. 예배에 참석하는 인원도 많을 때는 10명에서 15명 정도에 불과했고, 사실 내세울 만한 것이 거의 없는 그런 교회였다. 그러나 하나님은 그 작은 시작 속에서 나의 두 번째 목회를 새롭게 열어 가고 계셨다. 스포켄은 다시 시작되는 하나님의 부르심의 자리였다.

스포켄에서 드린 첫 예배

첫 예배는 4월 7일 주일이었다. 창립 멤버였던 김동숙 집사와 송은옥 집사, 그리고 아내까지 포함해 총 7명이 예배를 드렸다. 지금도 기억나는 그 날 설교 본문은 누가복음 15장 11-24절이었고, 제목은 "당신은 돌아온 아들인가? 아직도 미적거리고 있는 탕자인가?"였다.

많은 기대를 가지고 드리는 첫 예배였다. 치노에서의 첫 예배가 떠올라, 혹시 한 분도 안 오면 어쩌나 두려웠다. 그때는 아내와 둘이서 예배를 드렸기 때문이다. '이번에도 계시록 강해를 해야 하나?' 하고 있는데, 예배 시간이 가까워지자 어디선가 사람 소리와 발자국 소리가 들렸다.

반가운 발자국 소리였다. 민 자매 가족 세 분으로 민 할아버지, 김 할머니, 그리고 민 자매가 오신 것이다. 얼마나 반가웠는지 모른다. 치노에서는 세 분이 오는데 거의 4개월이 걸렸는데, 스포켄에서는 첫 예배에 한꺼번에 세 분이 오셨다니! 희망이 솟아올랐다.

'시간 되면 더 많이 오시려나? 혹시 구름떼 같이 몰려오면 어쩌지? 옆 교실에서 의자를 더 가져와야 하나?' 그런 상상이 들었다. 그날 20개의 의자를 준비해 놓았는데, 첫 초빙 주일에 15분이 오셨던 기억 때문에 이번에는 정식 목사로 드리는 첫 예배이니 더 오시지 않을까 예상한 숫자였다.

아직 15분 전인데 벌써 세 분이 왔으니, 하나님이 얼마나 더 보내실지 모른다는 기대에 마음이 부풀었다. 그리고 시간이 조금 지나, 김 자매님이 오셨다. 하지만 예배 시간이 되어도 그 이후로는 아무도 오지 않으셨다.

첫 방문 때는 15명의 성도가 있었는데, 알고 보니 그때는 너무 숫자가 적으면 안 올 것 같아서, 마음이 내키지 않는 분들까지도 억지로 모시고 온 것이었다. 그럼에도 불구하고 나는 별로 실망하지 않았다.

치노에서 개척할 때는 내가 직접 가서 모시고 오면 네 분에서 여섯 분이었고, 그나마 차편이 없으면 아무도 참석하지 못하던 곳에서 훈련을 받았기에, 일곱 분이 함께 예배드릴 수 있는 것만으로도 하나님의 큰 축복이고 은혜라고 여겨졌다. 그래서 나는 한 성도를 백 명으로 생각하며, 마치 600명의 성도 앞에서 설교하듯 열심히 말씀을 전했다.

"하나님은 여러분이 돌아오길 학수고대하고 있으니 빨리 돌아오십시오. 돌아오시면 하나님의 자녀로 받아주십니다. 더 이상 미적미적하며 세상에 남아 있지 마시고, 지금 이 시간 돌아오십시오."

찬송가 315장 "돌아와 돌아와 맘이 곤한 이여"를 함께 부르며, 나는 이렇게 외쳤다.

"하나님 아버지께 돌아오실 분은 오른손을 들어 표시해 주세요. 하나님의 사랑의 손이 여러분의 손을 붙잡아 천국으로 인도해 주십니다. 믿으시고 손 들어 표해 주세요."

그러자 놀랍게도, 아내를 제외한 다섯 분 모두가 손을 번쩍 드신 것이었다. 그중에는 나를 초대한 교회의 기둥 같은 집사님도 계셨는데, 나는 당연히 이미 예수님을 영접하신 분일 거라 생각하고 손 드실 거라고는 상상도 못 했다.

그날 처음 오신 민 자매와 부모님 세 분만을 염두에 두고 말한 것이었는데 말이다. 나도 모르게 옛날 이지춘 목사님이 설교하시면서 "예수님 믿기로 작정한 분, 손 드세요!" 하셨던 장면이 떠올랐다. 그때 나 역시 평생 예수님을 내 마음에 초대해 본 적 없다는 걸 깨닫고 손을 들었었다. 그 후 나는 이런 순간을 기다려왔다.

그래서 나는 손을 드신 분들에게 이렇게 말했다.

"지금 손을 드신 분들은 하나님께 이 세 가지를 말씀드리십시오. 진심으로 말씀드린다면 하나님께서 그 기도를 들으시고, 어떤 죄를 지었든 모두 용서하시고 여러분을 하나님의 아들, 딸로 호적에 등재해 주십니다. 제 기도를 믿음으로 따라 말씀드리십시오."

"예수님, 저는 죄인입니다. 예수님께서 저의 죄를 짊어지고 십자가에서 죽으시고, 삼일 만에 부활하신 것을 믿습니다. 저의 모든 죄를 용서해 주시고, 제 마음속에 지금 당장 들어오셔서 제 구세주와 주인이 되어 주십시오. 저의 모든 죄를 용서하시고, 제 마음속에 오신 것에 감사합니다. 천국에서 뵙겠습니다. 예수 그리스도의 이름으로 기도 드립니다. 아멘."

나는 너무 기뻤다. 첫 예배에 초대한 다섯 분 모두가 설교 후 초대에 응해 예수님을 영접하신 이 순간을 나는 거의 1년을 기다려왔다. 물론 노방 전도나 가가호호 전도에서는 수많은 이들이 예수님을 영접했지만, 이렇게 정식 대예배에서 나의 설교 끝에 공식적으로 손을 들어 고백하는 장면은 신학교 졸업 이후 처음 있는 일이었다.

그리고 무엇보다 놀라운 건, 출석자 전원100%가 예수님을 영접한 것이다. 빌리 그래함 목사님의 크루세이드에서도 수천 명이 예수님을 영접했지만, 100%는 아니었을 것이다. 그런데 나는, 하나님께서 내게 허락하신 이 첫 스포켄 예배에서, 100%의 기적을 경험한 것이다.

첫 열매와 구원의 확신

드디어 다섯 분이 나의 스포켄 침례교회의 첫 복음의 열매가 되었다. 그래서 나는 그 다섯 분에게 기초 성경공부를 함께 하자고 제안했고, 매주 화요일마다 1시간씩 공부하자고 했다. 그러자 민 자매님 가족 3식구는 민 자매님 댁에서 오후 1시에 시작하기로 했다.

화요일, 민 자매님 댁에서 성경공부를 시작했는데, 나는 이 지춘 목사님께 배운 대로 학도가를 이용해 신·구약 성경 목록을 외우게 했다. 그 방법이 재미있다고 하시며 학도가를 부르면서 단 일주일 만에 신구약을 두 분이 외우셨다.

그리고 '최선의 삶'에서 배운 영적인 제자의 인격 교재를 통해 설명했다. 하나님께서 우리를 영·혼·육으로 만드시고, 자유의지를 주셔서 우리가 어떤 의지의 문을 여는가에 따라 하나님을 따를 수도, 사탄의 유혹을 따를 수도 있다는 내용을 전했다. 예수님을 믿기로 결정하는 의지를 사용할 때, 우리는 계속 변화되어 결국 예수님을 닮게 된다는 말씀에 두 분이 크게 기뻐하시는 모습을 보며 나도 마음 깊이 감사했다.

그다음 주일에는 두 분이 더 방문했다. 예배당에 아홉 분이 앉아 계시니,

비록 작은 공간이지만 꽉 찬 듯한 풍성한 느낌에 감격과 눈물로 예배를 인도하며 말씀을 전했다. 그날 본문은 로마서 8장 1절부터 39절까지였다. 제목은 "예수님을 믿으면 당장 주어지는 혜택 15가지 (Pt. I)"였다. 나는 열심히 설교했다.

"예수님을 믿으면 영원한 심판에서 면제되고, 성령의 침례를 받고, 하나님의 자녀가 되며, 마귀도 죽음도 여러분을 지옥 불못에 떨어뜨릴 수 없습니다. 예수님은 이 혜택을 주시기 위해 천국에서 이 죄악 가득한 땅에 오셨고, 과거에 지은 죄, 지금 짓고 있는 죄, 그리고 앞으로 지을 모든 죄까지도 자신의 몸에 걸머지고 금요일에 죽으셨다가 주일에 부활하셨습니다. 그리고 40일 후에 천국으로 돌아가셨다가 다시 오셔서, 예수님을 믿는 모든 이들을 데려가시겠다고 요한복음 14장 1-3절에 약속하셨습니다."

그리고 나는 구원의 초대를 전했다.

"이 좋으신 예수님을 모셔서 15가지의 축복을 선물로 받길 원하시는 분은 오른손을 하나님께 들어 보이십시오."

그러자 오늘 처음 오신 박 자매님과 임 자매가 손을 번쩍 드셨고, 지난주일에 예배에 참석했던 다섯 분 역시 또다시 손을 드시는 것이었다. 순간 마음속으로 '아, 이 두 집사님들과 세 분에게는 아직 구원의 확신이 없구나. 기초 성경공부가 꼭 필요하겠구나'라는 생각이 들었다.

그래서 나는 다시 한 번 영접기도를 함께 드릴 것을 권면했다.

그리고 나는 예수님을 영접하신 분들 중에 침례를 받기 원하시는 분은 손을 들어 신청해 달라고 했다. 그러자 김 할아버지와 김 할머니가 손을 번쩍 드셔서 또 한 번 놀랐다. 지난주일에 예수님을 영접하셨는데, 이제 침례를 받겠다고 손을 드셨다. 그래서 나는 오는 부활주일에 침례식을 하겠다고 약속했다.

그 주 화요일 성경공부 시간에는 침례에 대한 공부를 했다. 그때 김순자 할머님은 눈물을 글썽이며 이렇게 말씀하셨다.

"죽기 전에 예수님이 받으셨던 침례를 나도 받고 죽을 수 있다면, 이보다 더 큰 영광이 어디 있겠습니까?"

그 말씀을 하시며 눈물을 닦으실 때, 나도 모르게 눈물이 주르륵 흘렀다. 연세가 거의 여든이신데, 어쩐지 내 친구 같은 느낌이 들었다.

스포켄은 아, 참 좋은 영적 어장이구나 하는 생각이 들었다.

지난주일에 5명, 오늘 2분이 하나님의 자녀가 된 것이다. 나는 날아갈 것 같았다.

그때의 민 자매와 임 자매는 옷에서 담배 냄새가 났고, 민 할아버지는 예배가 끝나자마자 예배당 뒤쪽 창고 구석에 쪼그리고 앉아 담배를 피우시는 모습을, 화장실에 가다가 본 기억이 있다. 바로 옛날의 내 모습이었다.

그러나 나는 기대되었다. 나도 그랬다.

나는 예수님을 1981년 3월 29일 정확히 12시 20분에 영접했다. 그러나 몇 달 동안은 주일에는 천국에 있다가, 월요일부터는 점점 지옥으로 떨어지고 있다고 믿으며 살았다. 그래서 늘 불안했다.

'혹시 내가 이렇게 담배 피우고, 술 마시고, 거짓말하고 있을 때 죽으면 하나님이 지옥으로 보내시지 않을까?'

그런 두려움이 늘 마음에 있었다.

그때 나를 성가대에 오라고 선뜻 초대했던 분이 박 광균 집사님이셨다.

그분 덕분에 나는 성가대에서 큰 은혜를 받게 되었고, 또 그분이 나에게 해 주신 충격적인 질문과, 그 질문에 대한 그분의 충격적인 대답이 내게 큰 안도의 숨을 쉬게 했었다. "형제님, 지금 당장 죽으면 천국에 들어갈 수 있다고 생각하세요?"

나는 매일 아침 4시 30분에 일어나서, 작은 성경공부 책을 가지고 출근 전 30분간 개인 성경공부를 하고 있었다. 질문을 읽고, 성경을 찾고, 답을 써 내려가며 자율적으로 공부하는 방식이었는데, 그 시간이 참 즐거웠다. 주일 성수는 물론이고, 말씀에 대한 갈급함도 커지고 있었지만…

아직 술, 담배를 완전히 끊지 못했고, 금요 기도회가 끝난 후 유혹을 이기지 못하고 유흥업소나 술집에 빠질 때도 종종 있었다. 그럴 때마다 마음이 무척 불편했고, 스스로가 '진짜 구원받은 사람인가?' 하는 의심을 품곤 했다.

그러던 어느 날, 점심시간에 같은 회사에서 일하시던 박 광균 집사님이 내 자리로 오셨다. 이런저런 이야기를 나누다 그분이 물으셨다.

"형제님, 예수님을 영접하셨나요?"

"네, 3월 29일에 김 충원 집사님 따라 교회에 가서 예수님 영접했어요."

그러자 박 집사님은 조용히, 그러나 진지하게 다시 질문하셨다.

"형제님, 그럼 지금 당장 죽어도 천국 갈 수 있다는 확신이 있으세요?"

나는 순간 말문이 막혔다. 머뭇거리다 결국 맥없이 대답했다.

"에이, 저는 못 가죠. 제가 어떻게 천국을 가겠어요."

그때 나는 아직도 술, 담배를 끊지 못했고, 마음속에 지저분한 생각들이 가득했고, 내가 보기엔 결코 천국에 들어갈 자격이 없다고 느끼고 있었다. 그래서 나는 거의 비꼬듯 말했다.

"집사님, 그런 말씀 하지 마세요. 저처럼 술도 마시고, 담배도 피우고, 유흥도 즐기고, 거짓말하고 속이고, 이중인격자처럼 사는 제가… 천국에 간다고요? 만약 제가 간다면 세상 사람들 다 천국 가는 거예요. 천국은 금방 만원 될 겁니다."

내 속마음은 이랬다.

'나같이 더럽고, 얌체이고, 겉과 속이 다른 인간보다 못한 사람이 세상에 얼마나 될까? 이런 사람도 천국에 간다면, 천국은 담배연기와 술 냄새로 가득할 거야. 숨 막혀서 못 살겠지.'

그러자 박 집사님은 차분한 음성으로 아브라함 이야기를 꺼내셨다.

"형제님, 아브라함도 행위가 완전해서 의인이 된 것이 아니에요. 그도 거짓말했고, 자기 아내를 누이라고 속였고, 하나님 말씀을 따르지 않고 후처도 두고… 행위로 보자면 형제보다 더 지저분했어요. 그런데도 그는 하나님을 믿었기에, 그 믿음이 의로 여겨졌다고 성경이 말하고 있어요. 그래서 지금 천국에서 복락을 누리고 있는 거예요. 형제님도 마찬가지예요. 3월 29일에 예수님을 믿었다면, 그 믿음 때문에 형제님은 이미 하나님의 자녀예요. 형제님의 행위를 믿지 마시고, 하나님의 말씀을 믿으세요."

점심시간이 끝나고 우리는 자리로 돌아왔다. 나는 그 길로 돌아오며 생각에 잠겼다.

"내가 정말 천국에 간다고? 그런 자격이 나에게 있다고?"

박 집사님은 거짓말을 하실 분이 아니었다. 성경 말씀을 근거로 아브라함의 예까지 들어 설명해 주셨다. 그리고 그 말씀이, 이상하게도 내 마음에 깊이 박혔다.

나는 그날, 처음으로 "혹시 나도?" 하는 작은 소망을 품게 되었다.

생각해 보니 나는 매일 성경을 읽고, 4시 30분에 일어나 말씀 공부를 하면서도 구원의 본질을 이해하지 못하고 있었다. 중요한 진리를 몰랐던 것이다. 조금은 부끄러웠다.

"답은 성경에 있다는데, 왜 나는 내 기준으로 답을 만들고 있었지?"

'나 같은 사람은 천국 못 간다'는 자격 논리를 붙들고, 불안하게 신앙생활을 했던 내 모습이 참 한심하게 느껴졌다.

그날 이후, 나는 말씀을 다시 읽기 시작했다.

그리고 본격적인 제자훈련을 받게 되었다. 그 훈련을 통해 나는 드디어 깨달았다. 천국은 나의 노력과 행위가 '입구까지는 데려다 줄 수 있을지 모르지만', 그 문 안으로 들어가게 해주는 것은 내가 아닌, 예수님이 하신 일이라는 것.

예수님께서 하신 일, 곧 하늘 보좌를 버리고 이 땅에 내려오셔, 십자가에서 죽으시고, 지옥에 내려가 구속된 자들을 속량하시고, 부활하시어 하늘로 올라가신 그 완전한 행위. 바로 그것을 믿는 믿음이 천국으로 가는 유일한 길이라는 것을 깨닫게 된 것이다.

성경은 분명하게 말하고 있었다. "너희가 그 은혜를 인하여 믿음으로 말미암아 구원을 얻었나니, 이것은 너희에게서 난 것이 아니요 하나님의 선물이라. 행위에서 난 것이 아니니, 이는 누구든지 자랑하지 못하게 함이라."(에베소서 2:8-9)

이 말씀을 확신하게 되었을 때, 내 마음에 확신이 생겼고, 나는 복음 전도자의 삶을 시작할 수 있었다. 왜냐하면 세상 그 누구라도, 예수님을 믿기만 하면 천국에 갈 수 있다는 이 확신이 나를 전도하게 만들었고, 그 복음에 응답하여 구원받는 영혼들이 내 주변에 하나씩, 둘씩 생겨났기 때문이다. 그 때의 그 질문과 대답이 지금 이분들에게 꼭 필요하다고 느꼈다. 그래서 나는 반드시 이분들과 믿음의 기초 성경공부를 하겠다고 다짐했다.

감격의 첫 부활주일 침례식

4월 19일, 부활주일 예배는 내게 있어 말로 다 할 수 없는 감격의 날이었다. 그날 나는 김 할아버지와 김 할머니께 침례를 베푸는 영광스러운 순간을 경험했다.

놀랍게도, 그날 예배에는 16분이나 참석하셨다. 대부분이 소문을 듣고 "어떤 목사인가 보자"며 찾아온 분들이었다. 스포켄은 아주 작은 도시이고,

한인 인구도 많지 않은 시골 마을이었다. 그래서 새로운 목사가 왔다는 소문이 나면 '교회 쇼핑'을 하는 것이 흔한 일이었다.

하지만 그런 상황이 내게는 전혀 힘들게 느껴지지 않았다. 오히려 너무 기뻤고, 그분들이 참으로 귀하고 착한 분들 같아 감사한 마음이 들었다. 나는 부활절 설교에 온 힘을 다해 복음을 전했다.

"예수님의 부활은 여러분과 저의 미래를 통째로 바꿔 놓았습니다! 육체의 죽음은 예수님의 부활을 믿는 자들에게는 천국으로 들어가는 통로이지만, 그 부활을 믿지 않는 분들에게는 영원한 불 못으로 가는 대문입니다!"

설교 후, 나는 회중을 향해 예수님을 영접하라고 권면하며 손을 들 것을 요청했다. 그 순간, 선 자매, 최 집사님, 전 자매, 김 자매, 앤젤라 - 다섯 분이 손을 들고 회개의 기도를 따라했다. 그 모습을 보는 순간, 눈물이 핑 돌았다.

'아, 이러려고 하나님이 나를 치노에서 그렇게 훈련시키셨구나... 치노는 내 영적인 논산 훈련소였구나.'

나는 속으로 간절히 기도했다.

"하나님, 감사합니다. 저를 그냥 보내지 않으시고, 훈련된 영적 군인으로 준비시켜 보내 주셔서 감사합니다. 하나님의 영광을 위해 이 목숨 다할 때까지, 영혼 구령에 미친 사람으로 살겠습니다."

그리고 감격스러운 부활주일 예배의 하이라이트는, 스포켄 한인 침례교회 창립 예배를 드린 지 꼭 한 달 만에, 김 할아버지와 김 할머니께서 스포켄 교회 최초로 침례를 받으신 침례식이었다. 이것이 바로 나의 첫 열매였다.

성령의 바람 분 어머니 주일

5월 10일, 어머니 주일 예배에는 장년 27명이 모여 함께 예배를 드렸다. 이렇게 성령 충만하게 예배 드린 경험이 많지 않다. 매주 교회에 새로운 방문객들이 와 주셔서, 예배 분위기와 친교실에서 함께 나누는 식사로 인해 성도들도 점점 이곳을 '자기 교회'라고 느끼기 시작했다.

나는 벌써 월요일부터 목요일까지 오전반 제자 성경공부와 오후반 제자훈련 성경공부반을 편성하여, 매일 오전과 오후로 나누어 여섯 개 그룹을 만들어 열심히 가르치기 시작했다. 모두들 공부를 마치고 나면 너무 좋아했다.

나는 안다. 내가 이지춘 목사님께 배운 성경공부를 통해 경험했던 성경공부가 이렇게 재미있고, 사람을 변화시키는 힘이 있다는 것, 그리고 그것은 인간이 쓴 어떤 철학책이나 소설책, 혹은 교과서와 비교할 수 없는 능력이라는 사실을. 그런 경험을 한 이후, 나는 결심했다. 성경 말씀대로 살고, 내 목숨을 걸고, 모든 것을 희생하더라도 이 말씀을 가르치겠다.

그 결심이 그때 내가 이 열 명의 성도들에게 말씀을 열심히 가르치는 이유였다. 나는 확신했다. 그들도 나와 같은 경험을 하게 될 거라는 걸. 그래서 단 두 명만 모여도, 나는 작은 이동용 흑칠판과 백묵, 지우개를 들고 가서 한 시간 동안 열심히 가르쳤다.

그리고 그 주중 성경공부반에서 영적 변화가 나타나기 시작했다. 함께 기초 성경 제자훈련을 받던 민 할아버지가 점심을 먹은 후 성경공부를 시작하려던 중 말씀하셨다. 손바닥만 한 빨간 글씨로 쓴 "부적을 이제는 태워야겠다"고 하셨다. 그리고는 뒷마당으로 나가 삽으로 구덩이를 파고, 그 부적을 불에 태우신 뒤 기도를 부탁하셨다. 나는 간절히 기도해 드렸다.

내가 이곳에 온 지 이제 한 달이 겨우 넘었는데, 성령님은 민 할아버지를 통해 예수님의 보혈의 능력을 체험하게 하는 기적을 일으키고 계셨다. 또 그동안 수년간 피우던 담배를 끊었다고 간증하는 자매들이 성경공부 시간에 하나둘씩 생겨나기 시작했다.

복음으로 물든 사역

스포켄 한인 침례교회에 아주 젊은 목사(당시 34세)가 왔다는 소문이 퍼졌다. 성경공부를 아주 쉽고 재미있게 가르친다고들 했다. 교회 간판도 한글로 "스포켄 한인 침례교회"라고 새기고, 미국 교회의 간판 아래에 배치해서, 지나가는 사람들이 큰 미국 교회 간판을 보면서 자동적으로 "아, 여기 한인 교회도 있구나" 하고 알 수 있도록 했다.

또한 나는 내 사진과 교회 위치, 교회 프로그램이 담긴 명함을 제작해, 한국 식품점, 음식점, 미장원, 교회, 전화박스에 놓아두었고, 주보와 설교 테이프에도 함께 배치해서, 한인들에게 스포켄의 Airway Heights에 한인 침례교회가 있다는 사실을 널리 알리는 작전을 펼쳤다.

매주일마다 새로운 방문 교인들이 찾아왔다. 그리고는 어김없이 죄를 회개하고 예수님을 영접하고 돌아갔다. 스포켄에는 교회를 다니지 않는 분들이 꽤 많이 있었다. 도시가 작다 보니 서로 상처 주고받은 분들도 있었는데, 그분들 역시 "새로운 한인 침례교회가 생겼다"는 소문을 듣고 와서 한 번씩 예배에 참석하셨다. 예배를 드리고 대화를 나누며 마음의 문을 열었고, 교회생활을 시작하는 분들이 점점 늘어나기 시작했다.

나는 교인들에게 효과적으로 전도하는 방법을 훈련시켰다. 그것은 바로 '사영리 (Romans Road)' 전도 방식이다. 로마서에 나오는 구원의 핵심 성구 5개를 활용해서, 걸어가면서, 식사하면서, 청소하면서, 혹은 물건 값을 계산할 때 이야기하는 식으로 복음을 전하는 방법이었다.

교인들이 이 훈련을 받고 나서는 어디를 가든, 누구를 만나든 복음을 전하고 교회로 초대해 함께 오게 했다. 그러자 매주일 새로운 방문 교우들이 계속해서 찾아오고, 예배를 통해 죄를 회개하며 예수님을 만나고 돌아가는 분들이 점점 많아지기 시작했다.

그 소식이 Inland Empire Association의 DOM이신 Dr. Tom Vance 총회장님에게까지 전해졌다. 총회장님은 "소수민족 목회자들 가운데 네가 제일 잘하고 있다"고 말씀하시며, 서북미 총회 산하 Language Department 책임자이신 Vincent Romano가 그렇게 전해주더라고 하셨다. 그러면서 스포켄 한인 침례교회의 예배 상황, 성경공부 장면, 침례 집례 사진, 금요 기도회 사진 등을 지방회 뉴스레터에 실어서 다른 교회들에게도 모범적인 교회로 소개하고, 교단 신문에도 실기 위해 방문하셨다. 그는 여러 장의 사진을 찍어 갔고, 다음 달 서북미 총회 신문 제일 앞면에 우리 교회를 소개하는 영광스러운 일도 경험하게 되었다.

또한 스포켄 지역의 사설 신문에서도 우리 교회를 대서특필했다. "스포켄의 앞날을 이끄는 세 명의 목회자"로 미국인 목사 Little, 흑인 목사 William, 그리고 한국 목사인 나, Daniel Kim (김영민 목사)이 함께 소개되었고, 특히 마틴 루터 킹 기념예배에서 초청 강사로 설교할 기회를 얻게 되었다.

그날 나는 "I Have a 3G American Dream"이라는 제목으로 설교를 했다. 나는 미국에 올 때 Green (미국 화폐), Good Life, 그리고 Girl을 꿈꾸며 왔지만, 하나님께서는 내가 상상할 수 없었던 더 좋은 세 가지 G, 곧

God, Glory(영광), Grace(은혜, 그리고 아내의 이름이기도 하다), 그리고 하나님의 은총을 주셨다고 간증했다. 그리고 이 스포켄에서도 그 상상할 수 없었던 더 좋은 3G를 더 많은 사람들에게 소개하려는 꿈을 가지고 지난 4월에 왔다고 전했다.

그날 함께한 분들이 모두 하나님의 은혜를 크게 체험했다며 내게 감사 인사를 전했고, 기도하겠다고 말해 주었다. 나 역시 너무 감사한 마음으로 하나님께 영광을 올려드릴 수밖에 없었다.

나는 아주 바쁘게 목회하고 있었다. 그런데 그 바쁨이 좋았다. 바쁘지만 성경을 가르치는 일로 바쁘다는 것이 감사했다. 이렇게 하나님의 말씀 사역에 바쁘게 뛰어다닐 수 있도록 스포켄으로 불러 주신 하나님께 감사드렸다.

매일 새벽기도를 5시 30분부터 6시 30분까지 마치고 돌아오면, 동네를 한 바퀴 돌고 와서 샤워를 하고 아침을 먹었다. 그리고 나는 밥상 앞에 껌딱지처럼 앉아 여러 주석책을 참고하면서, 내 성경책에 이해하고 깨달음을 써넣는 공부를 했다.

내 성경책 한 권은 나의 새벽기도 노트이자 주일 설교 노트, 부흥회 노트, 각종 세미나 노트를 담는 책이었다. 그래서 이 성경책 한 권만 있으면 어디를 가든지 주저 없이, 머뭇거림 없이 자유롭게 하나님의 말씀을 설교하고 가르칠 수 있도록 만들고 있었다. 그래서 아침을 먹고 나면 11시까지는 영적인 음식을 만드는 데 집중했다.

그리고 나서는 제자훈련 성경공부반 모임에 나가 2~3명의 교인을 대상으로 말씀을 가르쳤다.

6월 28일에는 여섯 명이 기초 성경공부를 수료하여 수료증을 전달하고, 졸업식도 열었다. 간증 시간에는 한결같이 다음과 같이 말했다.

"성경공부를 통해 구원의 확신을 얻게 되었고, 왜 자꾸 죄를 짓는지도 알게 되었습니다. 내가 누구인지, 마귀가 누구인지 확실히 알게 되었고, 이제는 교회생활이 즐겁습니다. 날 구원하시기 위해 천국에서 이 못나고 죄투성이인 나를 찾아오신 예수님께 너무나도 감사합니다. 그리고 이런 예수님을 만나게 해 주시고, 매주 누추한 우리 집에 와서 땀을 뻘뻘 흘리며 한 주도 빠짐없이 가르쳐 주신 목사님께 진심으로 감사드립니다."

이제 스포켄 한인침례교회만 가면 구원받고 진짜 예수쟁이가 된다는 소문이 쫙 퍼졌다. 내가 스포켄에서 목회한 지도 어느덧 3년이 넘었다.

이제는 스포켄 한인침례교회가 '좋은 교회', '좋은 목사', '좋은 성도'로 소문이 났다. 매주 영접하는 분들이 생겼고, 나는 아예 스포켄 한인침례교회를 '성서대학'으로 만들었다.

특히 릭 워렌의 『목적이 이끄는 교회』에 나오는 전략, 즉 모든 교인이 야구 4개의 베이스를 지나 홈으로 들어가는 사역 구조(Membership Class → Maturity Class → Ministry Class → Mission Class)를 참고하여, 나는 그것을 축구 작전으로 바꾸어 교회 사역 철학으로 정립했다.

5단계 축구식 선교 전략

스포켄 한인 침례교회는 특성상 오래 머무는 교인이 드물고, 대부분이 3~4년 후 타지역으로 전출되는 공군 가족들로 구성되어 있다. 이 같은 현실을 받아들이고 한계를 기회로 바꾸기 위해 우리는 전도와 양육, 제자화, 훈련, 파송의 전략을 '축구 경기의 5단계 작전'에 비유하여 다음과 같이 실행하였다.

1단계: 스카우팅(Scouting) - 만남과 관심

처음 교회를 방문하거나 지역에 새로 이사 온 가족에게 다가가 따뜻하게 환영하고, 교회와 목회자, 성도들이 먼저 관심을 갖고 관계를 맺는다. 이는 마치 축구 스카우트가 유망한 선수를 발굴하듯, 잠재적인 하나님의 사람들을 찾아내는 단계이다.

2단계: 훈련소 입소(Training Camp) - 복음 소개와 예수 영접

기초적인 복음 제시를 통해 예수님을 인격적으로 영접하게 한다. 교회 생활에 서서히 참여하게 되며, 구원의 확신을 갖도록 성경공부와 개별 상담이 병행된다.

3단계: 전술 훈련(Tactical Training) - 제자훈련 및 성경공부

예수님을 믿는 데서 그치지 않고 제자훈련과 지도자 훈련을 통해 신앙의 기초와 실천 능력을 다진다. 주중 성경공부, 주일학교 봉사, 가정예배 실습 등 다양한 영적 프로그램을 통해 영적으로 무장시키는 단계다.

4단계: 주전 발탁(Starting Member) - 사역 참여와 리더십

훈련을 마친 교인들은 실제 사역에 투입되어 찬양 팀, 주일학교 교사, 친교 봉사, 기도 팀, 전도 팀 등 각자의 은사에 맞는 영역에서 주도적인 역할을 맡는다. 영적 경기장의 주전 선수로 세워지는 과정이다.

5단계: 해외 이적(Transfer & Commissioning) - 파송 선교사로 송별

3~4년이 지나 새로운 지역으로 전출될 때, 마지막 주일예배는 단순한 이별이 아니라 "파송 예배"로 드린다. 스포켄에서 복음으로 무장된 그들을 새 지역의 복음 전도자, 교회 개척자, 또는 충성된 교인으로 파송하는 것이다. 이들은 각지에서 '스포켄 파송 선교사'로 불리며, 계속해서 좋은 소식과 간증을 보내온다.

나는 이 커리큘럼을 교회 신학교 과정처럼 개발하여, 교회를 방문하는 모든 사람에게 반드시 복음을 전하고 이 훈련 과정을 거치도록 하여, 강한 예수님의 군인으로 세워 세상에 파송하고자 했다. 이러한 과정을 통해 더 많은 죽은 영혼을 살려내고, 더 많은 제자를 세워 세상 곳곳에 건강한 예수님의 교회를 세우는 것, 이것이 바로 스포켄 한인침례교회의 비전 선언서였다.

이 작전은 10년간 시행되었으며, 단기 체류 교인들에게 오히려 명확한 영적 목표를 제시해 주었고, 떠나는 성도들이 떠나는 것이 아니라 "보냄을 받는 자"가 되게 하였다. 결과적으로 스포켄 한인 침례교회는 작지만 역동적인 영적 훈련소이자, 선교사 파송 기지로 자리를 잡게 되었다.

저도 이제 한글 읽어요!

스포켄 한인침례교회가 말씀을 잘 전하고 가르치는 교회로 소문이 퍼지면서, 성도들이 말씀으로 변화되는 간증이 여기저기서 터져 나왔다. 그러자 할머니들도 하나님의 말씀을 배우고 싶다며 '어머니 성경 반'을 만들어 달라고 요청해왔다.

정ㅇㅇ, 김ㅇㅇ, 박ㅇㅇ, 오ㅇㅇ, 김ㅇㅇ, 김ㅇㅇ 어머님들이 나에게 그렇게 건의해 오신 것이다.

이분들은 연세도 많으시고, 어릴 적 학교를 다녀본 적이 없어 한글을 전혀 모르셨지만, 그동안 큰 불편은 못 느끼고 살아오셨다. 그런데 어느 날부터인가 자기 딸들이 교회에서 성경공부를 한다며 나가서는 한참 동안 안 들어오고, 돌아와서는 간증을 늘어놓는 것이었다.

하루에도 한 갑씩 피우던 담배와 술로 얼룩졌던 삶을 살던 자녀들이 성경을 펴 들고 읽고 외우고 쓰며, 목사님이 내주신 숙제라며 생전 처음 보는 열정으로 공부하는 모습을 보고는, 어머니들에게도 엄청난 호기심이 생긴 것이다. 자기 자녀들의 그런 변화된 모습을 보고는 "우리도 성경공부 하고 싶다"고 하셨다.

나는 또 한 번 하나님의 뜨거운 사랑에 감사드렸다.

'하나님, 이 연세 드신 분들도 하나님의 말씀을 사모하고 계시네요? 성령님의 강한 역사가 아니면 이런 일이 어찌 일어날 수 있겠습니까?'

많은 교회에서는 멀쩡히 두 눈 뜨고 학벌 있는 집사들에게 성경 읽으라고 애원하고, 성경공부 하자고 권면하면 이런저런 핑계를 대며 거절해 목사님들이 속상해하신다. 해주고 싶어도 못하는 경우가 얼마나 많은가?

그런데 나는 지금, 오히려 이 연로한 노인분들께서 기차 다 지나갔다고 생각하실 만한 때에, 거꾸로 성경을 배우고자 나오신다니!

정말 귀한 역사였다. 그래서 나는 이렇게 말씀드렸다.

"주일 저녁 예배 전에 성경공부가 있는데, 그 전에 1시간 일찍 오시면 제가 한글을 가르쳐 드릴게요. 꼭 한글을 배우셔야 합니다."

그러자 만장일치로 "오겠다."고 하셨다.

그리하여 어머니 성경공부반은 주일 저녁 시간에 시작되었다.

나는 매주일마다 "가, 나, 다, 라, 마… 아자차, 카타파하, 아야어여오요우유으이"를 사용해 한글 읽는 법을 알려드리고, 서로 연습하고 쓰는 공부를 했다. 그리고 집에 가서서 매일 10번씩 쓰고, 다음 주까지 제출해 오시라고 숙제를 내드렸다. 어머니들은 정말 열심히 숙제를 해 오셨다.

나는 옛날 국민학교 선생님처럼 빨간 색연필로 동그라미를 여러 개 그려 드리며 "참 잘하셨습니다!" 하고 칭찬을 무진장 해드렸다.

그랬더니 이젠 나만 보면 눈이 반짝이며 좋아하시는 눈치였다.

그렇게 3개월이 지나자, 이 어머니들이 성경을 더듬더듬 읽으시며 "이제 내가 성경을 내 눈으로 직접 읽으니까 무슨 뜻인지 알겠어요!" 하시며 정말 기뻐하셨다. 나는 이분들을 위해 졸업장을 만들어 드렸고, 예배 시간에 간증을 하시고 졸업장을 받아 가셨다.

그중 김○○ 권사님은 (※나중에 세월이 흘러 이 어머니들 모두 교회의 권사가 되어 섬기고 계신다는 연락을 받았다) 이렇게 말씀하셨다.

"목사님, 저는요, 성경 들고 교회 가는 딸, 사위, 손자들이 그렇게 부러웠어요. 가정예배 때도 성경을 줄줄 외듯이 읽는 사람들 보면, 그저 부럽기만 했어요. 근데 이제 저도, 목사님 덕분에 성경을 더듬더듬 읽게 됐어요. 더 열심히 공부해서, 언젠가는 내 딸같이, 손자같이 읽는 날이 오도록 하나님께 기도하고 있어요."

나는 또 한 번, 날 사용하셔서 영광 받으시는 하나님께 찬양과 감사를 올려드렸다.

수년이 흘러, 내가 선교사로 사역하고 있을 때 김 권사님은 내게 편지를 보내셨다. 그 편지엔 감격과 감사가 가득 담겨 있었다.

나는 그 편지를 읽으며 하나님께 감사와 찬송과 영광을 돌렸다. 권사님은 이제 두번째 성경을 읽고 계신다고 하셨다.

하나님 훈련소에서 자란 9년 열매

이렇게 스포켄 한인침례교회는 하나님이 자랑스러워하실 만한 교회로 성장하고 자라고 있었다.

지도자들도 이제는 각자 맡은 사역을 자발적으로 감당하며, 구역 사역, 구제 사역, 가르치는 사역, 예배 사역 등을 잘 수행하고 있었다.

이 무렵 아내도 근처에 있는 Spokane Falls Community College에서 2년 동안 수업을 듣고, Library Technician (AAS)을 졸업하여 스포켄 국립 도서관에 Library Technician으로 취직하게 되었다. 이로 인해 우리는 경제적인 압박에서 조금 벗어나 안정된 목회를 할 수 있게 되었다.

교회에서도 사례비를 인상해 주었으며, 아내도 도서관에서 고정적인 수입을 얻으니 마음의 여유가 한층 생기게 되었다.

거의 모든 것이 안정적으로 자리 잡아가고 있었다. 이 지역에는 4개의 교회가 있었고, 한인 인구는 많지 않았지만, 주일학교에서 겨우 7명이 첫 예배를 드리던 것이 엊그제 같은데 어느덧 세월이 흘러 9년째가 되었다.

목회는 참으로 재미있고 보람 있는 일이었다.

나는 여전히 전도와 제자훈련, 그리고 지도자의 재생산을 어떻게 더 효과적으로 이뤄낼 수 있을지를 고민하며 훈련 커리큘럼을 개발하고, 교인들을 훈련시키는 일에 몰두했다. 그 결과, 수많은 사람들이 훈련을 통해 예수님을 만나고, 성격이 변화되며, 인생의 목표가 바뀌고, 가정이 변화되는 성령의 역사가 곳곳에서 일어났다. 성도들은 나와 아내를 진심으로 사랑해주었고, 자랑스럽게 여겨 주었을 뿐만 아니라 우리 아이들인 에녹이와 아론이도 자기 아이들처럼 아껴주었다.

매년 생일마다 꼭 챙겨 주시고, 우리 형편으로는 감히 사줄 수 없는 게임기나 옷, 장난감들을 선물해 주셔서 아이들이 시대에 뒤처진 장난감이나 옷, 게임기 등을 가지고 놀지 않아도 되었다. 우리는 금요일에 출발해 토요일에 돌아오는 1박 2일의 짧은 가족여행을 자주 다녔다.

경제적으로 힘들고 빠듯한 형편이었지만, 아이들에게는 재미있고 행복한 엄마, 아빠가 될 수 있다는 걸 삶으로 보여주고 싶었다. 그리고 실제로 우리 부부는 그 역할과 책임을 다하며, 가능한 한 많은 아름다운 추억을 만들어 주기 위해 최선을 다했던, 그런 9년이었다.

[아론 결혼식]

제 7 부
잠비아 선교사가 되기까지

정착과 순종 사이의 기도	180
선교사로 길을 정하다	185
지상명령에 헌신하며	187
부르신 곳으로 가리라	189
죽으면 죽으리라	192
아프리카 안 가면 손해예요!	195
전도를 위한 이름 치상가(Chisanga)	196

제 7 부   잠비아 선교사가 되기까지

정착과 순종 사이의 기도

....

우리는 참으로 기쁘고 행복하게 목회를 하고 있었다. 전도와 제자를 만들어내는 살아 있는 교회, 세상에서 빛과 소금의 역할을 감당할 수 있도록 훈련을 제공하는 교회로 소문이 나 있었다.

그런데 어느 날, 아내가 느닷없이 집을 사자고 했다. 이제는 9년 전처럼 가난하지도 않고, 곰팡이 피고 어두컴컴한 지하실에서 자지 않아도 된다는 것이다. 우리만의 침실도 있고, 지역도 좀 더 깨끗하고 안전한 곳으로 이사 가자는 제안이었다.

나는 어안이 벙벙했다. "아니, 갑자기 왜 집을 사자고 해?"

아내는 그동안의 패턴을 알고 있었다. 돌이켜보면, 돈이 통장에 좀 모이면 우리는 늘 이사를 갔다는 것이다. 헤이워드에서 치노로, 치노에서 스포켄으로, 팍마노 아파트에서 비맨 집으로, 그리고 비맨 집에서 지금의 이곳으로 옮길 때마다 꼭 돈이 어느 정도 모이면 이사를 갔다는 것이다. 그런데 이번에는 단순한 이사 비용보다도 더 많은 돈이 차곡차곡 쌓이고 있다는 것이다.

알고 보니 아내는 이제 목회도 안정되고 교회도 건강하게 잘 성장하고 있으며, 교인들도 너무 좋아 정이 들었고, 아이들도 스포켄을 좋아하는 걸 보면서 이곳에 정착해도 좋겠다는 생각이 들었다고 했다. 그래서 집을 사자는 것이었다.

나는 단호히 반대했다. 왜냐하면 우리 부부는 스포켄으로 이사 올 때, '절대 집은 사지 말자'고 약속했기 때문이다. 그 이유는 치노에서의 경험 때문이었다. 치노에 갈 때 나는 "하나님, 저는 여기서 뼈를 묻겠습니다."라고 결단하고 갔건만, 몇 년도 아니고 겨우 1년이 지난 뒤에 우리는 또 떠나지 않았던가? 성경 야고보서 4장 14절에도 "내일 일을 너희가 알지 못하니"라고 하지 않았는가?

나는 아내를 설득하려 했지만, 그녀는 조금도 흔들리지 않았다. 오히려 집 소개 잡지를 들고 와서는 나를 설득하려 들었다.

"여보, 우리 약속했잖아. 스포켄에 가서 목회를 잘하더라도 집은 사지 말자고. 하나님이 가라 하시면 어디든지 떠날 준비를 하자고 그랬잖아. 그런데 지금 와서 집을 사자니, 만약에 여차해서 여길 떠나게 되면 그때는 어떻게 하려고?"

그래도 아내는 고집을 꺾지 않았다.

나도 몇 번씩 아내의 제안을 곰곰이 생각해 보았다. 틀린 말이 아니었다. 나 역시 좋은 집에서 살면서, 나만의 서재와 책상, 그리고 부부의 침실이 따로 있는 공간에서 목회하면 더 설교 잘하고 더 깊이 가르치는, 더욱 훌륭한 목사가 될 수 있겠다는 생각이 들었다.

그 때 1층의 방 하나는 아버지께서 사용하시고, 그 옆방은 에녹이와 아론이가 함께 썼다. 우리 부부는 지하 공간을 둘로 나눠 한쪽은 침실로 그리고 다른 어둑한 한쪽을 서재로 쓰고 있었다. 그곳은 잠자는 것 외에는 머물고 싶지 않은, 눅눅하고 추운 공간이었다. 그런데 집을 마련하면, 환한 햇살이 드는 나만의 서재와 책상이 놓인 공간이 생기고, 부부의 침실과 전용 욕실, 아이들과 아버지의 각 방과 욕실, 차고까지 갖춘 집에서 지낼 수 있을 것 같았다. 교회와 가까운 곳이면 새벽기도 다니기도 훨씬 편할 것이다. 여러모로 편리한 점이 많을 수 있다. 하지만 내 마음을 붙잡는 단어 하나 바로 "만일"이 있었다.

만일, 하나님이 우리를 다른 곳으로 보내신다면, 나는 과연 그 부르심에 즉시 순종하여 떠날 수 있을까?

만일, 하나님이 한인 침례교회가 없는 새로운 지역으로 가서 지금처럼 개척하라고 말씀하신다면, 기꺼이 갈 수 있을까?

만일, 전혀 다른 사역의 비전을 보여주시며 떠나라고 하신다면, 나는 선뜻 짐을 싸서 나설 수 있을까?

또는 만일, 어떤 불가항력적인 사고나 상황으로 부득이 떠나야 한다면, 치노에서처럼 한 달 만에 정리하고 나올 수 있을까?

신학대학원(Golden Gate Seminary) 시절, 어떤 교수님이 하신 말씀이 문득 떠올랐다.

"진짜 목사는 세 가지 준비를 항상 하고 있어야 합니다.

첫째, 말씀을 전할 준비.

둘째, 언제든 떠날 준비.

셋째, 죽을 준비입니다.

말씀 전할 기회가 오면 놓치지 않고 전하고, 하나님이 '떠나라' 하시면 아브라함처럼 미련 없이 본토와 친척, 아비 집을 떠나며, 하나님이 '오라' 하시면 모든 걸 뒤로하고 기꺼이 순종하여 떠날 수 있어야 하나님께 크게 쓰임 받는 목사입니다."

이 말씀이 나에게 깊은 울림으로 다가왔다.

사실, 나도 내면에는 늘 질문이 있었다. "과연 나는 여기서 평생을 이런 목회를 하며 살아도 행복할 수 있을까?"였다. 목회 10년이 되어 가면서, 스포켄의 모든 한인들에게 나는 직접 혹은 간접적으로 복음을 전하고 초대했다. 처음 스포켄에 발을 디딘 분들에게도 예외 없이 복음을 전하고 교회로 초대해서, 제자훈련을 시키고 선교사로 파송한 것이 10년이 다 되어 간다.

또한 우리 교회는 늘 오고 가는 사람들이 있었고, 훈련을 시켜서 사역할 만하면 직장 발령을 받아 다른 지역으로 떠나는 일이 반복되다 보니, 교인 숫자는 거의 고정된 상태였다. 결국 이 교회는 지금처럼 계속 이런 사역을 해야 할 수도 있다는 결론이다. 그리고 지금 나는 거의 전적으로 현존하는 교인들을 위해 사역하고 있다. 새벽예배 설교 준비, 수요예배 설교 준비, 금요 예배 설교와 기도회 준비 등, 거의 모든 시간이 이미 성숙한 지도자들을 위한 설교와 세미나 인도, 기도회 인도로 바쁘다. 점점 죽어가는 영혼을 구원하는 일은 줄어들고 있고, 현존하는 교인들을 돌보고, 심방하고, 상담하고, 다독이고, 때로는 별로 소득 없는 일에 너무 많은 시간을 쓰고 있다는 생각을 자주 하게 되었다.

그래서 마음속에 자꾸 질문이 생긴다. "과연 이대로 좋은가?"

그리고 "만약 목회지를 다른 곳으로 옮기게 된다면, 나는 냉큼 떠날 수 있을까?"

결론은, 집을 사 놓으면 우리의 발이 묶이는 셈이 된다는 것이었다. 왜냐하면 특히 스포켄은 집 사기는 쉬워도 팔기가 무척 어려운 곳으로 소문난 도시였기 때문이다. 그래서 집을 팔려고 내놓아도 거의 1~2년은 걸려야 팔리고 떠날 수 있다. 팔기 힘들면 팔릴 때까지 죽으나 사나 기다려야 한다. 그렇지 않으면 두 집값을 매달 부담해야 하는데, 그것은 미국 경제 상황상 결코 쉬운 일이 아니다.

나는 이 문제를 놓고 심각하게 기도했다. 그리고 아내에게 제안했다.

"우선 집 사는 것을 보류합시다. 대신 내년 6월까지 하나님이 우리를 어디로 인도하시는지 지켜보다가 아무 일도 일어나지 않으면, 그때는 당신 말대로 집을 사기로 합시다."

아내도 이에 동의했다.

나는 집을 사기 전에 하나님의 인도를 받기를 원했다. 다른 지역으로 가서 한인 교회를 개척하는 것이 하나님의 뜻일까 기도했지만, 아닌 것 같았다. 개척을 두 번 해보니 지금은 혼자 힘으로 개척한다는 것이 참으로 어렵다는 결론에 도달했다.

혹시 대형교회의 부목사나 교육목사로 사역을 해도 괜찮지 않을까 생각했다. 지금까지 받은 훈련과 실제 경험이 있으니, 대형교회에 가도 충분히 많은 목회 사역을 할 수 있을 것 같았다. 그래서 복음신문에 실린 목회자 청빙 광고를 찾아보았지만, 하나도 없었다.

그렇다면 목회학 박사 과정을 택해서 목회보다는 신학교 교수의 길을 가보는 것도 좋겠다는 생각이 들었다. 혹시 하나님께서 이번에는 나를 교수 사역으로 부르시려는 것은 아닐까? 그래서 서 북미 신학대학원에 입학을 신청했고, 입학 허가서도 받아 놓았다.

그러던 어느 날 기도 중에, "선교사로 가면 어떨까?" 하는 생각이 들었다. 곰곰이 생각해보니, 내가 예수님을 만나고 변화된 이후 가장 열심히 한 것이 전도였다. 전도할 때 나는 담대했다. 나는 전도를 정말 잘했고, 또 전도가 즐겁고, 가장 마음이 편한 사역이었다. 전도는 내가 아니라 성령님이 하신다는 것을 나는 이미 경험을 통해 배웠다. 왜냐하면 복음이 사람을 변화시킨다는 것을 나 자신이 직접 체험했기 때문이다.

또한 산호세 침례교회에 있을 때 베트남에서 오신 선교사님이 선교보고를 하시는 모습이 기억났다. 그분의 보고를 들으며, '나도 저 선교사님과 같은 선교사가 되면 얼마나 좋을까' 하는 마음이 들었다. 그분 말씀을 들으면서 "하나님, 저는 예수님만 전하는 선교사가 되고 싶습니다.' 라고 고백했었다.

그 후, 스포켄 한인 침례교회의 담임 목사로 시무하고 있을 때, 우크라이나에서 사역하시는 이호선 선교사님이 오셔서 그분 말씀을 듣게 되었다. 나는 그분의 설교와 이야기를 들으며 선교사로 나가고 싶은 마음이 불일 듯 일어났다. 당시 교회는 안정되어 있었고, 나는 교회 내에서 여러 사역이 원활히 돌아가도록 시스템을 관리하며 마치 매니저처럼 일하고 있었다. 하지만 마음 한편으로는 어떤 '변화'를 갈망하고 있었다.

선교사로 길을 정하다

선교보고를 들으며, 위험한 나라에서도 한 영혼 구혼에 애쓰시는 하나님의 마음이 느껴졌다.

그리고 10년의 목회를 돌아보며, 다시 한 번 하나님이 나를 선교사로 부르고 계시다는 강한 마음의 울림을 느꼈다.

물론, 선교사로 나가면 모든 것을 책임져야 한다는 것도 잘 알고 있었다.

특히 경제적인 부담까지도 감당해야 하기에, 선교지에서 안식년을 맞아 미국에 와 개신교회를 방문하며 선교보고를 하고, 헌금을 받아 다시 선교지로 돌아가는 것이 선교사의 현실이다.

그 모든 과정을 생각하니, 복음을 전하기 위해 선교사로 나간다는 것도 결코 쉽게 결정할 수 있는 일이 아니었다.

게다가 가족 전체가 고국을 떠나, 언어도 문화도 다른 나라에 가서 복음을 전한다는 것은, 미국에서의 이민 목회보다도 몇 배는 더 어려운 일이라는 생각이 들었다.

그런 중에 남침례교 산하 IMB(International Mission Board)에 대해 알게 되었는데, 이곳을 통해 선교사로 파송되면 110%를 지원받는다는 정보를 들었다.

월급은 물론이고, 휴가, 병원비, 보험, 자녀 교육, 집, 차량 등 선교지에서의 사역에 필요한 모든 것을 책임져준다는 것이다.

나는 GGBTS에 다니던 대학원 시절에, 신학교에 방문한 IMB 선교사 모집 요원 Gerrie에게 신청서를 제출했었다. 하지만 당시 나는 자격 미달이었다. 학위도 없었고, 사역 경험도 부족했으며, 시민권자도 아니었고, 아내가 시민권이 없다는 이유로 IMB에서 파송받을 수 없다는 통지를 받았다. 잔뜩 기대하고 신청서를 냈다가 자격 미달이라는 통보를 받았을 때는 무척 실망했던 기억이 났다.

하지만 지금은 달라졌다. 이제는 신학 석사 학위가 있고, 두 교회를 개척해 성공적으로 목회 중이며, 미국 시민권도 획득했고, 자녀도 둘이 있다.

그래서 나는 기도했다.

"하나님, 제가 선교사가 되어 타국에 가서 복음을 전하길 원하신다면, IMB 선교사로 보내주십시오. 그렇지 않으면 저는 그냥 이 자리에서 목사로서 복음을 전하며, 선교사를 파송하는 교회를 섬기겠습니다. 하나님도 아시듯이 저는 구걸하는 것, 특히 돈 이야기, 헌금 이야기, 선교 헌금 모으는 일은 정말 못합니다. 자비량 선교사가 되면 늘 후원자를 찾아야 하고, 그분들 원하는 것 맞춰야 하고, 그들의 방향대로 사역을 해야 하고, 보고서도 보내야 합니다. 그러다 보면 정작 해야 할 복음 전도는 가장 마지막 순위로 밀리게 될 게 뻔합니다. 저는 그렇게 복음을 전할 수는 없습니다. 그러나 하나님, 만약 진심으로 저를 외국 선교사로 부르신다면, 모든 필요를 책임져 주시고, 오직 복음만 전하게 하시는 그 크고 든든한 선교부, 절차만도 1년이 걸린다는 IMB를 통해 불러주십시오. 그렇다면 저는 즉시 순종하여 떠나겠습니다."

그렇게 하나님께 내 속마음을 솔직하게 털어놓았다.

그런데 놀랍게도, 이번 6월까지의 기다림 속에서 하나님은 분명한 사인을 주셨다. IMB에 지원하라는 마음을 주셨고, 나는 곧바로 IMB 선교사 신청을 하게 되었다. 신청하자마자 모든 진행이 물 흐르듯 빠르게 이루어졌다.

지상명령에 헌신하며

12월 초, 나는 IMB(International Mission Board)에 선교사 신청을 하고 나서부터 깊이 있는 기도를 시작했다. 마음속으로 "이 IMB에서 우리 가정을 선교사로 임명만 해준다면, 어디든지 기꺼이 가겠습니다."라는 열망이 강하게 일기 시작했다.

IMB에 대해서는 여러 목사님들과 여기저기서 들은 바가 있었다.

이 단체는 1925년 남침례교(SBC) 총회에서 결성된 것으로, 선교사들이 경제적 문제로 복음을 전하는 데 방해를 받지 않도록 '100% 재정 지원'을 목표로 삼고 있다는 것이다.

즉, 선교사들이 생활비를 직접 모금하는 데 시간을 낭비하지 않도록 하고, 미국 내 SBC 산하 모든 교회들이 재정적으로 뒷받침하여 선교사들이 전방의 영적 전쟁터에서 복음 전도, 제자 양육, 건강한 교회 세우기에만 집중하도록 하자는 것이었다.

이를 실현하기 위해, 남침례교단은 선교사들에게 모든 것을 재정적으로 지원해주고 있었다. 이 모든 재정은 미국 전역의 SBC 교회들이 매월 헌금의 6~10% 이상을 '협동 선교 헌금(Cooperative Program)'이라는 이름으로 총회에 보내어 이루어지는 것이었다.

이런 선교 단체가 내가 소속된 교단에 있다는 사실은 나에게 큰 감사와 감동을 안겨주었고, 자랑스러움마저 느끼게 했다. 예수님의 지상명령 하나를 성취하기 위해 자기 이익, 꿈, 계획을 내려놓고 기꺼이 헌신하는 교단이 바로 미 남침례교단이었다.

나는 이 교단이 왜 하나님의 복을 받고, 왜 이렇게 크게 사용되고 있는지를 깨달았다. 마태복음 28장 19~20절에 기록된 예수님의 지상명령을 성취하기 위해, 미국 내 크고 작은 SBC 교회들이 자기 교회들을 위해 쓰고 싶은 물질을 기꺼이 내려놓고, 한마음으로 선교사들에게 보내고 있었기 때문이다.

그 당시 약 5,500명의 IMB 선교사들이 이 협동 선교 헌금으로 전적으로 지원받고 있었고, 이러한 헌신이야말로 남침례교단이 미국에서 가장 큰 교단으로 남아 있고, 많은 영향력 있는 목사들과 신학자들이 끊임없이 배출되고 있는 이유라는 것을 처음으로 실감하게 되었다. 그때 나는 큰 도전을 받았다. 그리고 이 연합된 헌신의 모습은 나의 목회 철학, 선교 철학의 뿌리가 되었다.

'지상명령 성취의 해답은 연합이다'라는 결론에 이르렀다.

만약 내가 이 남침례교단의 IMB 선교사로 나가게 된다면, 그보다 더 큰 영적 축복은 없겠다는 생각이 들었고, 나는 본격적으로 간절히 기도하기 시작했다. 또 한 가지 들은 바에 따르면, IMB는 전적으로 선교사를 후원하기 때문에 지원자도 많고, 자격 조건도 매우 까다로우며, 심사 과정도 거의 1년이 걸린다고 했다.

'1년이나 걸려?' 도대체 뭘 어떻게하길래 그렇게 오래 걸리나 싶었지만, 아무튼 들어가기 힘든 단체라는 소문은 자자했다.

부르신 곳으로 가리라

　서북미 지역 IMB 컨설턴트로부터 연락이 왔다. 일단 서류 접수가 완료되었고, 지금부터는 실제로 선교사로 나갈 수 있을지 단계별로 심사하며 결정해 나간다고 했다. IMB의 선교사 심사 과정은 총 7단계로 이루어져 있는데, 각 단계를 정해진 기간 안에 마치지 못하면 다음 해로 넘어가 그 단계를 다시 시작해야 한다고 설명해주었다. IMB 선교사 자격 심사가 본격적으로 시작되었다.

　첫 번째 단계로, 1주일 안에 이력서, 구원 간증문, 신학교 졸업증명서, 목사 안수증, 목회 회상록, 선교사의 부르심 등에 대한 내용을 작성해서 제출하라고 했다. 나는 미루지 않고 최대한 빨리 작성해서 제출했다. 왜냐하면 잘못하면 한 해를 기다려야 하기 때문이었다.

　2단계로 12명의 추천서를 2주 안에 제출하라고 했다. 12명에는 목사, 집사, 평신도, 남자, 여자, 친구, 평민뿐만 아니라 총회장, 지방회장 등 다양한 인물들이 포함되어야 했다. 하지만 나에게는 이 12명을 선정하는 것이 어려운 일이었다. 교회 성도들이나 한인들에게 추천서를 부탁하면, 내가 교회를 사임하고 선교사로 떠날 준비를 하고 있다는 사실이 알려질 것이고, 그러면 분명히 많은 이들이 말릴 것이 뻔했다. 그렇게 되면 우리 마음도 흔들릴 것이고, 결국 선교 준비는 시작도 못 한 채 사람들에게 상처만 남기게 될 가능성이 높았다. 끝이 확실하지 않은 모험 때문에 교인들에게 알리는 것은 좋은 생각이 아니라는 생각이었다.

　다행히 오랜 기간 미국 목사님들과 지방회에서 교제를 나누며 관계를 쌓아왔기에 추천서 부탁은 비교적 수월했다. 미국 총회장, 지방회장, 목사, 집사, 청년, 성가대원, 아내의 동료, 그리고 나의 미국 친구들에게 추천서를 부탁했고, 모두 흔쾌히 써 주셨다. 그리고 이 모든 진행 과정은 IMB 선교사로 최종 확정되기 전까지는 한인 성도나 지인들에게도 절대 말하지 말아 달라고 신신당부한 후 조심스럽게 진행되었다. 그런데 이게 끝이 아니어서 IMB 측에서는 이 12명 추천인들에게 다시 6명씩의 추가 추천인을 요청했다. 결국 총 72명의 추천서를 더 받아야 하는 상황이었다. 문제는, 그 72명은 나를 알 수는 있지만 내가 그들을 잘 모른다는 것이었다. 그들이 나를 어떻게 평가할지 알 수 없으니, 혹여나 부정적으로 쓰면 이 단계에서 탈락할 수 있다는 생각에 며칠 동안은 밥맛도 없을 정도로 불안했다. 다행히 좋은 소식이 왔다. 추천서 검토는 무사히 통과되었고, 이제 3단계로 넘어가게 되었다.

3단계는 전신 건강검진, 영적 상태 조사서, 심리 상태 조사서, 가족 관계 조사, 재정 상황 조사, 그리고 나와 아내의 구원 간증문과 전기(biography)를 한 달 안에 제출해야 한다는 것이었다. 부랴부랴 병원 예약을 하고, 은행 잔고를 확인하고, 남아 있는 빚이 얼마나 되는지 알아보았다. 가능한 빨리 빚을 정리해야 했고, 빚이 많으면 파송이 연기된다는 지침도 있었다. 다행히 당시에는 빚이 많지 않았고, 아내가 남은 빚도 깨끗이 정리해버렸다. 지금은 매달 세를 내고 살고 있었기 때문에 큰 부담이 없었다. 그제야 '집을 사지 않고 목회를 10년 잘했구나.' 하는 안도의 한숨이 나왔다. 만일 그때 아내 말대로 집을 샀더라면, 그리고 IMB 선교사로 나가야 하는 상황이 되었을 때 집이 팔릴 때까지 파송이 보류되었을 것이고, 나는 꼼짝 없이 발이 묶이는 처량한 신세가 될 수도 있었다.

소식이 금방 왔다. 서류상으로 나는 아주 좋은 선교사 대상자 명단에 올라 있다고 했다. 다음 단계는 IMB 본부인 리치몬드(Richmond)에서 매칭 담당 선교사가 선교지에서 무엇을 하길 원하는지를 확인하고 적합한 선교사 타이틀을 정하기 위해 1시간 인터뷰를 한다는 것이었다. 그리고 스포켄의 한 스튜디오에서 오전 11시에 화상 인터뷰를 하기로 정해졌다. 하나님께 감사했다. 이제 마지막 터널의 끝이 보이는 듯했다. 그러나 동시에 떨렸다. 만약 인터뷰에서 탈락한다면, 지금까지 이리저리 뛰어다니며 받았던 신체검사, 은행 빚 정리, 수많은 준비들이 모두 수포로 돌아가게 될지도 몰랐기 때문이다. 그래서 더욱 간절히 기도하며 인터뷰에 임했다.

인터뷰에서는 나의 경력, 교회, 가족, 자녀와의 관계를 물었다. 또 내가 가진 기술, 성령의 열매, 성령의 은사도 묻고, 선교지에 가서 어떤 사역을 하고 싶은지도 물었다. 나는 전도와 설교, 그리고 좋은 목회자를 많이 길러내는 선교를 하고 싶다고 대답했다. 전도할 때, 설교할 때, 제자훈련을 할 때면 나도 모르게 힘이 나고 기쁨이 솟아난다고 말했다. 그랬더니 인터뷰 선교사님은 이렇게 말했다.

"선교지를 선택할 때, 현지에서 사역하고 있는 선교사들이 직접 작성한 Job Description(사역 내용 안내서)을 잘 읽고, 당신이 즐겁게 잘할 수 있는 일, 즉 성령의 은사를 사용할 수 있는 사역을 선택하시면 됩니다."

그 말을 듣는 순간, 나는 머릿속이 멍해졌다. 지금까지는 선교사로 파송되려면 교회를 짓고, 고아원을 만들고, 우물을 파고, 그곳에서 목회를 해야만 가능한 줄로만 알았다. 그런데 하나님께서 나에게 주신 영적인 은사를 활용할 수 있는 사역을 찾아 기쁨으로 할 수 있는 곳으로 가라고 하시다니! 인터뷰는 따뜻한 기도로 마무리되었고, 나는 감사한 마음으로 돌아왔다.

죽으면 죽으리라

이제 다음 단계는 선교지를 선택하는 것이었다. 나는 우리 부부가 다 아시아인이고, 중국과 일본이 복음의 불모지라는 생각에 첫 번째로 중국, 두 번째 유럽, 세 번째 일본을 선호 지역으로 정해 리치몬드의 Job Matching 부서에 연락했다. 그러자 중국 내에서 사역 중인 IMB 선교사들이 요청한 지원서가 무려 20군데에서 왔다. 그런데 대부분의 요청서는 "전도, 교회 개척, 목회자 훈련이 필요하다."는 내용이었지만 공적으로 할 수 없고, 지하에서 비밀리에 사역해야 한다는 조건이 붙어 있었다. 나는 마음이 편치 않았다.

"위대한 하나님의 말씀을 왜 숨기고 가르쳐야 하는가?"

게다가 그 지역들은 외진 곳이라 국제학교가 없고, 자녀를 직접 홈스쿨링 해야 한다는 조건이 붙어 있었다. 우리 자녀들은 본인의 선택이 아닌 부모의 헌신으로 따라가는 것인데, 제대로 된 교육을 받지 못해 대학도 못 가고 인생에서 낙오된다면, 그 원망의 대상이 선교사가 될 수도 있다는 생각에 마음이 무거워졌다. 그래서 유럽과 남미에서 온 Job Opening도 요청했지만, 10여 군데 중 어느 곳도 마음에 와닿지 않았다. 그때 매칭 담당자가 조심스럽게 물었다.

"혹시 아프리카 선교지는 생각해 보신 적 없으신가요?"

나는 반사적으로 대답했다. "아프리카요?"

모래사막, 덥고, 나무도 없고, 물도 없고, 음식도 없고, 쌀도 없고, 사람을 잡아먹는다는 공포 이야기가 가득한 그곳? 한 번도 생각해 본 적 없는 선교지였다. 그러나 내가 처음 선호했던 중국, 유럽, 남미 선교지에서는 기쁨으로 사역을 할 수 없을 것 같다는 확신이 들었다.

그런 마음으로, 나는 "그럼 중남부 아프리카에서 온 Job Application을 보내주세요."라고 요청했다. 며칠 뒤, 봉투 하나가 도착했다. 열어보니 약 20개의 요청서가 들어 있었다. 몇 개가 눈에 띄었는데 그것은 쏠웨지(Sɔl-wezi), 은돌라(Ndola), 키트웨(Kitwe) 등에서 사역 중인 Ed Miller라는 지역 선교사님이 보낸 요청서들이었다. 나는 그것들을 찬찬히 읽기 시작했다. 그런데 의외였다. 읽는 내내 마음이 두근거리고 흥분되었다. 거의 모든 아프리카 사역 요청서는, "공공연하게 성경을 가르치고, 전도할 수 있으며, 더 가르쳐 달라고 요청도 받고 있다."

내가 그토록 갈망하던 조건들이었다.

단 한 가지 조건은, 스틱 변속기 자동차를 운전할 수 있어야 한다는 것이었다. 하지만 그것도 괜찮았다. 나는 이미 오랫동안 스틱을 운전했고 또한 7년간의 전도사 사역과 10년간의 담임목회 사역을 하며 가르칠 말씀의 재료와 구조를 충분히 준비해 두었기 때문이다. 내 머릿속엔 이미 수많은 영적 콘텐츠가 책꽂이처럼 정리되어 있었고, 그때그때 청중의 상황과 수준에 맞춰 꺼내어 쓸 수 있는 준비가 되어 있었다.

특히 아프리카 잠비아의 두 번째로 큰 도시인 키트웨에서 사역 중인 에드 밀러 선교사님이 보낸 요청서 중 하나가 유독 마음에 들었다. 그 이유는, 키트웨의 사역은 선교사를 대환영하며, 언제든 어디서든 자유롭게 복음을 전하고 성경을 가르칠 수 있는 영적 문이 24시간 열려 있다는 사실 때문이었다. 또 하나 큰 이유는, 우리 자녀들이 다닐 수 있는 'Lechwe International School'이 차로 불과 5분 거리에 있다는 것이었다.

그 순간, "이곳이구나!" 하는 확신이 마음 깊이 들었다. 물론 두려움도 있었다. 문제는 선교지가 '아프리카'라는 점이었다. 아프리카 하면 먼저 떠오르는 건 사나운 사람들, 그리고 한국인의 적대적 이미지였다. 왜냐하면,

1992년 미국 로스앤젤레스에서 흑인과 한인 간의 갈등이 격화되어 대규모 폭동이 발생했기 때문이다. 그 사건에서 53명이 사망하고, 2000여 명이 부상, 3000건이 넘는 화재가 발생했다.
(출처: 중앙일보 Korea Daily, 2025년 7월 18일, 입력)

그 이후로, 한인 사회에서는 흑인들과의 관계가 극도로 경계심 많고 냉랭해졌으며, 거의 '원수'처럼 여기는 분위기가 형성되었다. 그런 선입견 때문에, 흑인의 나라로 불리는 아프리카에 한국인의 피가 흐르는 내가 발을 들이게 된다면, 공항에 내리는 순간부터 흑인들이 달려들어 죽이려 들 것 같은 상상이 나를 짓눌렀다. 나뿐만 아니라 아내와 두 아들까지 함께 가는 여정이었기에 두려움은 더 컸다. 그러나 영적인 조건만큼은 정말 내 체질에 꼭 맞는 사역지였다. 누구에게나, 언제든지 복음을 전할 수 있고, 그런 선교사들을 현지인들이 존경하고 좋아한다는 이 믿기 힘든 문장이, 마치 나침반처럼 나를 잠비아 키트웨로 이끌고 있었다.

나는 결국 이렇게 판단했다.

"복음을 마음껏 전할 수 있고, 내가 가장 잘할 수 있는 '전도와 설교, 지도자 양성'을 자유롭게 할 수 있으며, 아이들이 국제학교에서 정상적인 교육도 받을 수 있다면, 그보다 더 완벽한 선교지는 없을 것이다."

흑인과 한인의 역사적 갈등이란 하나의 짐만 제외한다면, 키트웨는 사실상 '선교사의 천국'이라 해도 과언이 아니었다. 그래서 우리 부부는 결단했다. "그래, 만약 우리가 잠비아라는 이 흑인의 나라에 가서 정말 흑인들에게 몰매를 맞아 죽거나, 총에 맞아 죽게 된다면 그건 곧 순교자의 명단에 오를 영광일 것이다."

그 순간, 한 가지 성경 구절 "죽으면 죽으리이다"라는 에스더의 결단이 머리에 떠올랐다. 그래서 우리 부부도 그렇게 고백했다.

"죽으면 죽으리이다. 우리가 주님의 복음을 들고 가서, 전도하다가, 설교하다가, 지도자 양성하다가 생을 마치게 된다면 그건 가장 값진 죽음이고, 하늘의 영광이다."

그리하여 우리는 마침내 결단했다. 잠비아 키트웨(Kitwe)로 나아가 '교회 개척 및 지도자 양성 선교사'로 헌신하기로.

아프리카 안 가면 손해예요!

결정을 하고 나니, 이번에는 마지막으로 아이들을 인터뷰하는 차례가 되었다. Rankin 컨설턴트가 직접 우리 집을 방문해 아이들을 인터뷰하는 것이었다. 떨렸다. 에녹이와 아론이가 "죽어도 안 간다. 다른 나라 언어는 싫다. 다른 나라 풍습 배우는 것도 싫다. 가기 싫다"고 말하면 망하는 것이었기에.

IMB 정책에 따르면, 자녀들이 선교지에 가기를 원하지 않으면, 가정의 평화와 연합을 위해 자녀들의 마음이 바뀔 때까지 파송을 연기한다고 한다. 이유는 분명하다. 억지로 아이들을 데리고 선교지에 갔다가 적응하지 못하고 상처를 받게 되면, 결국 아이들을 위해 본국으로 돌아와야 할 수도 있기 때문이다. 그래서 선교지에 갈 때 가족 구성원 중 단 한 사람이라도 소명이 없다고 판단되면 파송을 미루는 것이다. 나는 이런 정책이 장래를 생각한 좋은 선교 철학이라고 생각했다. 그래서 우리 아이들도 부모가 부름받은 잠비아 선교지로 가고 싶다는 마음을 갖기를 바라는 마음으로 간절히 기도했다.

우리는 지금 스포켄에서의 목회 사역을 선교지로 옮기고자 하는 주님의 인도하심을 따라 거의 4개월째 IMB 과정을 진행해 오고 있다. 이 속도로 진행된다면 1년 과정이 다 필요 없을 수도 있다고 컨설턴트는 상당히 긍정적인 목소리로 격려해 주었다. 거의 모든 절차가 빠르게 진행되어 이제 거의 마지막 단계에 이른 것이다. 그런데 아이들이 끝까지 이런저런 이유로 못 간다고 하면 우리는 결국 갈 수 없게 되는 위기의 순간에 있었다. 그런데 큰아들 에녹이는 30분 정도 인터뷰하더니, 둘째 아론이는 아예 인터뷰도 하지 않고 그냥 "가서 부모님의 선교를 돕겠다"고 흔쾌히 말했단다. 컨설턴트는 아이들 인터뷰도 잘 통과되었다며 우리를 위로해 주었다.

컨설턴트가 간 후 에녹이와 아론이에게 물어보았더니, 에녹이는 아프리카에 가는 것을 오히려 기다리고 있었다고 말했다. 그는 "타국에 가서 선교사 자녀로 살아가며, 코끼리, 사자, 기린, 원숭이, 타이거, 앤털롭, 사슴 같은 동물들이 집 주위에서 맴도는 모습을 매일 창문 앞에서 볼 수 있다면 얼마나 재미있겠냐"고 했다. 동물원에 가지 않아도 매일 동물을 볼 수 있으니 좋지 않느냐는 것이다.

게다가 "화약도 마음대로 터뜨릴 수 있고, 불꽃놀이는 미국 독립기념일인 7월 4일 하루뿐 아니라 매일 앞마당, 뒷마당에서 쏘아 올릴 수 있다면 얼마나 재미있고 좋은 나라에 가는 거냐"며, 오히려 안 가면 큰 손해를 보는 것이라고 말해 우리를 웃게 했다.

전도를 위한 이름 치상가(Chisanga)

영적·심리적 상태 조사를 위한 테스트도 잘 마쳤다. 건강 진단서를 받고, 모든 조사서와 간증문, 전기까지 작성해 한 달 안에 모두 제출을 마쳤다.

2박 3일 동안 리치몬드 본부에서 진행된 IMB 후보자 인터뷰 컨퍼런스(Candidate Consultant Interview Conference)는 나에게 참으로 유익한 시간이었다. 이 프로그램은 IMB 본부에서 오랜 기간 해당 선교지에서 사역을 성공적으로 마치고 현재 그 지역 컨설턴트인 선교사와, 나와 같은 파송 준비 중인 신임 선교사 간의 만남을 주선하여, 서로 친교를 나누고 자유롭게 대화할 수 있도록 마련된 자리였다.

이 만남과 대화를 통해 "내가 과연 그 나라에 가서 선교를 잘 감당할 수 있을까?"라는 질문에 큰 도움을 얻을 수 있었고, 동시에 IMB 본부에서도 신임 선교사가 그 지역에 적합한 사역자인지를 분별할 수 있는 일종의 필터 역할을 하도록 기획된 프로그램이었다.

나는 바로 이 단계에서 '내 선교지는 잠비아다'라는 흔들림 없는 확신을 갖게 되었다. 중남부 아프리카 지역 컨설턴트였던 Clyde Berkley 선교사님을 만나던 날, 먼저 한국에서 수십 년간 사역하시다 돌아오신 선교사님을 뵙게 되었다. 그분은 나에게 다가와 한국어로 "저는 마태 선교사입니다"라고 또렷하게 인사하며, 90도 각도로 한국식 인사를 하셨다. 머리가 희끗한 이 베테랑 선교사님의 완벽한 한국어 발음과 태도에 나는 그만 어안이 벙벙해졌다. 미국 선교사가 어떻게 저렇게 당당하게 '마태'라고 자신을 소개할 수 있을까? 그 모습이 너무도 인상 깊었고, 멋지고 대단하다는 생각이 들었다.

그 순간 나는 마치 고향 아저씨를 만난 것 같은, 오랜만에 반가운 사람을 다시 만난 듯한 기분이 들었다. 외국인 선교사가 아닌, 마치 한인 선교사를 만난 듯 친근함과 기쁨이 밀려왔다. 그래서 어떻게 한국 이름을 가지게 되셨고, 한국어를 나보다 더 잘하시냐고 웃으며 여쭈었더니, 자신이 IMB 선교사로 한국에서 사역할 때 섬기던 교회 목사님이 지어 주신 이름이라고 하셨다.

이 말씀을 들으며 나는 마음속에 다짐했다. '나도 잠비아에 가면 현지 이름을 하나 가지면 좋겠다!' 그렇게 생긴 동기와 열망은 실제로 내가 잠비아에서 '뱀바어' 과정을 마치고 언어 능력을 갖추게 되면서 이루어졌다. 내가 받은 이름은 바로 "치상가(Chisanga)"였고, 번역하면 "찾는 사람(A Seeker)"이라는 뜻이다. 나는 이 이름을 정말 좋아한다. 이 이름은 곧 나 자신을 설명해주기 때문이다. 나는 늘 죽은 영혼, 죽어가는 영혼, 죽었다가 살아나는 영혼들을 찾으러 다닌다.

그래서 잠비아에서는 내 이름만 대면 나를 아는 사람이 많다. 특히 Copperbelt 지역에서는 "치상가 킴"이라 하면, 교회에 나가지 않는 사람조차도 나를 알아본다. 거리에서 전도하며 걷고 있으면 멀리서도 "Hello, Chisanga Kim!" 하고 부르고, 어떤 때는 버스 창문이 열리며 "Hi Chisanga!", 택시에서는 "Ba Chisanga Mulishani?"(치상가님 안녕하세요?) 하며 인사하는 이들이 많다.

그래서 잠비아에서의 전도는 혼자 걷는 일이 아니었다. 늘 주위 사람들의 응원을 받으며 걷는 길이었다. 그리고 그 응원의 중심에는 '치상가'라는 현지 이름이 있었다. 이 이름 덕분에 매일 죽은 영혼들을 주께로 인도하는 전도 걷기, 즉 'Evangelism Walk'는 자연스럽고도 가장 효과적인 전도 방법 중 하나가 되었다.

이 영적으로 어두운 지역에 복음의 빛을 비추기 위한 가장 효과적인 다리 역할을 해준 것이 바로 이 잠비아 이름, 치상가였다. 그리고 이 모든 영감의 시작은 바로 이 리치몬드에서 만난 마태 선교사님을 통해 받은 소중한 선물이었다. 그 만남이 나로 하여금 '이름을 현지화하여 복음 전도에 활용하는' 최고의 전략 중 하나를 발견하게 해준 귀한 계기가 되었다.

[전도를 위한 걷기]

제 8 부

이별, 그리고 또 다른 만남을 기대하며

먼저 흔드는 자가 망고의 주인이라!	202
정말 대단하신 하나님	205
저희가 뭘 잘못했나요?	207
사랑의 빚 몽땅 갚고 오리	209
밥과 김치 없어도	212
감격의 파송 예배	214
아무 것도 두렵지 않아	217

제8부 이별, 그리고 또 다른 만남을 기대하며

먼저 흔드는 자가 망고의 주인이라!

나는 잠비아를 담당하고 계신 Clyde Berkley 선교사님을 만나 뵙고, 그분 이야기를 듣고 많은 것을 여쭈었다. 그는 내가 묻는 질문들에 대해 친절하게 설명해 주셨다. 선교사님에 따르면 지금 그 나라는 영적으로 '추수할 때'라고 하셨다. 흔들기만 하면 망고가 우수수 떨어지는 나무처럼, 누가 먼저 가서 흔드느냐가 관건이라는 것이다. 가서 먼저 흔드는 자가 망고의 주인이라는 말씀과 함께, 나를 향해 "당신은 분명히 선교를 잘할 것"이라며 힘을 실어주는 권면도 아끼지 않으셨다.

그분은 "당신은 잠비아 사람들을 분명히 사랑하게 될 것이고, 그곳에는 할 일이 수두룩하다."고 말씀하셨다. 그러면서 그곳에는 그 수많은 일을 감당할 수 있는 자원도 풍부해서, 오히려 육신적인 필요를 채우는 일에 지치다 보면 진짜 중요한 사명, 즉 죽어가는 영혼을 구원으로 인도하고 예수님의 제자를 세우며 건강한 교회 지도자와 교회를 개척하는 일에 소홀해질 수 있는 환경이라고 조심스럽게 경고도 하셨다. 나는 이 말씀이 무슨 의미인지 잠비아에 와서야 비로소 피부로 느끼게 되었다.

이렇게 Clyde Berkley 선교사님과의 만남을 통해 나는 '잠비아'라는 나라가 바로 내가 가서 섬길 선교지라는 확신을 품게 되었고, 리치몬드를 떠나 집으로 돌아왔다. 그리고 집에 와서야 세계지도를 펴놓고 잠비아가 아프리카 54개국 중 하나라는 사실을 알게 되었고, 지도를 바라보며 마음속에 이런 생각이 들었다.

잠비아는 꼭 만삭이 되어 세상으로 나오기를 기다리는 태아가 웅크리고 있는 엄마 자궁의 모습 같았다. '이곳이 바로 내가 가서, 영적으로 웅크리고 있는 영혼들을 꺼내어 낳는 산모의 역할을 감당해야 할 곳이구나!' 그렇게 생각하니 가슴이 벅차올랐다. 그리고 기도했다.

'주님, 저를 찾아 기다리는 잠비아의 자궁 안에, 불편한 자세로 웅크리고 있는 영적 아기들을 많이, 아주 많이 주께로 인도하는 선교사가 되게 해 주세요.'

처음 IMB에 선교사를 신청했을 때, 내 앞에 놓인 과제는 무려 20개가 넘었다. 그 모든 과정을 다 통과해야 했는데, 그 긴 여정을 시작하면서 내 안에는 '내가 정말 이 모든 걸 잘 해낼 수 있을까?' 하는 불안이 컸다. 마치 꺼질 듯 말 듯한 호롱불처럼 가물가물한 희망만이 있었다. 속으로는 이런 생각도 들었다. '아니, IMB는 선교하겠다고 헌신한 사람에게 왜 이렇게 많은 조사를 하나? 이 불타는 마음이 식을 수도 있잖아?'

그럼에도 나는 건강조사, 치과검진, 내가 믿는 교리에 대한 응답, 이력서, 자서전 등 하나씩 정직하게 채워 넣어 보냈다. 그런데 나중에 알게 된 IMB의 철학은 전혀 달랐다. 그들이 그렇게 철저하고 까다로운 기준을 적용하는 이유는, 단지 파송이 목적이 아니라 '가장 적합한 선교사'를 선별해서, 선교지에서 최상의 열매를 맺게 하기 위함이라는 것이었다.

남침례교단(SBC)과 IMB는 요한계시록 7장 9~10절의 말씀처럼, "각 나라와 족속과 백성과 방언 가운데 아무도 셀 수 없는 큰 무리가 흰 옷을 입고 종려 가지를 들고 보좌 앞과 어린 양 앞에 서서 '구원하심이 보좌에 앉으신 우리 하나님과 어린 양에게 있도다'라고 외치는 것."

이 말씀의 성취를 위해 최고의 선교사를 보내는 것을 목표로 삼고 있었다. 그래서 IMB는 막대한 재정을 투자하여 약 1년에 걸쳐 구원, 건강, 재정, 교리, 관계, 감정, 심리, 신체, 사명감, 성경 이해, 자녀의 성향, 가족 간의 안정성까지 전방위적인 평가를 통해 파송자를 선별하고 있었다.

이 과정에서 살얼음판을 걷듯이 조심스러웠다. 그런데 하나님께서는 내가 잠비아로 가겠다는 마음을 품고 11월 말에 IMB 본부에 연락했을 때, 자격이 된다며 필요한 서류를 보내주셨다. 그 안에는 건강진단서, 성경 이해도 조사, 세무 및 재정 보고, 자택 보유 여부, 교리, 간증문, 자서전, 자녀 성격 조사 등 이루 셀 수 없이 많은 과제들이 있었다. 게다가 하나라도 미비하거나 기준에 미달하면 탈락이라는 경고문까지 있었다. 그러니 이 모든 것을 마치면서도 감히 누구에게도 '나 선교사로 간다.'고 말할 수 없는 상황이었다.

그 긴 여정을 지나, 마침내 IMB 이사회에서 나의 파송 여부를 결정한다는 마지막 소식이 들려왔다. 이 시점까지 하나님께서는 정말 빠르게 모든 과정을 인도해 주셨다. 오월이 된 이 시점까지 새벽마다 간절히 기도하며, '주님, 잠비아 선교사로 꼭 보내 주세요.'라고 눈물로 기도했다.

72명의 추천서, 신학·교리 심사, 영적·인격적·목회적·심리적 평가를 거쳐 단 하나의 문제 없이 초고속으로 진행되어 이제 골인지점 바로 앞까지 달려온 이 여정이 결코 우연이 아니라는 확신이 들었다. 나는 기다리고 있었다. IMB의 최종 입양 통보를.

그리고 내가 걸어온 이 길이 헛되지 않기를, 하나님의 뜻 안에서 결실을 맺는 선교사가 되기를, 지금도 간절한 나의 기도 제목이다.

정말 대단하신 하나님

5월 17일 수요일 아침, 전화벨이 울렸다. 무심코 받았는데 IMB에서 온 전화였다.

"Congratulations, Daniel. You and Grace have been approved as career missionaries to the Copperbelt Association as Church Planter and Leadership Developer."

IMB 선교사로 공식 발탁되었다는 연락이었다.

전화가 오기 얼마 전에, 아프리카 지역을 총괄하는 책임 선교사인 Clyde Berkley 선교사와 인터뷰를 마친 후였기에, 그 결과를 기다리며 궁금함이 컸던 터였다. 그런데 이렇게 빨리, 또 분명하게 '합격 통지'를 받게 되다니!

너무 감사하고 감격스러워, 전화를 붙잡고 연신 "감사합니다."라는 말을 앵무새처럼 반복했다. IMB 본부에서는 다음 주 중으로 파송 예배와 관련된 구체적인 절차를 담은 서류를 보내줄 예정이니, 그에 따라 진행하면 올해 10월에 선교지로 떠날 수 있다고 했다.

전화를 끊고 나서 나와 아내는 말로 다 할 수 없을 만큼 기뻤고 감사했다. 속으로는 "우리 하나님은 정말 대단하시다!"는 고백이 저절로 나왔다.

작년 9월 집을 사야 할지 말지를 두고 고민하며 아내에게 6월까지 하나님의 뜻을 구하며 기도하면서 하나님이 우리를 어떻게 인도하시는지 지켜보자고 했었다. 그리고 정확히 6월이 오기도 전인 5월 17일, 하나님께서는 우리의 길을 확실하게 열어 주셨다. 이처럼 기 막히게 시간까지 맞추어 응답해 주실 수 있는 분은 오직 하나님뿐이시다. 하나님의 그 정교하고도 섬세한 인도하심이 너무 고마워 나는 웃음을 머금고 고백했다.

"하나님, 정말 멋지십니다. 감사합니다. 사랑합니다."

IMB 장기 선교사로 확정되었다는 전화를 받고 난 후, 내 앞에는 또 하나의 큰 산이 놓여 있었다. 그것은 바로 "IMB 선교사로 파송 받아 잠비아로 떠나게 되었기에 스포켄 침례교회를 사임합니다."라는 말을, 오는 5월 21일 주일예배 광고 시간에 해야 한다는 사실이었다. 그 광고를 하면 과연 어떤 반응이 나올까 생각만 해도 너무 두렵고 떨렸다.

혹시 시험 들어 교회를 떠나는 성도님들이 생기면 어쩌나, 누군가가 계란이라도 던지며 욕하고 교회 문을 박차고 나가면 어쩌나, 상상만으로도 마음이 무거웠다.

지난 9년 동안 나를 아들처럼, 손자처럼 아껴 주신 권사님들과 성도님들이 떠올랐다. 자신의 아들이나 사위와 나이가 같다며 항상 "우리 젊은 목사님"이라고 불러 주시며 사랑해 주셨던 강ㅇㅇ 권사님, 정ㅇㅇ 권사님, 최ㅇㅇ 권사님, 김ㅇㅇ 권사님... 그리고 자녀가 없어 우리 아이들을 마치 자기 아들처럼 매년 생일마다 선물 사 들고 오시던 백ㅇㅇ 권사님. 엄마 아빠가 돈이 없어 선물 못 사줄까 걱정되어 닌텐도 게임기를 들고 오셔서 아이들을 기절시킬 정도로 기쁘게 해주셨던 분이다.

예수를 믿기 전 느닷없이 심방을 갔을 때, 부엌에서 설거지하며 담배 피우시던 변ㅇㅇ 권사님도 생각났다. 아들 같은 젊은 목사가 왔다는 소리에 맨발로 뛰어나오셨는데, 급히 담배를 주머니에 넣으셨다가 주머니에서 불이 나며 탄 냄새가 났고, 들키자 그 자리에서 눈물을 글썽이며 이렇게 고백하셨다.

"살인죄라도 지은 것처럼 부끄럽네요. 담배는 어릴 적부터 피워온 버릇이라 끊는 게 너무 힘들어요. 예수님을 믿긴 하지만 참 어렵네요."

그런데 나의 고백에 울먹이던 권사님 얼굴이 선하다. "목사님, 목사님 설교 듣고 예수님을 영접했습니다. 이제 술, 담배, 빙고, 카지노 다 끊고 이렇게 신나고 보람 있게, 후회 없이 교회 다니고 있어요. 매일매일 부흥회 온 것 같아요. 그런데 목사님이 떠나신다니, 나는 이젠 어떻게 신앙생활을 해요?"

그 울음은 거의 비명에 가까웠고, 마치 고아가 된 듯한 슬픔이 느껴졌다.

특히 지난 몇 년 동안 성도들이 얼마나 성령 충만하게 신앙생활을 했는지 나도 똑똑히 보아왔다. 구역예배는 항상 방이 가득 찰 정도였고, 전도 대상자를 위해 상다리가 부러지도록 정성껏 준비하던 구역 식구들도 많았다. 모임 때마다 누가 전도했는지, 어떻게 술을 끊었는지, 어떻게 카지노와 담배를 끊었는지 간증하느라 바빴다.

간증이 길다고 찡그리는 성도도 있었지만, 아랑곳하지 않고 기쁘게 예수님을 자랑하는 그 모습들이 눈부셨던 시절이었다.

이름을 헤아릴 수 없을 정도로 많은 분들이 변함없는 사랑과 기도로 함께해 주셨다. 이들과 함께 스포켄 지역의 복음화를 위해 생사를 같이해 왔기에, 마지막 인사를 어떻게 해야 할지 생각만으로도 머릿속이 복잡했다.

이제 이 사랑하는 교회를 떠난다는 것이, 과연 내가 감당할 수 있을지. 좋은 말로 어떻게 정리해야 할지, 도무지 답이 떠오르지 않았다.

저희가 뭘 잘못했나요?

2023년 5월 21일 주일, 참으로 힘든 날이었다.

나는 준비한 설교를 하면서 내가 IMB 장기 선교사로 파송되어 잠비아로 떠나게 되었다는 말씀을 드렸다.

"사랑하는 성도 여러분, 지난 10년간 저와 아내, 그리고 개구쟁이 두 아들을 친자식처럼 여겨 주시고 사랑해 주신 여러분 덕분에, 우리는 이곳 스포켄 한인 침례교회라는 복음의 군함을 여기까지 잘 이끌어올 수 있었습니다. 저를 처음 미국 땅으로 옮겨 주신 분도, 아무 희망 없던 저를 1981년 3월 29일에 만나 주신 분도 하나님이셨습니다. 1986년에는 신학대학원으로 인도해 주셨고, 그로부터 약 10년 전, 캘리포니아 치노라는 작은 동네에서 뼈저린 첫 목회의 훈련을 받게 하셨습니다. 그 후 1년 만에 이곳 스포켄으로 옮기시고, 몇 분 되지 않던 분들과 함께 교회를 개척하게 하셨습니다. 오늘날 이렇게 '오고 싶은 교회', '배우고 싶은 교회', '변화되고 싶은 교회', '섬기고 싶은 교회', 그리고 '세상 속에 빛과 소금이 되는 교회'로 세워 주신 분도 역시 하나님이십니다. 이제 그 하나님께서 저를 스포켄에서 잠비아로 옮기십니다. 낯설고 멀고 두려운 곳이지만, 분명 하나님이 부르신 곳이기에 순종하려 합니다. 창세기 12장 1절에서 여호와께서 아브라함에게 '너는 네 고향과 친척과 아버지의 집을 떠나 내가 네게 보여 줄 땅으로 가라' 하신 말씀처럼, 저도 믿고 순종하려 합니다."

나는 떨리는 목소리로 마지막 결단을 알렸다.

"앞으로 여러분과 함께 지혜와 힘을 모아, 이 교회를 더 사랑하실 다음 담임목사님을 모시고, 저는 잠비아로 떠나 하나님의 선교 계획에 순종하며 헌신하고자 합니다."

말을 마치자 교회는 정적에 휩싸였다. 하지만 예상과는 달리, 시험 들고 떠나는 성도는 한 명도 없었다. 오히려 가끔 주일예배를 빠지던 분들까지도 "목사님 뵐 날도 얼마 안 남았네요" 하며 한 주도 빠지지 않고 예배를 지키기 시작했다.

나는 그 모습을 보며 하나님께 감사하고 또 감사했다.

또한 전도 대상자들 중 그동안 망설이던 분들이 한두 명씩 나를 보기 위해 교회를 찾았고, 예배를 드린 후 내가 전하는 "구원의 초대"에 손을 번쩍

들며 고백했다. 그렇게 나를 "마지막으로 보러 왔다."던 방문자들은 결국 예수님을 영접하고 돌아가는 자들로 바뀌었다. 나는 그 모습을 보며 마음 깊이 이렇게 고백했다.

"하나님은 떠나는 목사에게 인사하러 온 영혼을, 예수님께 평생 인사하게 되는 성도로 변화시키시는 분이시구나."

하나님의 지혜와 결정은, 내 짧은 인간적 지혜로는 도무지 측량할 수 없음을 또다시 깨달았다.

결국 나의 입술은 찬양과 찬송 외에는 할 수 있는 것이 없었다.

성도님들은 적극적으로 나의 떠남을 준비해 주셨다. 사랑의 마음을 담아 냉장고와 같은 생활필수품들을 선물해 주셨고, "스포켄 생각날 때 끓여 드시라."며 라면 박스를 사다 주신 분들도 계셨다. 또 어떤 분은 "선교지에도 건강 챙기셔요." 하며 골프채를 사다 주셨다.

"지금까지 목사님 잘 대접 못해드렸는데, 가시면 언제 또 다시 뵙겠어요?" 하며 정성껏 가정용품들을 채워 주셨고, 그 덕에 나는 25년이 지난 지금까지도 그 가전제품들을 고장 한 번 없이 사용했다.

사랑의 빚 몽땅 갚고 오리

드디어 교회가 네 분 예비 담임 목사님을 모시고 설교를 듣고, 직접 만나 대화하며 기도한 끝에 우리 스포켄 교회에 가장 적합한 목사님을 청빙하게 되었다. 그리고 목사님을 모시기 전 주일에는 스포켄의 네 교회가 연합으로 나의 IMB 선교사 파송 예배를 함께 드리며 은혜로운 시간을 가졌다.

그날 교회는 크고, 묵직하고, 아름다운 의미가 담긴 감사패를 내게 수여

해주었다. 참으로 감격스러운 순간이었다. 저 시골 파주 깡촌의 키도 작고 폼도 없던 한 소년을 하나님께서 부르시어, 영적으로 암흑 같은 잠비아 땅에 빛을 들고 나아갈 선교사로 세우신 것이다.

그것도 이 지구상에 수많은 선교단체들 중에서, 파송 선교사를 철저히 책임지는 세계 최고의 선교단체인 IMB 소속으로, 중·남부 아프리카 지역에서는 유일하게, 수백 명의 미국인 선교사들 틈에서 최초의 '한국인 IMB 선교사'로 파송 받게 된 것이다.

파송 예배 중 선교사 찬양이 울려 퍼질 때, 나는 눈물을 주체할 수 없었다. 연신 닦아내며, 이 못난 나를 이렇게까지 축복해 주신 하나님께 감사드리며 함께 찬양했다. 초교파적으로 모인 성도들이 한마음, 한 뜻, 한 입술로 나 같은 작은 무명의 선교사를 위해 '선교사의 노래'를 불러주었다. 그들의 찬양은 마치, 무섭고 춥고 험한 최전방으로 배낭 하나 메고 떠나는 외아들을 보내는 부모 심정 같았다. 마귀들의 소굴 속으로, 복음이라는 원자폭탄을 들고 들어가는 나를 향해 "가서 열심히 싸워 원수 마귀들을 깨부수고, 무사히 돌아오라."는 간절한 마음이 찬양 속에 담겨 있었다.

"너의 가는 길에 주의 평강 있으리
평강의 왕 함께 가시니
너의 걸음걸음 주 인도하시리
주의 강한 손 널 이끄시리
너의 가는 길에 주의 축복 있으리
영광의 주 함께 가시니
네가 밟는 모든 땅 주님 다스리리
너는 주의 길 예비케 되리
주님 나라 위하여 길 떠나는 나의 형제여

주께서 가라 하시니 너는 가라 주의 이름으로.
거칠은 광야 위에 꽃은 피어나고
세상은 네 안에서 주님의 영광 보리라.
강하고 담대하라, 세상이신 주 늘 함께 너와 동행하시며
네게 새 힘을 주시리라."

아, 정말 너무 고마운 스포켄 성도님들이었다. 우리가 스포켄에 처음 왔을 때 우리를 맞아준 분들은 고작 4~5명에 불과했는데 9년이 지난 지금, 네 교회 모든 성도님들이 오셔서 내 선교 여정을 축복해 주시는 모습을 보며, 깊은 감회가 밀려들었다.

우리 주님도 이 땅에 오실 때, 그를 반겨 주신 이는 부모님 두 분과 목동 몇 명뿐이었다. 예수님은 3년 반의 공생애 동안 제자로 삼으신 이가 고작 열두 명이었고, 그나마도 주님이 승천하실 때는 겨우 열한 명만이 남아 조촐한 송별회를 해드렸다. 그중에서도 돈을 맡겼던 가룟 유다는 은 30에 스승을 팔아 넘겼고, 수제자 베드로는 욕설을 하며 "난 예수를 몰라." 하고 시치미를 뚝 떼고 자기 살길만 찾아 떠났다.

그런데 나는, 예수님의 이름을 전하러 간다고 하니 스포켄의 모든 성도들이 모여 나를 위해 기도하고 축복해 주다니, 순간 이런 생각이 들었다.

'이건 주님이 받으셔야 할 축복인데, 내가 대신 받고 있는 건 아닐까?'

감사의 마음보다 죄송하고 부끄러운 마음이 더 커졌다. 주님의 영광을 내가 가로채고 있는 것 같아 마음이 무거웠다. 송별예배 내내 나는 그 사랑의 빚을 기억하며 이렇게 기도드렸다.

"하나님, 이 사랑의 빚을 잠비아에 가서 몽땅 갚고 돌아올 수 있게 해주십시오."

그리고 훗날, 이 기도 제목 또한 하나님은 놀랍도록 멋지게 응답해 주셨

다.

파송 예배 후, 나는 스포켄 침례교회에 새로운 담임목사님을 모시기 위해 청빙 위원회를 조직했다. 복음신문에 담임목사 청빙 광고를 내고, 접수된 원서들 중 네 분의 후보를 선정하여 6월 한 달간 설교와 질의응답 시간을 가졌다. 이후 성도들의 다수결 투표를 통해 최종적으로 한 분을 제2대 스포켄 침례교회 담임목사님으로 청빙하게 되었다.

밥과 김치 없이도

그 무렵, 우리는 IMB 본부로부터 연락을 받았다. 7월 10일부터 17일까지 북 캐롤라이나 주 리지 크레스트(Ridge Crest)에서 열리는 IMB 선교사 파송 예배(Appointment Service)에 참석하라는 것이었다. 파송 예배에 참석하기 위해 가는 길에, 나는 하나님께 아주 심각한 기도를 드렸다. 왜냐하면, 이제 나의 선교지가 '잠비아'라는 아프리카의 가난한 나라로 확정되었기 때문이다.

여러 정보를 알아본 결과, 잠비아 사람들의 주식은 옥수수 가루이고, 쌀은 너무 비싸다는 것이었다. 문제는 내가 밥 중독자라는 것이다. 밥과 김치만 있으면 행복한 사람이었고, 하루에 적어도 한 끼는 밥과 김치를 먹어야 속이 편하고, 잠도 잘 자고, 집중도 잘 되는 위장을 가지고 있었다. 친구들과 함께 비싼 스테이크 집에 가서 배부르게 먹고 와도, 나는 꼭 집에 돌아와 밥과 김치를 먹어야 속이 풀리는 사람이었다. 나를 잘 아는 친구들은 "넌 아이스크림 먹고도 김치를 찾을 김치 중독자야!" 하며 농담을 하곤 했다.

그런 내가, 무려 일주일 동안 영어권 선교사들과 함께하는 컨퍼런스에 가는 건 내 생애 처음 있는 일이었다. 거기서 한국 밥과 김치를 먹을 확률은 사실상 제로였다. 그 해 IMB 파송 선교사는 역대 최다인 약 180명이었는데, 대부분이 미국인이었고 한국 선교사는 고작 세 가정, 중국 1가정, 베트남 1가정뿐이었다. 그러니 일주일간 동양 음식은 꿈도 꾸기 어려운 현실이었다.

나는 마음속으로 은근히 걱정이 되었다.

'7일 동안 밥과 김치 없이 내가 버틸 수 있을까?

하루에 한 끼는 꼭 먹어야 속이 편한데…

만약 잠비아에 가서도 옥수수 가루로 된 음식만 먹어야 한다면 내 몸은 견딜 수 있을까? 속이 불편해서 잠도 못 자고, 집중도 안 되면 사역에 지장을 줄 텐데…

그러다 중간에 "못 해먹겠다."며 돌아오게 되면 그동안 투자한 시간과 비용은 어쩌나?' IMB도, 나도 큰 손해가 아닌가.

그래서 나는 이렇게 간절히 기도했다.

"하나님, 이번 파송 예배는 일주일 동안 삼시 세끼 양식뿐일 겁니다. 그런데 저는 하나님도 아시듯이 양식을 먹으면서도 김치를 원하는 체질입니다. 혹시 이 문제 때문에 선교지에서 도중하차라도 하게 된다면 그건 하나님께도 손해 아닌가요? 그러니 제발 이 기회에 저의 입맛을 확 바꿔주세요. 김치 없이도 살 수 있도록 제 위장을 새롭게 해주세요!"

그렇게 간절히 기도한 후, 나는 혹시라도 정말 도저히 못 참을 경우를 대비해 컵라면 세 개를 가방에 넣었다. 뜨거운 물만 있으면 언제든지 한 끼 해결할 수 있고, 고기와 빵만 먹어 속이 느글거릴 때 칼칼한 라면 국물이라도 마시면 그럭저럭 버틸 수 있을 것 같아서였다.

컨퍼런스는 매일이 은혜였다. 찬양은 감동이 넘쳤고, 설교는 마음속에 불씨를 활활 타오르게 했다. IMB 선교사로 부르신 하나님께 대한 감사가 매

순간마다 넘쳐났고, 전 세계로 흩어질 파송 선교사들이 서로 손을 잡고 무릎 꿇고 기도할 때는, 모두가 남이 아닌 나의 형제요 자매요, 아버지 같고 할아버지 같은 정을 느낄 수 있었다.

게다가 IMB에서는 훈련마다 책과 노트, 선교 자료, 선물 등을 아낌없이 나누어 주었는데, 어느 순간 짐이 너무 많아져 무게 초과를 걱정하며 짐을 다시 싸야 했다. 그때 내 눈에 라면 세 봉지가 고스란히 그대로 있는 것이 보였다. 벌써 다섯째 날이었다. 그 순간 정신이 번쩍 들었.

'아, 하나님이 내 입맛을 바꿔 주셨구나!'

정말 김치 없이도, 밥 없이도, 나는 지금 감사하고 있었고, 예배에 집중하고 있었고, 잠도 잘 자고 있었던 것이다. 그제서야 내 기도가 응답되었음을 확실히 깨달았다.

하나님은 내가 드린 아주 사소하고 소박한 기도까지도 신기하게 응답해 주시는 분이라는 것을 그 무엇보다 실감 있게 체험한 순간이었다.

감격의 파송 예배

우리 부부는 그날 2시간 내내, 말로 표현할 수 없는 위엄과 장엄함 속에 온몸에 마치 소름이 돋는 것 같은 전율을 느끼며 영광스러운 파송 예배를 드렸다. 예배는 엄숙하면서도 거룩했고, 마치 하늘이 열리는 듯했다.

목요일이었음에도 불구하고 예배당 1층과 2층 좌석은 성도들로 가득 차 있었다. 어쩌면 그렇게 많은 분들이 오셨는지, 그 모습은 실로 놀라웠다. 예배실에 들어서니 온 세계 나라들의 국기들이 천장과 벽을 따라 장엄하게 게양되어 있었고, 그것만으로도 세계 복음화를 향한 하나님의 계획이 생생히 느껴졌다.

　우리 100여 명의 선교사들이 입장할 때, 모든 참석자들이 자리에서 일어나 10분 가까이 기립박수를 쳐주었다. 선교사로 살아오며 이런 환영을 받은 것은 처음이었다. 너무나 부끄러웠다.

　'이 박수는 내가 받을 것이 아니라, 우리 주님이 받으셔야 하는데…'

　내 마음은 주님께 죄송함으로 가득 찼다.

　그와 동시에 남침례교단의 성도님들께 깊은 감사를 느꼈다. 평일 한가운데인 목요일이었지만, 이분들은 선교지로 떠나는 우리를 위해 시간을 내어 기도하고 축복하기 위해 모이신 것이다. 그들은 마치 자신들의 복음을 대신 들고 전선으로 뛰어드는 우리 선교사들에게 복음의 원자탄을 안겨주며, 하나님의 사명을 위임하고 있는 듯했다. 좌석에 빼곡히 앉아 하나님 앞에서 보내는 자의 사명을 감당하는 그 모습은 말 그대로 하나님이 임재하시는 자리였다.

　나는 지금 이 거룩하고 영광스러운 자리에, 아프리카 선교사로 서 있다는 사실이 믿기지 않았다. 어쩌다 내가 이런 자리에 서게 되었는가? 110퍼센트, 전적인 하나님의 은혜였다. 그래서 나는 내 영혼에게 명령했다.

　"다시는 교만해지지 말자. 이 모든 건 하나님의 은혜다."

　파송식은 마음에 불이 붙는 찬양, 하늘 문을 여는 듯한 예배, 천사조차 엄숙히 하나님 앞에 엎드리게 만들 것 같은 설교들로 그야말로 은혜 위에 은혜였다.

　한순간도 흘려들을 수 없는 Southern Africa 지역 디렉터였던 골든 폴트(Gorden Fort)의 설교는 내게 평생의 설교 스타일 모델이 되었다.

　그리고 IMB 총장 Jerry Rankin 박사님은, 마치 내 마음을 들여다보신 듯, 내 안의 불안과 짓누르는 부담을 완전히 내려놓게 해 주셨다. 그의 권면은 나의 마음을 완전히 평안하게 해 주었다. 나는 사실, 잠비아로 간다고 결정한 후 내내 무거운 짐을 짊어지고 있었다.

'혹시 선교지를 망쳐버리면 어쩌나?'

'현지인들과 갈등이 생기면?'

'교회를 못 세우면 어떡하지?'

'목회자를 양성하는 데 실패하면?'

'얼마나 많은 교회를 개척해야 IMB가 "잘했다."고 할까?'

구체적인 목표도 기준도 없이 스스로를 몰아세우며, 밤마다 불안하고 초조한 마음으로 잠 못 이루곤 했다.

그런 내게 Jerry Rankin 총장님은 이렇게 말씀하셨다.

"여러분, 첫 텀(4년) 동안은 뭘 '많이' 하려고 애쓰지 마십시오. 그저 그 나라의 언어를 익혀서, 현지어로 간증하고 복음을 전할 수 있을 정도가 되면 됩니다. 그 나라 음식을 먹을 수 있고, 문화와 풍습을 받아들이며 살아낼 수 있다면, 그리고 그 4년을 잘 버티고 첫 안식년을 위해 돌아오신다면, 여러분은 이미 훌륭한 선교사로 성공하신 것입니다.

선교는, 여러분이 선교지에 '존재하는 것'만으로 이미 시작된 것입니다."

그 순간, 내 마음이 풀리고 깊은 자유가 찾아왔다.

교회를 반드시 몇 개 개척해야 한다는 압박에서, 목회자를 몇 명 세워야 한다는 부담에서, 현지인과의 갈등에 대한 두려움에서, 그리고 무엇보다 "내가 잘해야 한다"는 강박에서 완전히 자유로워졌다.

이 격려의 말씀은 전 세계 5,000여 명의 선교사, 선교 후보생, 그리고 후원자들 앞에서 IMB 총사령관이 진심으로, 하나님 앞에서 선포한 메시지였다. 나는 이 말씀이 진리라고 확신했다. 그리고 그 확신은 내게 앞으로의 여정을 견딜 수 있는 내면의 힘이 되었다.

아무 것도 두렵지 않아

 4년 동안 내가 해야 할 일은 언어를 습득하고, 그 나라의 관습을 익히는 것이다. 그런데 나에게 이 과제는 마치 쉬운 숙제처럼 느껴졌다. 나는 이미 영어를 배우는 데 충분한 경험이 있고, 언어를 어떻게 하면 빨리 익힐 수 있는지에 대한 나름의 노하우를 가지고 있었기 때문이다.
 영어를 배울 때처럼 미친 척하고 얼굴에 철판을 깔고, 상대방의 반응에 기죽거나 열 받거나 창피해하지 않고 계속 반복해서 연습하다 보면, 결국은 자연스럽게 대화할 수 있게 된다는 것을 알고 있었다. 그래서 오히려 빨리 선교지로 가서, 그 나라 언어로 전도하고 간증하고 설교하고 싶은 마음이 간절해졌다.
 그 나라 풍습과 관습도 어떻게 배워야 하는지도 잘 알고 있었다. 1977년 처음 미국에 왔을 때, 한국과는 전혀 다른 문화로 인해 수없이 창피한 경험을 했고, 물질적인 손해와 심리적인 스트레스를 겪으면서도 미국의 관습과 전통, 생활 매너를 배워야 했다. 지금 나는 겉모습은 한국인이지만, 속은 미국인의 감각을 지니고 미국식 매너와 라이프스타일에 맞춰 살고 있다.
 어느 나라에 가든지 그곳에서 직접 부딪히며 배우고, 반복해서 훈련하고, 스스로 그 문화를 받아들이는 시간을 지나면, 언젠가는 그들과 같은 생각, 같은 패턴, 같은 습관을 가지게 되는 법이다. 나는 Rankin 총장님의 권면에 따라, 내 어깨 위의 무거운 짐들을 모두 내려놓고, 오직 복음의 가벼운 짐만을 지고 잠비아로 떠나게 되었다.
 계속해서 이어진 파송 예배는 마치 폭포수 같은 은혜가 온몸과 마음과 영혼을 적시는 시간이었다. 이 예배 시간에는 파송 받는 선교사들이 차례로 나와 자신들의 구원 간증을 나누고, 섬기게 될 나라를 소개한다. 그러면 그 선교사를 파송하고 후원하기 원하는 참석자들이 일어나 함께 기도하고, 그 나라의 국기가 게양되는 순서로 한 사람, 한 가정씩 파송 받는 시간이 이어진다.

나도 내 차례를 기다리며 초조한 마음으로 앉아 있었다. 드디어 시간이 되어 우리는 앞으로 나갔고, 나는 이렇게 소개했다.

"저희는 다니엘과 그레이스 김입니다."

그리고 나는 짧은 구원 간증을 영어로 전했다.

간증을 마친 후, "우리 부부는 2000년 10월 7일, IMB 선교사가 되어 잠비아로 복음을 전하러 가는 선교사로 파송 받게 되었습니다. 이 모든 영광을 우리 주님께 돌려드립니다!"라고 외쳤더니, 청중들은 박수를 치고 휘파람을 불며 "Glory be to God! 하나님께 영광! 하나님께 영광!"을 연발하며 외쳤다.

내가 생각해도 멋진 소개였고, 엄청난 은혜가 있었던 잊을 수 없는 파송 예배였다. 예배를 마치고 우리는 선교사 훈련 센터로 돌아왔다. 그리고 나는 그 파송 예배에서도 하나님의 은혜를 또 한 번 체험하게 되었다.

컨퍼런스가 거의 끝나갈 무렵 가방 정리를 하던 중, 받은 책들과 자료 사이에서 라면 3개를 발견했다.

"아니, 이럴 수가? 칼칼하고 고향 생각 한방에 날려줄 그 라면이 아직 여기 있었단 말이야?"

나는 순간 웃음이 나왔고, 동시에 하나님의 응답을 깨달았다.

지난 5일 동안 단 한 번도 밥 생각, 김치 생각이 나지 않았고, 속이 니글거리지도 않고 잘 지낼 수 있었던 것이다. 하나님께서 그러시는 것 같았다.

"밥 굶을 일 없게 해 줄 테니, 너는 복음만 열심히 전해라."

그렇게 음식 문제는 하나님께서 먼저 해결해 주셨다.

나는 이제 더 이상 무엇도 두렵지 않았다. 하나님이 함께하신다는 사실이, 그 어떤 대책보다도 든든한 나의 방패요 능력이 되었기 때문이다.

[선교사 훈련원 지도 앞에서]

[잠비아 아이들과 나누는 인사]

제 9 부

주님 부르심 따라 갑니다

부르신 현장을 향해	222
두 팔 벌린 보랏빛 환영	224
분수 넘치는 트럭과 지혜로운 차량 전략	226
질병을 통해 드러난 하나님의 능력	228
언어를 정복해야 선교가 된다	230
말씀과 언어, 두 기둥 위의 사역	234
복음과 이단이 공존하는 나라	236
1960년대 대한민국 닮은 나라	238
"밤새 안녕하셨습니까?"라는 인사	239
사택에서 누린 하나님의 동산	241

제 9 부 　주님 부르심 따라 갑니다

부르신 현장을 향해

2000년 7월 13일, 우리는 공식적으로 IMB의 파송을 받고, 그 후 이곳저곳을 다니며 인사하고 주변을 둘러보았다. 그리고 8월 말부터 10월 초까지 약 한 달 반 동안, 파송될 선교사 200여 명이 한곳에 모여 공동체 생활을 하며 훈련을 받았다. 매일 아침 드리는 예배는 마음을 깊이 파고드는 생명의 양식이었고, 하루 종일 이어지는 훈련과 실습은 풍성한 자료와 실제적인 경험으로 채워졌다. 주일이면 콰드(Quad)라 불리는 소그룹이 함께 예배하고 성경공부를 하며 서로를 위해 기도했다. 함께 먹고 자며 친구가 되어가는 시간 속에서, 우리는 하나님 안에서 하나 된 공동체를 경험했다.

IMB 본부는 우리가 선교지에서 잘 사역할 수 있도록 철저한 준비를 시켰다. 8년 이상 현장에서 사역한 선교사들이 직접 강의하고, 질의응답과 상담으로 실제적인 지혜를 나누었다. 훈련은 매우 현실적이었다. 선교의 의미와 선교부의 비전과 목적, 방법, 개인의 경건의 생활과 선교의 연관성등 영적 훈련 위에 닭 잡는 법, 4륜 구동차 운전, 의사 없는 지역 응급처치, 납치나 총기 위협 상황 대처, 금전 관리, 세금 처리, 비자 관리, 자동차 정비, 집 수리, 수리비 한도, 휴가 규정 등 사역에 필요한 세세한 부분까지 가르쳤다. 선교부 규범 자료를 항목별로 공부하고, 질문과 발표를 거쳐 직접 작성해 제출했다. 처음엔 '이럴 시간에 빨리 가서 영혼을 구해야 하는 것 아닌가'

투덜거렸지만, 시간이 지날수록 'IMB는 정말 대단하다'는 감탄이 나왔다. 자녀 교육과 정서 관리, 재정 보고, 사역 보고에 이르기까지 빈틈없이 준비된 훈련이었다. 한 달 반의 유익한 훈련을 마치고, 우리는 잠비아로 떠날 준비를 마쳤다.

2000년 10월 6일, 우리 부부는 잠비아행 비행기에 올랐다. "안녕, U.S.A.!"를 외치며 출발하는 순간, 23년 전 김포공항에서 한국을 떠나던 기억이 스쳤다. 그때 나는 미래도 희망도 없는 나라를 등지고, 부자가 되어 돌아오겠다고 속으로 중얼거렸다. 그러나 이제는 가난한 아프리카로, 돈이 아닌 복음을 전하러 떠나고 있었다. 수많은 기도와 축복 속에서 '선교사'라는 이름으로 떠나는 발걸음에 하나님께 감사가 넘쳤다.

영국 히드로 공항에서 9시간을 기다리며 공항 밖을 나가고 싶은 마음도 있었지만, 혹시 사고가 나거나 비행기를 놓칠까 두려워 공항 안에서 시간을 보냈다. 잠비아 행 비행기에 오르니 승객 대부분이 African American이었고, 순간 LA 폭동 장면이 떠올라 두려움이 스쳤다. 그러나 그들은 따뜻하게 웃으며 인사했고, 몇 번의 만남 속에 점점 마음이 놓였다. 착륙이 가까워졌을 때 창밖에는 들판과 산에서 치솟는 불길이 보였다. 전쟁인 줄 알았으나, 이는 우기를 대비해 병해충을 없애는 '땅 정화'였다. 마른 풀만 태우고 나무는 그대로 두는 지혜로운 방식에 감탄이 나왔다.

2000년 10월 7일, 우리는 잠비아 땅에 첫 발을 내디뎠다. 험상궂은 제복 입은 사람이 다가와 가방을 열어보라 했을 때 심장이 내려앉았지만, '선교사'라는 말에 환하게 웃으며 환영해 주었다. 공항 출구에는 20명이 넘는 선교사들이 꽃다발을 들고 기다리고 있었다. "다니엘, 그레이스, 에녹, 아론! 환영해요!"라며 달려와 껴안고, 짐을 차에 실어 게스트하우스로 데려갔다.

위험과 가난, 질병이 가득한 이곳에서, 세계에서 가장 풍요로운 나라에서 온 선교사들이 이미 복음을 전하고 있었다. '이 위대한 선교사들 사이에서

나 같은 깡촌 출신이 복음을 전한다니, 얼마나 큰 은혜인가!' 하는 자부심이 솟았다. 한편으로는 '과연 나를 받아줄까? 왕따가 되면 어쩌지?' 하는 걱정도 있었지만, 그날 나는 확신했다. 하나님께서 나와 내 가족을 이곳으로 보내셨고, 이 선교사 공동체로 인도하셨음을.

두 팔 벌린 보랏빛 환영

침례교 선교사 게스트하우스로 가는 길에, 우리를 태운 차량 안에서 잠비아 침례교 선교부 총책임자 마이크 하워드 선교사님이 많은 이야기를 들려주셨다. 비행장을 빠져나와 도로를 달리자, 양쪽에 활짝 핀 보랏빛 자카란다 꽃이 눈길을 사로잡았다. 얼마나 곱고 우아한지, 마치 잠비아가 두 팔 벌려 우리 가족을 환영하는 듯한 착각이 들었다. 공항에서부터 길게 이어진 자카란다 가로수의 아름다움은 마치 꿈속에 있는 듯했다. 사실 나는 잠비아 전체가 물도, 나무도 없는 삭막한 모래사막일 줄 알았다. 그러나 현실은 전혀 달랐다. 아름답고 푸르른, 크고 멋진 나무들이 많아 '내가 잠비아를 몰라도 너무 몰랐구나!' 하며 절로 웃음이 나왔다.

또 한 번 놀란 것은, 선교사 게스트하우스로 가기 위해 좌회전하는 순간이었다. 오른편에 만다힐 쇼핑센터라는 큰 쇼핑몰이 보였는데, 그 안에는 숍라이트라는 수퍼마켓, 게임이라는 대형 가전매장, 음식점, 옷가게, 철물점 등 다양한 상점이 들어서 있었다. '이게 정말 잠비아 맞아?' 가난한 나라라 하여 제대로 된 상점 하나 없을 줄 알고, 우리는 화장지까지 챙겨왔는데, 수도 루사카 한복판에는 이렇게 현대적인 쇼핑센터가 자리하고 있었다.

선교사 게스트하우스에 도착하자, 얼룩말이라는 이름이 붙은 우리 숙소로 안내받았다. 우리는 그곳에서 이민국 서류, 운전면허증, 주민등록증 등을 정리하고, 시골로 나가 1년간 언어 훈련을 받은 뒤, 2년 차부터 본격적으로 사역지에 나가는 것이 선교부의 전략이었다. 숙소에 들어서자 가슴이 뭉클해졌다. 잠비아 각지에 흩어져 있는 선교사들이 커다란 흰 종이에 손 글씨로 쓴 환영 메시지 포스터들이 벽면 가득 붙어 있었다. "다니엘, 그레이스, 에녹, 아론, 잠비아에 온 것을 환영해요!"라는 큰 글씨를 비롯해 "잘 왔다.", "와줘서 고맙다.", "함께하게 되어 기쁘다."는 메시지가 보였다. 말문이 막히는 감격의 순간이었다. 우리 팀 리더 에드 밀러 선교사님과 찬다 목사님은 무려 400km나 떨어진 곳에서 달려와 우리를 맞아주셨고, 점심까지 준비해 오셨다. 이런 대접은 예수님이 받으셔야 할 것 같은데, 우리가 몽땅 받은 듯하여 주님께 죄송하면서도 감사할 뿐이었다. 그 감동은 말로 다 표현하기 어려웠다.

　잠비아에서의 첫날밤을 보내고 아침에 일어나니 상쾌한 공기가 마음을 사로잡았다. 나는 잠비아가 한국보다 훨씬 더 덥고 고통스러울 줄 알았다. 한국의 여름은 6월부터 길게는 10월까지 덥고 끈적이며 습도가 높아 불쾌지수가 치솟는다. 당연히 잠비아는 더 심할 것이라 생각했는데, 전혀 아니었다. 덥지도 춥지도, 습하지도 않은 기온이 하루 종일 쾌적하고 기분 좋게 했다. 긴 팔이 필요할 만큼 춥지도 않고, 짧은 팔이 필수일 만큼 덥지도 않았다. 이런 기후 속에서 하루를 시작할 수 있다는 것이 그저 감사할 뿐이었다.

분수 넘치는 트럭과 지혜로운 차량 전략

　다음날 아침, 선교부 물류 담당 스탠 디커 선교사님이 자동차 열쇠 두 개를 내게 건네주었다. 하나는 내 것이고, 하나는 아내를 위한 예비용이었다. 그분이 가리킨 곳에는 큰 나무 아래 곤색 토요타 하이럭스 4륜구동 트럭이 주차되어 있었다. "저 차가 제 차라고요?" 잠비아에 막 도착한 새내기 선교사에게 새 트럭이라니 믿기 어려워 다시 물었다. 주차장을 둘러보니 다른 선교사들도 모두 자신의 차를 가지고 있었다. 트럭들에는 BMOZ 로고가 붙어 있었고, 모두 험지를 달릴 수 있는 4륜구동 차량이었다. 조심스레 차 문을 열자 새 차 특유의 향이 기분 좋게 퍼졌다. 주행거리는 5,000km에 불과했고, 에어컨까지 완비된 최신형 트럭이었다. 개스, 정비, 세차, 톨게이트 비용까지 모두 IMB에서 부담한다는 말에 놀람을 감출 수 없었다.

　IMB 오기 전, 나는 늘 가장 저렴한 차만 골라 타곤 했다. 마지막으로 타던 차는 Ford Fiesta였는데, 고장 나 수리비가 1,000달러나 든다고 하여 결국 바꾸게 되었다. 저렴한 딜러 광고를 찾아 구입한 차는 형광 청록색 수동변속기에 에어컨도 라디오도 없었다. 색이 너무 눈에 띄어, 심방을 다녀오면 "목사님, 우리 집은 왜 안 오세요?"라는 연락이 오곤 했다. 그런 내가 오늘은 에어컨까지 갖춘 새 트럭을 받았으니, 이것이야말로 하나님의 크신 은혜였다. 그날 이후 선교지에서 자동차 걱정 없이 사역할 수 있었다.

　11월, 우리는 북부 카사마 지역으로 이사해 벰바어를 배우기로 했다. IMB는 장기 선교사에게 1년간 해당 언어를 배우도록 규정했고, Level 3 이상을 받아야 정식 사역이 가능했다. IMB에서 제공한 트럭에 짐을 가득 싣고 북쪽으로 향했는데, 길은 험난했다. 도로는 군데군데 파손되어 있었고,

아스팔트가 사라진 곳도 많았다. 커다란 구멍 앞에서 맞은편 트럭을 만나면 피할 공간조차 없어 긴장된 채 '쿵' 하고 지나야 했다. 그럴 때마다 "이런 튼튼한 트럭을 주셔서 감사합니다."라고 기도했다.

카사마에 도착해 보니 선교사 사택은 아직 입주할 상태가 아니었다. 담장도, 잠금장치도, 조리대도 없었고 전기와 수도도 불안정했다. 결국 근처 게스트하우스의 좁고 덥고 불편한 공간에 머물게 되었지만, 나는 이미 각오하고 온 길이었다. "죽으면 죽으리라"는 믿음으로 잠비아 땅에 발을 디뎠다. 처음에는 초가집에서 자전거로 물을 길어 나르며 복음을 전할 줄 알았다. 마을에서 쫓겨나면 다른 마을로 가서 움막을 짓고 전도하는 삶을 상상했다. 그러나 현실은 전혀 달랐다. 나는 강력한 4륜구동 트럭을 타고 선교지를 누볐고, 마을 사람들은 지나가는 내 차를 신기하게 바라보았다. 차량에는 도난 방지를 위해 BMOZ 로고 스티커와 철제 식별 표시가 붙어 있었고, 에어컨이 있는 모델이 제공되었다. 이는 코브라 침입, 거리 소매치기, 강도 사건 등을 막기 위한 조치였다. 주차 시에는 기어 잠금장치와 운전대 잠금장치를 반드시 사용했다. 이런 철저한 준비를 보며 "우리 선교부 리더들의 판단은 참으로 탁월하다."고 생각했다.

IMB의 철학은 '사람을 먼저 생각하고, 위험을 최소화하며, 재정은 하나님께 맡기는 것'이었다. 나 역시 그 정신을 마음에 새겼다. "사람을 먼저 생각하고, 필요한 재정은 하나님께 맡기자." 그것이 내가 잠비아에서 배운 새로운 선교 철학이었다.

질병을 통해 드러난 하나님의 능력

우리 네 식구는 좁은 게스트하우스에서 자고, 먹고, 공부하고, 예배드리며 생활했다. 그곳 지역 선교사님이 빌려 놓은 집은 방 세 개와 화장실 하나, 앞뒤로 넓은 마당과 베란다까지 있는 제법 좋은 집이었지만 아직 준비가 되지 않아, 우리는 당분간 숨이 막히는 듯한 좁은 공간에서 지냈다. 잠비아 현지 집에서의 생활은 짧은 시간이었지만 많은 것을 배우게 했다. 아내가 장모님께 썼지만 보내지 못했던, 선교지에 온 지 두 달쯤 된 2000년 11월 말의 편지를 꺼내 읽어본다. 편지에는 힘한 선교지에 친구이자 동역자로 따라와 준 아내의 힘겨운 마음이 고스란히 담겨 있었다.

"보고 싶은 엄마, 아버지, 안녕하세요. (중략) 이곳 벌레들은 왜 이렇게 큰지요. 바퀴벌레도 거짓말이 아니라 5cm쯤 됩니다. 그런 것들이 윙윙거리며 날아다녀요. 도마뱀도 많고, 모기도 많고, 파리도 많고요. 비가 와서 그런지 전기도 하루에 12번씩 들락날락해서 불안해요. 엄마, 아프리카에 와서 사는 건 조금 외로운 일이네요. 말도 낯설고, 환경도 낯설고, 밖에 나가면 사람들이 우릴 신기하게 쳐다보는데, 그분들은 동양인을 처음 보는 거라 아주 큰 구경거리 같아요. 에녹이와 아론이는 잘 안 먹어서 살이 쏙 빠졌어요. 어쩌겠어요? 엄마, 계속 기도해주세요."

그러던 어느 날, 우리는 드디어 선교사 사택으로 입주하게 되었다. 선교부에서 월세를 내 주어 방이 네 개나 있는 집으로 이사한 것이다. 각자 방이 있고, 나에게는 개인 사무실도 주어졌다. 가구가 아직 도착하지 않아 비어 있던 집 안은 아이들이 롤러스케이트를 탈 만큼 넓었고, 가져온 플라스틱 통을 밥상 겸 책상으로 사용해도 감사했다. 그런데 이사한 지 얼마 도지 않아 아내가 몸이 불편하다고 했다. 처음엔 피곤해서 그런 줄 알았으나, 며칠 뒤 나도 같은 증상을 보였다. 때마침 방문한 동료 선교사님이 말라리아일 수 있다며 병원 검사를 권했다. 험한 진흙길을 지나 도착한 병원은 어둡고 음습했으며, 천장에는 거미줄이 가득하고 형광등은 깜빡거렸다. 다행히 미리 준비한 새 주사기를 가져가 검사를 했으나 결과는 '말라리아 음성'이었다. 하지만 그날 밤, 우리는 동시에 고열과 오한, 구토와 설사로 심각한 상태가 되었고, 화장실조차 기어가야 할 만큼 힘이 빠졌다. 다시 병원을 찾았을 때는 이미 잠비아 우기철, 폭우와 번개가 번갈아 치던 시기였다. 진흙탕 길과 웅덩이를 지나 병원에 도착해 약을 받았지만, 회복에는 시간이 오래 걸렸다. 그 기간 동안 13살 에녹이와 11살 아론이 형제가 물을 길어오고 음식을 챙겨주는 모습은 눈물겹도록 감사했다. 그 후에도 우리는 여러 번 말라리아에 걸렸다. 하지만 첫 경험 덕분에 병원 대신 곧바로 약을 복용하며 대처하는 법을 익혔다. 그러던 어느 날, 아론이가 학교에서 열이 나 병원 검사를 받았고 말라리아 양성 판정을 받았다. 약을 먹였지만 열은 내려가지 않고 아이는 정신을 잃을 듯 축 늘어졌다. 의사들은 "기다리라."는 말뿐이었다. 그러나 동료 선교사가 구해온 '퀴닌'을 투여하고, 아내가 아이 옆에서 기도하며 주님께 맡긴 지 한 시간이 채 되지 않아 아론이의 열이 뚝 떨어졌다. 그것은 분명 하나님의 기적이었다. 아론이의 회복은 한 달 가까이 걸렸지만, 그 사건을 통해 우리는 하나님이 우리를 얼마나 사랑하시는지를 깊이 체험했다. 그 모든 감사와 찬양을 오직 하나님께 돌려드린다.

언어를 정복해야 선교가 된다

그곳에서 나와 아내는 1년 동안 벰바(Bemba) 언어를 배웠다. 현지 언어 시험에서 Level 3이상의 언어 능력을 받아야만 정식 사역을 시작할 수 있었다. 효과적인 선교를 위해 반드시 언어로 소통할 수 있어야 한다는 철저한 원칙을 세워두었다. 언어가 되지 않으면 아무리 좋은 메시지도 전달되지 않고, 그 사역은 재생산이 불가능하기 때문이다. 하지만 외국어를 배우는 일은 쉽지 않았다. 몇 개월이 지나면서 지쳐갈 무렵, 나는 언어 공부에 자신감을 잃고 있었다.

우리 부부는 매일 8시간씩 벰바어를 공부했다. 방식은 단순해서 문장을 외우고, 언어 코치는 매일 방문해 제대로 외웠는지 점검했다. 그 이상은 없어서 뭔가를 물어보면 대답을 제대로 못하는 날도 많았다. 나는 조직적이고 논리적인 학습 스타일을 좋아했기에, 이 방식이 답답하게 느껴졌다. 반면, 아내는 그런 환경 속에서도 잘 적응하고 있었다. IMB의 언어 교육 철학은 '맨발의 학습(Bare Foot)', 즉 맨발로 직접 부딪치며 배우는 현장 중심의 습득 방식이었다. 나는 이 방식이 처음엔 정말 마음에 들지 않아서 한동안 사기가 많이 떨어져 있었다.

어느 토요일, 카사마 침례교회에서 지도자 세미나가 열렸다. 동료 선교사가 주 강사였고, 본격적인 세미나 시작 전에 내가 5분간 말씀 묵상을 맡게 되었다. 당시 나는 아직 언어 연수 중이었기 때문에 벰바어 통역관을 동행했다. 이 통역관은 매우 똑똑한 친구로, 지금도 IMB 선교사들의 주일예배나 주요 행사에서 통역을 맡고 있는 그가 내 설교를 통역하게 되었다. 내가 선택한 본문은 에베소서 4장 11-12절이었다: "그가 어떤 사람은 사도로,

어떤 사람은 선지자로, 어떤 사람은 복음 전하는 자로, 어떤 사람은 목사와 교사로 삼으셨으니, 이는 성도들을 온전하게 하여 봉사의 일을 하게하며 그리스도의 몸을 세우려 하심이라." 나는 영어로 이렇게 전했다. "하나님은 건강한 교회를 세우기 위해 각 교회에 지도자들을 주셨습니다. 그리고 그 지도자들이 각자의 포지션(위치) 안에서 성도들을 도울 때, 건강한 교회를 세워갈 수 있습니다!"

그런데 통역관이 바로 벰바어로 번역한 내용을 듣고는 깜짝 놀라고 말았다. 그는 이렇게 말했다. "하나님은 건강한 교회를 세우기 위해 각 교회에 지도자들을 주셨습니다. 그리고 그 지도자들이 각자의 포이즌(독약) 안에서 성도들을 도울 때, 건강한 교회를 세워갈 수 있습니다!"

나는 순간 귀를 의심했다. 포지션(위치, 역할)이라고 했는데, 어떻게 포이즌(독약)으로 통역이 되는가! 고쳐주려는 찰나, 이미 성도들 사이에서 웃음과 박수가 터졌고, 어떤 분들은 "할렐루야! 글로리!"를 외치며 기쁨을 표현하고 있었다. 현지 특유의 흥겨운 감탄사 "아~ 랄랄랄랄라!"까지 나왔다. 속으로 '아니, 하나님이 교회에 독약을 주셨고, 그 독약이 있는 곳에서 성드들을 도우면 건강한 교회가 되다니, 이게 무슨 앞뒤 안 맞는 말인가!' 싶었지만, 사람들은 너무 진지하게 감동받은 표정이었다. 그 자리에 앉아 많은 생각이 들었다. 그날 이후, 나는 굳게 결심했다. "반드시 벰바어를 마스터해서 통역 없이 직접 설교하고 가르칠 수 있어야 한다."

그날의 해프닝은 그저 넘겨버릴 웃음거리가 아니라, 선교 사역에서 언어의 중요성을 절실하게 깨닫게 해준 사건이었다. 아무리 강의 내용이 좋고, 설교가 은혜로워도, 통역관이 단 하나의 단어만 잘못 전달해도 메시지 전체가 완전히 왜곡될 수 있다는 걸 직접 경험한 것이다. 포지션이 포이즌이 되는 순간, 메시지는 엉뚱한 방향으로 흘러가 버렸다. 이와 같이 현지어를 못하면 사역은 여러 면에서 큰 손해를 입는다. 무엇보다 현지인들과의 모든 커뮤니케이션에 통역관이 필요하다는 점이 가장 불편했다. 단순한 물건 구입이나 인사 한마디조차 통역관과 함께 해야 했고, 그를 데리러 가야 하는 번거로움도 뒤따랐다. 게다가 현지인들은 시간 개념이 느슨해 약속을 제시간에 지키는 일이 거의 없었다. 결국 기다리다 보면 짜증이 나고, 그로 인해 수 시간을 괴로워하는 일이 반복되었다. 그래서 나는 다시 한 번 다짐했다. "언어를 반드시 정복해야 진짜 선교가 시작된다."

그래서 카사마에서 나와 아내는 벰바어 공부를 정말 아주 많이, 질리도록 신물 나도록 배웠다. 그리고 확실히 배운 것은, 선교지에서 언어를 배우는 일은 정말 어렵다는 것이다. 인내와 꾸준한 반복 연습이 없으면, 머리로는 분명히 생각나는데 입에서는 죽어도 안 나왔다. 그런데 우리는 뭐든지 '빨리빨리' 문화에 익숙하지 않은가?

그 당시 잠비아에는 벰바어를 가르쳐주는 학교나 학원이 거의 없어서 스스로 의지를 가지고 철저한 계획 아래 배워야 한다. 그 후 나는 아침저녁 벰바어 언어 코치를 두고 하루에 거의 12시간씩 공부했다. 그리고 일상에서 부딪히는 상황들을 활용해, 될 수 있으면 많은 사람들에게 나 자신이 선교사라는 것을 자연스럽게 알리려는 전략을 짜고 그대로 실천에 옮겼다. 우리가 왔을 당시 선교 지도자들은 레이 아브라함이라는 선교사가 쓴 200페이지가 넘는 벰바어 책을 달달 외우라고 했다. 나는 기억력이 좋은 편이 아니라 힘들었다. 외우는 일은 나이 들수록 어렵다는 게 연구 결과로, 내 나이 45살이다 보니 잘 외워지지 않았다.

아내는 천부적으로 기억력이 좋았다. 지나가며 들은 말도 기억해서 필요할 때 자연스럽게 대화에 넣곤 했다. 그 점이 무척 부러웠다. 나는 기억을 더듬어 끄집어낸 뒤 종이에 써서, 그 종이를 보며 겨우 상대방에게 전달할 수 있는 스타일이었다. 그런 내게 하나님께서 일상 속에서 배운 것을 기억하고 암기하는 방식의 지혜를 주셨다. 나는 아침에 일어나면 큐티를 하고 벰바어로 외우고, 그날 연습할 문장을 굵은 마커로 손등이나 팔뚝에 한글로 메직 펜으로 적어두었다. 일단 길에서 사람들을 만나면 인사하고 내 이름을 소개하는 것이 목표였다. 물리 샤니?(안녕하세요?), 이시나 리얀디 다니엘 킴.(제 이름은 다니엘 김입니다.), 은디 밥티스트 미셔니!(저는 침례교 선교사 입니다.) 그리고 아침 6시 30분쯤 운동복으로 갈아입고 운동화를 신고 길거리로 뛰어나갔다. 나는 고등학교 때 육상 선수였고, 미국에서도 매일 아침 뛰었으며 잠비아에서도 뛴 것이다. 그냥 뛰는 것이 아니라, 동네 사람들과 친구가 되기 위한 작전이었다. 차를 타고 다니면 가게 직원이나 상점 주인들은 내 차에 붙은 침례교 로고와, 서툴지만 벰바어로 "물리 샤니"라고 인사하는 동양인을 단번에 기억했다.

워낙 특이해서 마치 카사마 동네의 '홍일점' 같은 존재로, 그들은 아시아인을 전부 중국인이라고 생각한다. 나는 매일 아침 1시간 30분씩 동서남북으로 방향을 바꾸며 뛰었고, 보는 사람마다 손을 흔들며 "물리 샤니?" 하고 인사했다. 처음에는 말이 잘 안 나왔으나 안 나올 때마다 손등과 팔에 적힌 문장을 읽으며 말했다. 그러면 현지인들은 놀란 표정을 지으며 "부이노 무쿠와이!(좋아요, 선생님)" 물리 샤니?(안녕하세요?) 무와 란다 이치뱀바 부이노!(당신 벰바어 정말 잘하네요)"라도 했다. 그럼 나는 다시 손을 흔들며 "나토탤라 싸나 무쿠와이!(정말 감사합니다, 선생님)" 하고 고개를 숙이며 뛰어갔다. 이렇게 하니 간단한 아침 인사는 이제 손등을 보지 않아도 지나가는 사람이나 가게 점원에게 자연스럽게 할 수 있게 되었다. 그리고 다음 단계로는 다른 인사말을 연습했다. 예로 "밤새 안녕히 주무셨어요?" 뫄시 부케니? 그게 익숙해지면 다시, "식사 하셨어요, 선생님?" 무와 리야 무쿠와이? 그리고 다음은 자기 이름을 말한 뒤, 상대방의 이름을 묻는 것이다. "당신 이름은 무엇입니까?" 이시나 리에누 니 나니?

상대방이 이름을 알려주면, 대부분 성경 이름이라 쉽게 기억이 났다. 그리고 다음에 다시 만나 이름을 부르며 인사하면 단숨에 친한 친구가 되어 버렸다. 복음을 전하면 거의 100% 믿고 따라오며, '죄인의 기도'를 잘 따라하고 교회도 출석하고 성경공부도 꾸준히 참여해 좋은 교인이 되는 경우가 많았다. 어떤 분들은 자신을 부족어 이름으로 소개한다. 잠비아 이름은 외국인이 외우기에 정말 어렵다. 그래서 나는 늘 주머니에 펜과 종이를 챙겨 다녔다. 이름을 받으면 "나토탤라, 뚜까모나나 꾼탄씨!(감사합니다. 나중에 또 뵙겠습니다)" 하고는 뛰어가며 그 이름을 10번쯤 되뇌었다. 그리고 길가에 잠시 멈춰 종이에 그 이름을 적었다.

나는 국민학교 5학년 때부터 일기를 썼고, 목회할 때는 목회일지를 썼다. 선교지에 와서는 매일 하나님께 기도문을 쓰기로 했다. 그 기도문에는 이렇게 쓴다. "오늘은 성령님의 인도로 '물랭가' 아저씨를 만났습니다. 훗날 그분에게 복음을 전할 기회를 또 주시옵소서." 이런 식으로 이름을 기도문에 적으며, 내가 그날 누구에게 인사하고 누구와 친분을 맺었는지를 기억하고 계산하는 것이다.

말씀과 언어, 두 기둥 위의 사역

선교부 방침상 첫 1년은 설교나 교회 개척, 성경공부도 자제하게 한다. 그런데 대부분의 교회에 가면 꼭 설교를 시키거나 기도, 축도, 헌금 기도 등을 부탁한다. 기도를 부탁하는 이유는 참석한 선교사를 대접해주는 의미가 있기 때문이다. 잠비아는 주보를 사용해 예배를 드리는 교회가 거의 없다. 도시 교회조차도 69개 교회 중 한두 곳 뿐이라, 가면 어떤 부탁이 들어올지 알 수 없다. 나는 이런 요청이 오면 기꺼이 하기로 마음먹었고, 이를 뱀바어 연습의 기회로 삼았다. 벰바어 코치와 함께 5분 간증, 대표기도, 헌금 기도, 병자기도, 헌아식 기도, 축도를 벰바어로 작성하여 원고를 만들고, 성경책 첫 장과 끝 장에 붙여두었다. 대표기도를 부탁 받으면 그 원고를 그대로 읽었다. 이렇게 1년 정도 하니 모든 기도를 외워서 할 수 있게 되었고, 기도를 마치고 "예수님의 이름으로 기도드립니다."라고 하면 교인들이 박수를 치거나 심지어 기립 박수까지 했다. 기도했다고 박수 받는 것은 처음이었지만, 벰바어로 기도할 때마다 이런 박수갈채를 받았다. 그러나 사역을 하면서, 잠비아 교인들 대부분이 거듭나지 않은 명목상 교인임을 알게 되었다. 교회에 다닌다고 하지만 개인적으로 하나님을 만나지 못한 이들이 침례교회 안에도 많았다. 나는 설교를 자주 할 수 있는 상황이 아니었기에, 이들이 예수님을 영접해 진정한 크리스천이 되도록 돕고 싶은 간절한 마음이 생겼다. 그때 성령님께서 지혜를 주셨다. 설교 능력이 충분치 않은 벰바어 때문에 대신, 나와 아내의 5분 간증문을 준비해 교회에서 나와 가족을 소개하고, 예수님을 영접하도록 초청하는 것이었다. 이후 벰바어 설교도 준비했다. 본문은 요한복음 1:12-13, 제목은 "누가 천국에 들어가나요?"였다. 매주 다른 교회를 방문하며 같은 설교를 반복했고, 덕분에 벰바어 단어들이 머릿속에 자연스럽게 입력되어 원고 없이도 설교할 수 있게 되었다. 이 방법에서 착안해 '벰바어 로마서 전도법'을 개조했고, 전도자들에게 무조건 암기하게 했다. 반복 낭독으로 어느 순간 자연스럽게 말이 흘러나오는 것을 경험했기 때문이다. 이 훈련을 받은 전도자들은 지금도 잠비아 전역에서 영혼을 주께로 인도하고 있다.

나는 카사마에서 1년 가까이 언어 연습을 마친 후, 코퍼벨트 지역으로 옮겨 첫 방문 시 벰바어 간증과 복음 초청을 했고, 이후 30분 구원 설교로 이어갔다. 그때마다 거듭나는 성도들이 나왔고, 거의 1년간 통역 없이 복음을 전하며 제자 양성을 준비했다. 항상 벰바어 설교 원고, 간증문, 전도문, 기도문을 성경책에 부착해 두었고, 어디서든 즉시 사용할 수 있도록 했다. 잠비아 선교에서 나는 디모데후서 4장 2절, "너는 말씀을 전파하라. 때를 얻든지 못 얻든지 항상 힘쓰라"를 실천하기 위해 이런 전략을 사용했고, 결과적으로 말씀과 언어라는 두 기둥을 함께 세우는 사역이 가능했다. 벰바어 연수를 마친 후, CMML 선교사님의 시험 감독 아래 우수한 성적으로 패스했고, 2001년 8월 본격적으로 코퍼벨트 키트웨에서 교회 개척과 목회자 양성 사역을 시작했다.

복음과 이단이 공존하는 나라

2003년 3월 24일, 스포켄 한인 침례교회 차정숙 성도님과 헤이워드 침례교회 청소년부에서 함께 사역했던 영 목사님, 그리고 밥 갈시아 목사님 부부가 우리 선교지를 방문했다. 우리는 함께 미벵게 지역에서 전도와 제자 훈련 사역을 한 후, 목요일부터는 칼룰루시 지역에 있는 치방가 교회를 방문하여 낮에는 전도와 성경공부를 진행하며 기존 교회의 성장을 돕는 사역을 이어갔다.

마지막 날인 3월 29일 토요일, 우리는 동네 주민들에게 예수님을 알리고 다음 날 주일예배에 초대하기 위해 '예수 영화'를 상영하기로 했다. 프로젝터, DVD 플레이어, 스피커, 스크린, 마이크, 전기줄, 전등 등을 차량에 가득 싣고 교회로 향했다. 그런데 오후 5시도 되기 전에 맑았던 하늘이 갑자기 어두워지고 바람이 세차게 불기 시작했다. 보통 3월 말이면 잠비아의 우기가 끝나고 건기가 시작되기에, 이 시점을 영화 상영일로 계획했는데 이날은 달랐다. 불안한 마음으로 기도하며 교회로 향했고, 다행히 치방가 교회에는 아직 비가 내리지 않아 서둘러 상영을 시작했다. 그러나 영화가 시작된 지 한 시간이 지나자, 하늘이 까맣게 변하더니 천둥과 번개를 동반한 폭우가 가까이 다가왔다. 잠비아의 비는 한 번 오면 양동이로 퍼붓는 것처럼 쏟아져, 장비가 젖으면 사용할 수 없게 된다. 나는 "하나님, 1시간만, 아니 45분만 비를 멈춰 주세요." 하고 간절히 기도했다. 놀랍게도 하늘 전체가 먹구름으로 뒤덮였지만, 우리가 상영하는 자리 위만 원형으로 뚫린 듯 비가 내리지 않았다. 번개가 칠 때마다 그 외곽에 퍼붓는 장대비가 보였지만, 중심부인 우리 공간만은 비가 오지 않았다.

영화가 끝나자 나는 마이크를 잡고 외쳤다. "자리를 뜨지 마시고 예수님을 여러분의 구세주로 영접하세요!" 벰바어로 복음을 전하며 예수님을 영접하기 원하는 사람들은 손을 들라고 하자, 약 200명이 일제히 손을 들었다. 우리는 회개의 기도를 드리고 예수님을 마음에 모시는 결심의 순간을 가졌다. "내일 주일예배에 꼭 참석하십시오."라는 말을 마치자마자 빗방울이 떨어졌다. 미리 준비한 대로 장비를 순식간에 차에 실었고, 몇 분 뒤에는 천둥과 번개 속에 폭우가 쏟아졌다. 마치 하나님의 보호막이 임무를 마치고 사라지는 순간 같았다. 그날 밤 우리는 사탄의 방해 속에서도 하나님의 전능하신 손길과 기도의 응답을 온몸으로 체험했다. 그 후에도 여러 단기 선교팀이 다녀갔고, 하나님은 그들을 통해 큰일을 행하셨다.

잠비아는 여건과 시간이 잘 갖추어져 다양한 선교 프로젝트와 행사를 자유롭게 할 수 있는 나라다. '크리스천 네이션(Christian Nation)'이라 불리는 기독교 국가로, 종교 자유가 폭넓게 보장된다. 목회자와 선교사를 존경하는 문화가 있어 협력자를 찾기 쉽고, 입국 절차도 간단하다. 공항에서 바로 비자를 받을 수 있고, 시골에서 교회를 짓겠다고 하면 사방 100미터 이상 넓이의 부지를 무상 제공받기도 한다. 그 결과 한 길을 따라 여러 교회가 줄지어 서 있고, 한 동네에 다양한 교파가 몰려 있다. 문제는 이 틈을 타

이단도 자연스럽게 스며든다는 점이다. 통일교, 여호와의 증인, 제7일 안식교, 새사도교회, 12지파교회, 시오니즘 교회, 새 오순절 교회 등 이단 교회들이 정통 교회들과 나란히 서 있다. 십자가를 달고 성경책을 들고 찬송을 부르니, 외부인 눈에는 모두 예수님의 교회로 보인다. 이런 구조는 오히려 정통 교인을 이단으로 끌어들이는 다리 역할을 한다.

1853년 잠비아에 온 첫 백인 선교사 데이비드 리빙스턴은 1873년 임종 직전, "오 예수님, 이 잠비아를 기독교 나라로 세워 아프리카와 온 세상에 희망의 빛을 비추게 하소서."라고 기도했다. 1991년 프레데릭 칠루바 대통령이 잠비아를 공식 '기독교 국가'로 선포했다. 이로써 오늘날 모든 공문서와 출판물에는 '잠비아는 기독교 국가'라고 기록된다. 그러나 이런 배경 속에서 이단들도 교단을 세우고 교회를 짓고, 식사와 차비를 제공하며 세력을 확장했다. 잠비아 사람들은 종교성이 강해 "내가 목사다." 하면 그대로 믿고 맹목적으로 순종하는 경향이 있다. 무슨 말을 해도 "아멘!" "할렐루야!"로 반응하며, 심지어 다니던 교회를 떠나 이단에 헌신하는 경우도 적지 않다.

1960년대 대한민국 닮은 나라

잠비아는 가난한 나라로, 전체 인구의 90%가 농부다. 시계는 없어도 시간은 넉넉하기에 장례식, 결혼식, 선거 유세, 교회 컨퍼런스, 시위 같은 행사에 사람들이 몰려든다. 전반적으로 모든 면에서 후진국이며, 특히 한국과 비교하면 생활수준이 50년은 뒤처져 있다. 2000년 기준 잠비아의 1인당 GDP는 100달러에도 못 미쳐 세계에서 가장 가난한 나라 중 하나였다. 그들의 생활은 내가 어린 시절의 대한민국과 닮아, 볼 때마다 마음이 짠하다.

도와주고 싶고, 나눠주고 싶고, 건물을 지어주고 싶고, 차에 태워주고 싶은 마음이 하루에도 몇 번씩 올라온다. 그만큼 내면의 갈등이 심한 선교지다. 처음에는 "잠비아가 기독교 국가라 선교하기 수월하겠다."는 생각으로 들어온 선교사들이 많지만, 매일 부딪히는 잠비아의 문화와 고질적인 나쁜 습관들로 인해 지치고 실망해 사역을 접고 떠나는 경우도 있다.

 잠비아 사람들은 많은 이가 늘 배가 고프고 늘 걸어 다니니, 남녀노소 모두 날씬하다. 아이들은 도로에서 차를 탄 사람들에게 구걸을 하는데, 이를 안쓰럽게 여긴 사람들은 돈, 과자, 사탕을 나눠준다. 그러나 이런 '선의'가 아이들을 농사일보다 구걸이 더 쉽다는 생각에 길거리로 내몰았다. 결국 '길가의 아이들'이 늘어났다. 한 선교사님이 이들을 위해 집을 짓고 학교를 세워 불러 모았지만, 아이들은 며칠 머물다 다시 거리로 돌아갔다. 나는 그 이유를 안다. 어릴 적 나도 부유해 보이는 사람에게 손을 벌렸던 경험이 있기 때문이다. 그래서 그들의 행동이 낯설지 않고, 오히려 웃으며 말한다. "나는 더 했는데, 너희는 양반이고 신사구나! 예수님 믿으면 나처럼 돈다. 복음이 너를 바꾼다." 그렇게 전도지를 나누고 복음을 전하며 그 자리를 떠나는 것이 나의 기본 선교 전략이 되었다.

"밤새 안녕하셨습니까?"라는 인사

 잠비아에서 "안녕히 주무셨어요?"라는 인사는 그냥 인사가 아니다. 전날 저녁까지 함께 웃고 밥을 나누던 이가 말라리아, 고혈압, 뇌졸중, 강도 등으로 밤사이 세상을 떠나는 일이 흔하기 때문이다. 돈이 없어 병원을 가지 못하다 죽는 사람도 많고, 병원에 약이나 장비가 없어 개인 병원으로 옮

기다 사망하는 경우도 있다. 외국이었다면 살 수 있었을 병도, 시설 부족과 가난 때문에 목숨을 잃는 경우가 허다하다. 그래서 아침마다 "무와시 부케니?"(밤새 안녕하셨어요?)라고 묻는 것이다. 이곳 주식인 옥수수 가루 값은 너무 비싸 하루 두 끼 먹으면 잘 먹는 편이다. 대부분의 사람들은 월급을 타면 한 달 먹을 양식을 준비하지만, 달 중반이 되면 한 끼마다 조금씩 재료를 사서 요리해 먹는다. 안타까운 현실이다. 나 역시 어렸을 때 배고픔에 시달렸다. 흰 쌀밥에 기름 둥둥 뜬 고깃국을 배부르게 먹는 것이 소원이었고, 밥과의 전쟁에서 이기는 법은 말없이 많이 먹는 것이었다. 잠비아 사람들도 질보다는 양을 선호한다. 잠비아의 '시마'는 한국의 밥처럼 큰 그릇에 담아 함께 먹는다. 닭 한 마리를 요리해 모두가 손으로 시마와 함께 집어 먹는 모습이 한국의 한솥밥 문화와 닮아 있다. 다행히 과일이 풍부해 굶어 죽는 사람은 거의 없다. 사탕수수, 망고, 바나나, 아보카도 등은 하나님의 은혜로 얻는 귀한 먹거리다.

잠비아의 생활은 한국의 1960~70년대와 비슷하다. 특히 말라리아로 목숨을 잃는 경우가 많다. 시골에서는 물이 귀하고 비누조차 구하기 어려워 청결을 지키기 힘들다. 게다가 쓰레기를 아무 데나 버리는 습관 때문에 장마철이면 하수가 막히고 웅덩이가 생겨 모기가 번식한다. 그 모기는 총보다 무서운 무기가 되어 공동묘지를 늘린다.

2000년에 처음 키트웨에 왔을 때는 묘지가 깊은 숲 속에 있었지만, 25년이 지난 지금은 큰 길가 옆까지 묘지가 들어섰다. 그래서 설교나 성경공부 때마다 한국의 발전 이야기를 예로 들며 나라를 깨끗하게 하자고 도전한다. 특히 시골 성경학교에서는 "실천으로 잠비아를 깨끗하게 하자!"라는 구호를 외우고, 농업·위생·기술 교육도 함께 진행한다. 잠비아의 환경과 문화는 나의 어린 시절과 비슷해, 다른 선교사들보다 더 쉽게 언어를 익히고 사람들을 이해할 수 있었다. 가난과 고생이 나를 준비시킨 귀한 자산이었음을 여기 와서야 깨달았다. 과거에는 작은 나라, 가난한 가정, 술주정뱅이 아버지를 원망했지만, 이제는 대한민국 사람으로 태어난 것을 자랑스럽게 여긴다. 대한민국이 어떻게 '대국'이 되었는지 이야기하며 성경을 가르치면, 잠비아 사람들도 감동하고 믿음이 자란다. 그렇게 믿음의 리더들이 세워지는 것을 보며, 하나님이 나를 왜 이곳까지 보내셨는지 확신하게 되었다.

사택에서 누린 하나님의 동산

한번은 장례식에 참석했는데 그날 설교자가 멋진 설교를 끝낸 후 구원으로는 초대 하지 않았다. 내게 축도 순서가 주어 졌는데 나는 축도 전에 간략하게 복음을 벰바어로 전하고 초대해 사람들을 예수님께로 인도했다. 그리고 축도를 했는데 성도 하나가 그 장면을 비데오로 찍어 소셜 네트워크 한 군데에 올렸다. 그런데 그 비데오가 온 사방에 퍼졌다.

그날 이후 잠비아 신문 Mirror에는 "벰바어로 설교하는 중국 목사"라는 제목으로 나의 사역이 소개되었다. 잠비아 사람들은 그 신문 가격이 저렴해 많이 사 보는데, 전면에 벰바어로 설교하는 내 모습이 실렸을 정도였다. 많은 사람들이 그 비데오를 통해 복음을 들었고 영향을 끼쳤다고 했다.

시골 깡촌 출신인 내가 예수님 덕분에 전도사로 7년, 담임목사로 10년을 목회하고, IMB 선교사로 파송받아 이렇게 신문과 유튜브를 통해 성령의 역사를 전하는 도구가 될 수 있었던 것은 오직 하나님의 은혜였다. 또한 이는 남침례 선교부의 성경적 선교 철학인 '현지화 선교' 지원의 결실이자 열매였다. 우리는 선교부에서 요구하는 Level 3 이상의 언어 점수를 취득했고, 현지 이름도 받았다. 내 이름은 '치상가(찾는 자)'였고, 아내의 이름은 '치심바(카사마 폭포의 이름)'였다. 레벨 3 이상의 언어 점수 덕분에 우리는 코퍼벨트 지방의 '키트웨'에 있는 선교사택에 드디어 도착하게 되었다.

그런데 이럴 수가! 나는 잠비아에 오면 콧구멍만 한 흙집에서 불편하게 살아야 할 줄 알았다. 그런데 눈앞에 펼쳐진 풍경은 전혀 달랐다. 앞마당과 뒷마당이 무척 넓은 집이었다. 훗날 우리 집의 넓은 뒷마당은 '청소년 축구장'이 되었고, 매주 토요일이면 아이들이 몰려와 2시부터 예배, 2시 30분부터 성경 공부, 3시 30분부터 5시까지는 축구를 하는 '축구 전도 사역지'로 변했다. 이 집은 1959년 12월, 미국 버지니아 주총회에서 로티문 성탄절 선교 헌금으로 지어졌다. 당시 두 채의 사택이 건축되었고, 그중 하나가 우리 집이었다. 최초의 남침례교 선교사인 톰 스몰(Tom Small)과 제브 모스(Zeb Moss) 선교사님이 거주하며 수많은 교회를 개척했고, 이후 존 개리슨(John Garrison), 로버트 무니(Robert Moony), 웨이드 코커(Wade Corker) 선교사님들이 살며 수많은 영혼을 구원하는 복음의 거점이 되었다. 우리는 참으로 에덴동산 같은 이곳에서 25년을 살았다. 집세 걱정도, 생활의 불편함도 없이 은혜 가운데 그 시간을 채우고 마침내 은퇴의 날을 맞이했다. 이 모든 것은 남침례교 총회와 헌신하는 성도님들 덕분이었다. 성탄절에 드려진 귀한 헌금으로 지어진 이 사택이 1959년부터 오늘날까지 수많은 선교사를 품고, 그들을 통해 하나님의 사랑이 땅끝까지 전해졌다. 이 얼마나 놀라운 은혜인가!

[버지니아 주총회에서 성탄절 헌금으로 지은 선교사 사택]

[교사 훈련]

제 10 부

역경 중에 계속된 복음의 길

버지니아 주 총회에 보내는 감사 편지	246
시골 교회로 이어진 복음의 발걸음	248
기대 속에 시작한 두 번째 도전	249
주님 은혜로 학업 마친 에녹과 아론	251
준비되지 않은 강단과 흔들리는 교회	252
생명의 리더 세우기	253
발렌타인데이에 마주한 생사의 고비	256
루사카에서 경험한 말씀의 생명력	257
병상에서 되살아난 복음의 능력	259
고난 통해 새롭게 하신 하나님	261
눈물의 회개와 치유의 기적	264

제 10 부   역경 중에 계속된 복음의 길

버지니아 주 총회에 보내는 감사 편지

사랑하는 미 남침례교 버지니아 주 총회 성도님 여러분께,

주님의 이름으로 문안드리며, 감사의 마음을 전하고자 이 글을 드립니다. 하나님께서는 여러분이 1959년에 드린 로티문 헌금으로 지으신 이 선교 사택을 통해 수많은 아름다운 사역을 이루게 하셨습니다. 우리 가족은 이 집에서 25년간 살며 사역했고, 두 아들도 이곳에서 7년을 함께 지내며 수많은 추억을 쌓았습니다. 1년간 홈스쿨을 하며 신앙과 배움이 함께 자란 특별한 공간이었고, 아이들이 장난감을 가지고 놀다가 큰 드럼통을 폭파시키는 해프닝도 있었습니다. 그러나 무엇보다 이곳은 매일 밤 9시면 온 가족이 모여 하나님께 예배드리고 기도하던 '벧엘'이었습니다.

코퍼벨트 지역에는 여러 선교사님들이 함께 사역하고 있습니다. 아내는 위로와 음식 섬김의 은사가 있어, 생일이나 특별한 날이면 선교사님들을 초대해 기쁨을 나누고 지친 분들을 위로했습니다. 고향 음식을 대접하며 마음을 어루만져 드린 이 집은 25년간 'Bed and Breakfast'처럼 수많은 분들이 다녀가며 힘을 얻고 사역지로 돌아갔습니다. 송별회, 신년 예배, 환영회, 생일 파티, 선교사 피크닉, 회의, 크리스마스 파티 등 거의 모든 중요한 한인 선교사 모임이 이곳에서 열렸습니다. 앞마당과 뒷마당이 넓고, 아내가 나무와 꽃을 사랑해 집은 늘 아름답게 단장되어 있었습니다.

집 앞에는 해마다 수백 개의 큰 열매를 맺는 아보카도 나무 두 그루와 수많은 망고가 열리는 망고 나무, 구아바·바나나·오렌지 등 여러 과일나무가 자라고 있습니다. 대문 앞 5미터 폭에 서 있는 종려나무는 마치 무장한 경비병처럼 방문객을 맞이합니다. 또한 우산나무, 보랏빛 자카란다, 불꽃같은 봉황목 꽃들이 집을 작은 공원처럼 꾸며줍니다.

하나님은 이 집을 통해 수많은 만남과 추억을 주셨고, 선교사 공동체 안에 기쁨과 회복의 장을 열어 주셨습니다. 매년 1월 마지막 월요일에는 코퍼벨트 지역 목사님들을 초대해 신년 월례회를 열었고, 한국 음식을 대접했습니다. 나는 그 시간을 통해 목사님들을 위로하고 권면 하며 한해의 사역과 가정의 축복을 위해 기도해 드렸습니다. 여러분이 보내주신 크리스마스 로티문 헌금으로 건축된 이 집은 동네 아이들의 '거룩한 놀이터'가 되었습니다. 2017년부터 매주 토요일 아이들과 예배, 성경공부, 축구 시합을 하며 복음을 전했고, 지금은 100여 명이 넘는 아이들과 청소년이 찾아와 예수님을 만났습니다. 제자훈련을 받은 아이들이 스스로 반을 나눠 성경을 가르치고, 매주 많은 아이들이 예수님을 영접합니다. 이곳은 또한 배고픈 아이들의 부엌이자, 전기·물 공급이 부족한 잠비아에서 태양광과 배터리 덕분에 청년들에게 쉼과 인터넷, 충전 시설을 제공하는 '선교 카페'가 되었습니다. 마당의 정원 일과 제자훈련을 통해 목회자로 성장한 이들도 있습니다. 물라마타 루우벤, 제이콥 말라샤, 그리고 곧 신학대에 진학할 화이슨 잉암비가 그 결실입니다.

이 센터는 신학대학에 우리 가족에게는 따뜻한 쉼터였고, 동네 아이들에게는 안전한 공원이자 예수님을 만나는 노아의 방주였습니다. 잠시라도 선교사님들에게 안전한 안식처를 제공할 수 있음에 감사하며, 버지니아 주 총회 성도님들의 헌신에 깊은 감사를 드립니다. 여러분의 상급은 천국에서 찬란하게 빛날 것입니다. 감사합니다.

주 안에서 다니엘과 그레이스 드림

시골 교회로 이어진 복음의 발걸음

십 개월의 언어 훈련을 마친 후 나는 키트웨로 이사하여 코퍼벨트 산하의 교회들을 섬기기 시작했다. 당시 나의 직책은 코퍼벨트 지역의 교회 개척과 지도자 양성이었고, 그때 나의 팀장은 에드와 린다 밀러 선교사님이었다. 그는 1977년에 잠비아에 와서 무려 23년째 코퍼벨트 지방회를 섬기고 있던 참 훌륭한 선교사님이셨다.

그분은 같이 섬기던 선교사님이 다른 지방으로 이동한 후 거의 5년째 혼자서 많은 코퍼벨트 지방회 교회들을 돌보며 헌신하고 계셨는데, 내가 오자 나이가 있으시니 집에서 가까운 교회들을 섬기겠다고 하셨다. 그리하여 나는 도시 외곽에 위치한 교회를 담당하게 되었고, 교회를 개척하고 지도자를 양성하며 제자들을 재생산하는 사역에 본격적으로 나서게 되었다.

같은 해, 대학생 선교사로 잠비아에 온 제이슨과 켈리 힐 선교사 부부는 근처의 코퍼벨트 국립대학교에서 대학생 선교에 집중하기로 했다. 나는 시골 지역을 부지런히 다니며 지도자 훈련에 힘썼다. 내가 맡은 구역은 루화니아마 지방회와 칼랭구와 지방회였다. 내가 방문하면 교인들은 늘 반가워했고, 장시간 이어지는 강의에도 불평 한마디 없이, 울퉁불퉁한 나무토막이나 흙벽돌 위에 앉아 나의 서툰 벰바어와 영어가 섞인 강의를 열심히 경청해 주었다. 이 목사님들의 열심과 헌신은 늘 나를 감동시켰다.

어떤 목사님은 강의를 듣기 위해 새벽 4시에 집에서 출발했고, 어떤 분은 걸어서 6시간이나 되는 길을 오셨다. 내가 맡은 시골 교회들은 대부분 차량이 들어가지 못하는 지역에 위치해 있었다. 유일한 교통수단은 자전거나 도보뿐이었다. 그러나 자전거 한 대 가격이 한 달 월급과 맞먹었기에, 구입 후에도 생활은 여전히 빠듯했다. 그들은 쌀과 반찬, 자녀 교육비, 교복 값 등 기본적인 생활비조차 빠듯한 형편이었다.

　도시 외곽 지역은 대부분 농부들이 사는 곳이었다. 나 역시 농사꾼의 아들로 자랐기에 농부의 삶이 얼마나 고단한지 잘 알고 있었다. 농부가 돈을 손에 쥘 수 있는 시기는 추수 후뿐, 1년 중 11월에서 3월까지 농사를 짓고, 5~6월에 추수해 판매하는 3개월이 전부였다. 나머지 9개월은 그 수입으로 버텨야 했다. 마치 한국에서 김장 김치와 쌀로 겨울을 나는 것과 같았다. 시골 선교 사역은 체력적으로도 쉽지 않았다. 무엇보다 교회들이 너무 멀리 흩어져 있었다. 좋은 포장도로가 있었다면 1~2시간이면 갈 수 있는 거리지만, 대부분은 비포장이었고, 특히 우기철과 직후에는 도로 상태가 심각하게 나빠 시간당 5km 이상 속도를 낼 수 없었다. 12개 교회가 소속된 칼랭구와 지방회 교회를 방문하려면 한 교회만 가는 데도 5시간이 걸렸다. 4개 교회가 있던 루화니아마 지방회 역시 2시간 이상 좁은 흙길을 달려야 도착할 수 있었다.

기대 속에 시작한 두 번째 도전

　첫 번째 팀 사역을 잘 마치고 미국으로 돌아가 1년간 안식년을 보내고, 우리는 다시 잠비아로 돌아왔다. 정든 교회 성도들, 친구들, 가족들에게 "2008년에 다시 만나자."고 인사하고 떠났지만, 사랑하는 이들과 정든 곳을 떠나는 일은 결코 쉬운 일이 아니었다. 미국에서의 시간은 선교 보고, 선교 훈련, 건강 상태 확인과 골프, 스키, 등산, 블루베리 수확, 쇼핑과 맛있는 음식 나눔, 깔깔 웃던 행복한 순간들로 가득했지만, 그 모든 것은 이제 과거로 접어야 했다.

　인생은 '떠남'의 연속이다. 만난 이와 언젠가 헤어져야 하는 순간이 오고, 선교사는 이별을 3~4년마다 반복한다. 아픔과 슬픔을 끌어안고 또 다른 땅으로 떠나는 길이 바로 하나님의 종이 걸어야 할 길임을 되새기며, 우리는 다시 코퍼벨트 지방회로 돌아왔다. 이번 텀에는 더 큰 비전을 품었다. 중국에서 일어난 CPM(교회개척운동)과 같은 부흥이 잠비아에서도 일어나기를 소망하며, 세상을 놀라게 할 교회 개척 운동을 결심했다. 목표는 4년간 기존 교회를 두 배로 성장시키는 것이었다. 우리는 먼저 침례교회가 필요한 지역을 조사한 후, 가정을 직접 찾아가 전도했다. 전도할 사람과 가정을 찾으면 단기·중기 제자훈련으로 제자들을 세워 나갔다.

　전도는 화요일부터 토요일까지 진행했고, 토요일 저녁이면 2시간짜리 '예수님 영화'를 상영했다. 전기도, 상점도, 상수도도 없는 외딴 마을에서 영화를 처음 보는 이들이 90%에 달했다. 소식을 들은 주민들은 자전거로 7시간을 달려오기도 했고, 아이를 업은 채 100~500명이 모여 스크린 앞에 앉았다. 예수님의 고난 장면에서 엉엉 우는 이들도 많았다. 영화 후 나는 예수님이 십자가에서 피 흘려 죽으신 이유를 설명했고, 구원의 초청에 대부분이 손을 들고 '죄인의 기도'를 따라했다. 구원의 확신을 전하며 다음 날 주일예배와 성경공부 참석을 권면했고, 실제로 많은 새 신자들이 참여했다. 이렇게 교회들이 하나씩 세워졌다. 목표였던 '배'의 성장은 이루지 못했지만, 4년 만에 7개 교회를 개척했다는 사실만으로도 우리는 참으로 감사와 감격으로 두 번째 텀 사역을 마무리할 수 있었다.

주님 은혜로 학업 마친 에녹과 아론

에녹과 아론, 두 아들은 미국 California Baptist University에서 전액 장학금을 받고 4년간 공부해 학사 학위를 취득했다. 졸업 후 에녹은 자신의 회사를 설립했고, 아론은 그래픽 디자이너로 일하였다. 지금은 구글에 속해 일하고 있다. 이 모든 과정은 하나님의 은혜로 이루어진 기적이었다.

2004년 CBU를 답사했을 때만 해도 선교사 자녀 장학금 제도가 없었다. 나는 아들들이 남침례교단 대학교에 진학하는 것을 자랑스럽게 여겼으나, 장학금이 없다는 사실에 실망했다. 1인당 연간 2만5천 달러, 두 명이면 5만 달러에 이르는 학비는 선교사 가정 형편에 감당하기 어려웠기에, 우리는 매일 저녁 9시 가정예배마다 간절히 기도했다.

그러던 2006년 1월, CBU에서 기쁜 소식이 전해졌다. 학교 이사회가 IMB 선교사 자녀에게 전액 장학금을 지급하기로 만장일치로 결정한 것이다. 그 결과 에녹은 2006년 8월, 아론은 2007년에 전액 장학금으로 입학해 무사히 졸업했다. 이는 분명 하나님께서 우리의 기도에 응답하신 놀라운 역사였다. 사실 목회 사역을 감당하면서도 아이들 교육 문제는 늘 큰 짐이었다. 미국에서는 고등학교 성적이 뛰어나면 장학금을 받을 수 있지만, 두 아들은 공부보다 음악이나 곤충 등 자신이 좋아하는 활동에 몰두했기에 성적으로 장학생이 되기는 어려웠다. 억지로 공부를 강요하기보다 자유롭게 키웠지만, 대학 진학은 여전히 부담이었다. 그래서 우리는 형편이 넉넉하지 않아도 아이들 이름으로 매달 50달러씩 저축하기 시작했다. 1년에 600달러, 10년이면 6천 달러, 20년이면 1만2천 달러에 불과했지만, 할 수 있는 최선을 다해 준비했다. 그러나 하나님은 우리의 연약한 준비를 넘어, 에녹과 아론 모두를 남침례 선교사 자녀 장학금 1기와 2기 수혜자로 세우셨다. 우리가 감당할 수 없던 대학 학비를 하나님이 완전히 해결해 주신 것이다. 나는 이 모든 과정을 통해 마태복음 6장 33절 "너희는 먼저 그의 나라와 그의 의를 구하라 그리하면 이 모든 것을 너희에게 더하시리라" 는 말씀을 다시 붙든다. 이 간증은 오늘도 성도들에게 재 헌신을 권면하는 귀한 예화가 되고 있다.

준비되지 않은 강단과 흔들리는 교회

2008년 6개월의 안식년과 2010년 큰아이 에녹의 대학 졸업 참석을 위해 4개월의 안식년을 다녀왔다. 그러나 돌아와 보니 교회들마다 문제가 산적해 있었다. 새로 개척된 교회들 중에는 지도자가 직장을 얻었다며 떠나버려 문을 닫은 경우가 있었고, 목사가 사임 후 다른 교단으로 간 교회도 있었다. 어떤 교회는 자칭 목사가 자신을 지도자라 소개하고 있었고, 또 다른 교회는 목사가 여자 교인과 부적절한 관계를 맺어 교인들이 모두 떠나버렸다는 소문까지 돌았다. 심지어 성도들의 존경이 없다는 이유로 출석을 중단한 목사도 있었다. 이 문제의 근본 원인을 찾기 위해 설문조사, 질의응답, 토론 등을 진행한 결과, 루화니아마와 루스위시 지방회 교회 목사들 대부분이 정식 목사가 아니라 호칭 목사이거나 자칭 목사라는 사실을 알게 되었다. 정식 신학 과정을 거친 목사는 단 한 명도 없었고, 목회의 본질을 '주일 설교 한 번'으로만 이해하는 경우가 많았다.

총회 산하 1,500여 교회 중 1972년부터 2025년까지 루사카 침례신학교에서 배출된 정식 목사는 400명도 채 되지 않았다. 나머지 1,100여 명은 신학 교육 없이 사명감도 부족한 채 강단 사역과 교회 교육을 독점하고 있었다. 이것은 단순한 인력 부족이 아니라 잠비아 교회 성장의 뿌리 깊은 구조적 문제였다.

생명의 리더 세우기

한 번은 치릴라 봄부웨라는 광산 도시의 새로 개척된 교회에서 주일예배를 드리게 되었다. 주일학교 시간이 되자 집사장이 나와 성경공부 반을 인도하기 시작했다. 중학교 교사인 그는 목소리도 크고 말도 또렷하여 아주 잘 가르쳤다. 그러나 강의를 들으면 들을수록 구원 교리가 뭔가 이상했다. 그럼에도 성도들은 "아멘", "할렐루야"를 외치며 기뻐하고 있었다. 나는 유심히 그 집사님이 어떤 참고서적으로 주일학교를 인도하고 있는지를 지켜보았다. 그런데 그가 손에 쥐고 있던 책은 다름 아닌, 여호와의 증인 교회에서 출판해 전 세계에 배포되는 칼라 잡지 The Watchtower였다. 그것을 공과 책 삼아 주일학교를 인도하고 있었던 것이다. 나는 큰 충격을 받았다. 예배가 끝난 뒤 그 집사님을 찾아가 잡지를 보여달라고 했고, 대신 내가 가져간 성경공부 교재를 주며 다음 주에는 이 책을 연구해서 가르치라고 권면했다. 그리고 단호하게 말했다. "이 잡지는 여호와의 증인에서 만든 것으로, 성경적이지 않은 잘못된 교리를 가르칩니다. 우리 성도들에게는 매우 위험한 책입니다." 그러자 그는 "그림이 총천연색이라서 좋았고, 읽어보니 우리가 믿는 내용과 똑같더라."고 대답했다. 나는 시간을 내어 정통 복음 안에서의 구원의 공식과 여호와의 증인이 주장하는 이단적 구원관의 차이를 설명했다. 그러자 그제야 그는 자신의 영적 무지함을 인정하게 되었다. 이 사건을 계기로 나는 다시 한 번 나의 선교 철학을 점검하지 않으면, 현재 존재하는 1,500개 교회는 그저 하나의 클럽, 자선단체, 구호기관에 불과하게 될지도 모른다는 위기의식을 절감하게 되었다. 이렇게 되면 이들은 예수 그리스도의 교회가 아니라 외형만 있을 뿐, 생명 없는 공동체로 전락할 수밖에 없다. 그래서 나는 해결책을 찾기 위해 기도하며, 신학교육의 부재로 목회자들이 엉뚱한 가르침을 전하고 교회를 그릇된 방향으로 이끄는 것을 어떻게 막을 수 있을지를 진지하게 탐구했다. 다방면에 걸친 조사, 설문조사, 질의응답, 그룹토론, 전문가들과 교수들의 조언을 종합한 결과, 다음과 같은 결론에 도달했다. 목회자와 리더의 소명 부재, 그리고 기초적인 조직신학의 결핍이 가장 근본적인 원인이었다. 이로 인해 리더들이 교회를 성경적 원리로 이끄는 대신, 교회가 단지 사람들의 취미와 편의에 따라 모이는 클럽이나 자선단체로 전락하는 현상이 발생하고 있었다. 즉, '교회는 있는데 교회답지 않은 교회'가 되어가고 있었던 것이다. 이에 따라 내가 도달한 결론은 분명했다. 해결책은 바로 예수님의 지상명령, 곧 마태복음 28장 19절의 말씀대로 실천하는 것이었다. "그러므로 너희는 가서 모든 민족을 제자로 삼아 아버지와 아들과 성령의 이름으로 침례를 베풀고, 내가 너희에게 분부한 모든 것을 가르쳐 지키게 하라." '가고, 제자 삼고, 침례를 베풀고, 가르치라.' 이 순서를 따르는 것이 가장 빠르고 성경적인 교회 지도자 양성 방법이라는 확신이었다. 현재 루화니아마와 루스위시 지방회 교회들이 겪는 문제는 바로 이 순서를 따르지 않았기 때문이었다. 교회를 세우는 데만 집중하다 보니, 몇 년도 채 지나지 않아 교회가 문을 닫거나, 몇몇 가족이 모여 예배드리는 '가정교회' 형태로 전락해 명목상으로는 '교회'라는 이름을 가지고 있지만, 실제로는 계시록의 사데 교회처럼 되었다. "네가 살았다 하는 이름은 가졌으나 죽은 자로다"(계 3:1)라는 진단처럼, 살아 있는 것 같으나 실상은 죽은 교회가 되고 말았던 것이다.

2012년이 되자 나는 지방 신학교를 지방 도시에서 시작해야 도시나 시골 교회들도 건강한 교회로 세워질 수 있다는 확신이 들었다. 그래서 도시 교회들을 직접 방문하여 설교하며 지방 신학교 등록을 권유했고, 설교 말미에는 구원의 초대와 함께 신학교 입학 초대를 하며 학생들을 모집했다. 당시에는 이미 도시 교회들이 개척한 몇몇 교회가 있었고, 정식 신학훈련을 받지 않았지만 '목사'라는 호칭으로 교회를 이끄는 지도자들이 여러 명 있었다. 그러나 그들 가운데는 신학적 기반이 부족해 교회를 이끄는 데 여러 허점이 보였고, 고쳐야 할 점과 보완해야 할 점들이 많아 보였다. 그래서 도시 교회들을 순회하면서 일종의 '비전 캐스팅(Vision Casting)'을 시작했다. "키트웨 신학교가 문을 열었으니 함께 공부해 신학을 정립하고, 건강한 리더가 되어 건강한 지방 교회를 세우자. 그렇게 해서 더 많은 죽어가는 영혼을 구원하고, 더 많은 제자를 세상에 파송하자."

　　키트웨 지방 신학교는 '36 물릴란솔로(팀장이었던 밀러 선교사님이 은퇴 후 빈 집)를 캠퍼스로 정하고, 토요일마다 2년 동안 신학을 공부하도록 계획했다. 그리고 전 과정을 이수한 지도자들에게는 '루사카 침례 신학교(Lusaka Baptist Theological Seminary)'의 졸업식 때 함께 수료식을 진행하며 기독교 사역 수료증(Certificate in Christian Ministry)을 수여하기로 했다. 이 제안에 대한 반응은 매우 좋았다. 약 90명의 목회자와 교회 지도자들이 등록했고, 우리는 2013년 개교를 목표로 준비를 시작했다.

발렌타인데이에 마주한 생사의 고비

2013년 초, 나는 철저한 계획을 세우며 선교 사역에 박차를 가했다. 1월은 숨 가쁘게 지나갔고, 2월 역시 일정이 빼곡했다. 발렌타인 데이였던 2월 14일 목요일, 점심 이후에는 집회가 있었고, 저녁에는 아내와 함께 근사한 음식점에서 식사하기로 예약해 두었다. 금요일에는 전도 일정, 토요일에는 지방회 회의, 그리고 주일에는 센트럴 침례교회에서 설교할 계획이었다.

그날 오전, 부엌 천장을 보니 깔끔한 부엌 분위기를 해치며 누런 전기선이 매달려 있었다. '오늘은 발렌타인 데이니 아내를 위해 깔끔하게 정리해 주자'는 생각이 들었다. 전기선을 벽 안에 넣고 흰색 테이프나 덮개로 마무리하면 되는, 30분이면 충분한 간단한 작업이었다. 게다가 나는 전기 작업에 대한 기본 지식도 있다고 자부하고 있었다.

10시 30분쯤 사다리를 꺼내고 도구를 챙겨 작업을 시작했다. 부엌 천장이 높지 않아 사다리를 대충 벌려 놓고 올라갔다. 먼저 전기를 차단한 뒤, 전기선을 절단하고 벽에 넣기 위해 송곳으로 벽 안을 쑤셨다. 그런데 송곳이 잘 들어가지 않아 힘을 더 주는 순간, 사다리가 밀리면서 그만 뒤로 넘어지고 말았다. 떨어진 높이는 고작 1.5미터였지만, 문제는 부엌 바닥에 있던 철관이었다. 내 엉덩이가 철관 위로 떨어지면서 요도관이 파열되었다. 처음엔 통증이 거의 없고 피가 나는 것만 보여 대수롭지 않게 생각했다. 그러나 점차 통증이 심해지고 아랫도리가 부어올라 제대로 걷기도 어려웠다. 놀란 아내가 달려왔고, 나는 "조금 다친 것 같아"라고 했지만, 상황은 심각해지고 있었다. 점심까지 미역국에 밥을 말아 먹으며 버텼지만, 피가 멈추지 않자 불안해졌다. 아내는 곧바로 나를 병원으로 데려갔다. 의사는 "요도관이 파열되었지만, 잠비아 안에서는 수술할 기술이 없다"며 남아프리카공화국으로 가야 한다고 했다. 그러나 가까운 도시 은돌라에서 남아공으로 가는 비행기는 이미 떠났고, 다음 비행기는 이틀 뒤 토요일에나 있었다. 나는 이미 극심한 통증과 출혈로 거의 움직일 수 없는 상태였다.

아내는 급히 잠비아 선교부 소속 책임 선교사 케빈 로저 선교사에게 연락했고, 로저 선교사는 병원 담당자와 상의한 끝에 선교부에서 긴급 경비행기를 띄우기로 결정했다. 2만 달러가 드는 이 비행기로 나는 키트웨에서 루사카 국제공항으로 이송되었다. 그 시각, 나는 비행기에 누워 말도 할 수 없을 만큼 쇠약해져 있었다. 감은 눈 안에는 노란 빛이 퍼지고 입술은 말랐으며, 통증은 참기 어려웠다. 나는 절박하게 기도했다.

"하나님, 지금 제가 죽으면 안 됩니다. 아직 할 일이 많습니다. 벌써 올해 선교 일정이 빼곡히 차 있고, 곧 80명의 도시 목회자와 지도자들을 훈련시킬 키트웨 신학교도 시작해야 합니다. 저는 교장이며, 교사이며, 책임자입니다. 제가 세상을 떠나면 이 사역은 중단될 수도 있습니다. 아내도 감당할 수 없을 만큼 힘들어할 겁니다. 제발 살려주십시오. 생명의 주인이신 예수님의 이름으로 기도드립니다. 아멘." 그 기도를 간절히 반복하며, 나는 비행기 안에서 하나님께서 주실 한 줄기 희망에 매달렸다.

루사카에서 경험한 말씀의 생명력

루사카 공항에 도착한 나는 휠체어에 실려 수속 사무실로 향했다. 그러나 너무 지쳐 고개조차 들 수 없었고, 목은 바싹 마른 채 숨이 가쁘게 헐떡였다. 그때 간호사가 가져다준 물 한 병을 마시는 순간 놀라운 변화가 일어났다. 마치 상쾌한 사탕을 입에 넣은 것처럼 속이 살아나고, 시원한 바람이 내 안에서 불어오는 듯 기운이 돌았다. 고개가 들리자 그제야 나를 밀고 가던 선교부의 드웨인과 베티 미첼이 보였고, 나는 감사 인사를 전하며 대화를 나눌 수 있었다. 그 순간, 나는 깊은 영적 진리를 체험했다. 성경에서 물은 침례, 씻음, 세상, 위험, 생수, 그리고 하나님의 말씀 등 다양한 상징으로 사용된다. 그때 내게 임한 깨달음은 "하나님의 말씀"이었다. 말씀 없이 사는 인간은 아무리 건강해도 고개조차 들 수 없는 연약한 존재라는 사실이다. 그러나 말씀을 마신 자는 생명을 얻고, 다시 고개를 들어 하나님을 바라볼 수 있게 된다.

비행기 탑승 수속 중 혈압을 재자 이완기 혈압이 60도 되지 않아 비행기에 탈 수 없다는 판정을 받았다. 일반적으로 정상 혈압은 120/80인데, 이완기 혈압이 60 아래로 내려가면 위험하다는 이유였다. 그날 비행기는 마지막 편이었기에, 우리는 간절히 기도했다. 잠시 후 다시 혈압을 쟀을 때, 이완기 혈압이 61로 나왔다. 단 1 차이였지만, 그것은 분명 하나님의 간섭이었다. 우리는 곧바로 비행기에 탑승해 남아공으로 향했고, 미리 예약된 요도 전문의 Dr. 휘셔가 있는 병원에 도착했다. 병원에 도착하자, 살아 있다는 것만으로 감사와 안도감이 밀려왔다. 따뜻한 침대, 간호사의 도움, 치료받을 수 있는 공간이 주어진 것 자체가 은혜였다. 입원한 첫날부터 나는 모든 간호사들과 친해졌고, 그들의 신앙 상태를 물어보았다. 대부분이 "예수님을 믿는다."고 했지만, 구원의 확신을 묻자 "십계명을 지켜서", "침례를 받았기 때문에", "교회를 빠지지 않아서"라는 대답이 돌아왔다. 또 어떤 이는 "그건 하나님만 아시죠."라고 말했다. 그들을 보며 깨달았다. "이들이 복음을 모르는구나. 하나님이 바로 이들을 위해 나를 이곳으로 보내셨구나."

Dr. 휘셔는 내 상태를 확인한 뒤 말했다. "대퇴부에 금이 갔고, 꼬리뼈가 부러졌으며, 수술이 까다로운 요도관이 파열되어 정상적인 소변 배출이 불가능한 상태입니다. 현재 부기가 심해 수술이 불가능하니, 우선 배꼽 아래에 임시 배출구를 만들어 소변을 빼내고, 붓기를 가라앉힌 뒤 후속 조치를 하겠습니다." 그는 배꼽에서 약 5cm 아래에 구멍을 내고 고무관을 삽입해 방광의 소변을 배출하는 시술을 했다. 이로 인해 나는 '배꼽이 두 개인 선교사'가 되었고, 외부에 연결된 주머니에 소변이 차면 비우는 방식으로 생활하게 됐다. 불편했지만, 정상적인 몸으로 회복될 수 있다면 감사할 뿐이었다.

다음 날, 의사는 "붓기가 가라앉아야 요도관을 연결할 수 있습니다. 한달 후에 봅시다." 라고 말했다. 우린 잠비아로 돌아와 약물 치료를 받으며 회복을 기다렸고, 한달후 다시 남아공으로 돌아가 수술 준비를 하였다.

병상에서 되살아난 복음의 능력

어느 날 저녁, 병실이 소란스러워졌다. 간호사가 휠체어에 한 청년을 태우고 들어오는데, 거의 죽은 시체처럼 축 늘어져 있었다. 그 청년은 내 옆 침대로 옮겨져 치료를 받기 시작했다. 잘생긴 얼굴에 고등학생 또래였그, 이름은 기억나지 않지만 인상은 깊게 남았다. 초저녁에 잠들었던 나는 새벽 3시쯤 눈을 떴다. 옆을 보니 그 청년이 눈을 멀뚱히 뜨고 있어 인사를 건넸고, 우리는 이런저런 이야기를 나누게 되었다. 그는 부잣집 외동아들이었지만, 부모는 늘 바빠서 자신을 도우미 아주머니에게 맡긴 채 밤늦게까지 일했다고 했다. 사춘기 무렵, 부모는 "필요한 건 뭐든 사 먹어라."며 용돈만 주고 집을 나섰고, 그는 친구를 통해 마약을 시작했다. 고1 때 이미 중독자가 되었고, 콩팥이 손상된 줄도 모른 채 중독이 심해져 수업 중 의식을 잃고 쓰러져 병원으로 실려온 것이다. 그의 이야기를 듣자 가슴이 아팠다. 얼마나 외롭고 고독했으면 그토록 마약에 기대었을까. 나 역시 그 시절의 외로움을 알기에 백 번도 이해할 수 있었다. 내 주변에도 많은 사람이 있었지만, 진정으로 나를 이해하고 위로해 준 사람은 없었다. 그래서 나도 술과 마약으로 마음을 달래던 시절이 있었다. 그때 주님의 음성이 조용히 들려왔다.

"영민아, 나는 너를 사랑한다. 다 이해한다. 내가 함께 있으니 괜찮아." 나는 그 청년에게 2시간 넘게 나의 간증을 전했고, 물었다. "너도 지금까지의 죄를 하나님께 고백하고, 예수님을 네 구세주로 받아들이고 싶니?" 그는 눈물을 글썽이며 고개를 끄덕였다. 일어나려 하기에 말했다. "일어나지 않아도 돼. 하나님은 네 마음을 보셔. 자세는 중요하지 않아." 그는 그대로 침대에 누운 채 죄인의 기도를 드렸다. 그 순간 눈물이 났다. 죽음의 침대 위에서 복음을 전하고, 또 한 영혼이 예수님을 영접하는 장면은 하나님의 은혜가 흐르는 '골든 타임'이었다. 병원 침대에 힘겹게 누워서 둘이 기도하고 눈물 흘리는 모습이 다른 사람 눈에는 이상하게 여겨졌을지라도, 그것은 주님께 올려드린 가장 향기로운 예물이었다. 그날 나는 깨달았다. 병원 침대 위에서도 할 수 있는 가장 값진 일은 복음을 전하는 일이라는 것을. 하나님께서 복음을 땅끝까지 전하라는 명령이 얼마나 위대한지, 그리고 나 같은 자에게 그 사명을 맡기신 은혜가 얼마나 큰지 감사드렸다. 나는 이 사명이 나만의 특별한 일인 줄 알았다. 그러나 예수님도 죽음의 나무 침대, 곧 십자가 위에서 마지막 순간까지 복음을 전하셨다. 옆에 있던 강도에게 "오늘 네가 나와 함께 낙원에 있으리라."(눅 23:43)고 약속하셨다. 예수님은 복음으로 시작하여 복음으로 생을 마감하셨다. 스데반 집사도 죽음의 순간, "주여 이 죄를 그들에게 돌리지 마옵소서."(행 7:60)라고 기도하며 복음을 전했다. 그 기도는 훗날 사도 바울이 될 사울의 심령을 움직였다. 그 모든 일을 떠올리며 마음 깊이 알게 된 것은, 내가 그 사다리에서 떨어져 남아공 병원까지 오게 된 것이 우연이 아니라 주님 계획 속에 있었다는 사실이었다. 하나님께서는 마약 중독으로 죽어가는 청년과 그를 돌보는 의료진에게 복음을 전하게 하시려고, 수많은 사람 가운데서 나를 택하신 것이었다. 나는 그 자리에서 눈물로 기도했다. "하나님, 연약한 이 종을 들어 쓰시사 가장 즐실한 곳에서 생명을 구하게 하시니 감사합니. 고통의 자리를 은혜의 자리, 축복의 자리로 바꾸어 주신 주님, 이제 제가 여기 있습니다. 주님의 손에서 떠나지 않게 하시고, 끝까지 복음의 도구로 사용하여 주시옵소서."

다음 날 아침, 청년은 휴대폰으로 성경을 읽고 있었다. 그는 눈을 반짝이며 말했다. "이상하게 성경이 이제는 읽혀요. 이해도 되고 재미있어요. 요한복음을 읽고 있는데, 다른 성경도 다운받아서 읽으려구요." 그 말에 나는 가슴이 뛰었다. 처음 예수님을 영접하고 말씀을 읽을 때의 감동이 떠올랐다. 말씀 하나하나가 살아 움직이며 하나님의 음성으로 들렸던 그때처럼, 청년도 성령 안에서 같은 은혜를 누리고 있었다.

성경은 하나님이 주신 영적 눈 없이는 이해할 수 없다(고전 2:14). 그러나 예수님을 영접한 자는 4살, 5살 어린아이일지라도 성경 속에서 깨달음과 감동을 얻는다. 청년의 눈에 이제는 성령의 안경이 씌워져, 하나님의 말씀이 그의 영혼 속에서 살아 역사하고 있었던 것이다.

고난 통해 새롭게 하신 하나님

나는 병원에서 수술을 잘 마치고 며칠 더 입원해 치료를 받았다. 요도관 연결 회복을 위해 호스를 끼웠고, 허리에 작은 소변 주머니 하나가 달렸다. 그러나 움직일 때마다 찾아오는 통증은 쉽지 않았다. 그럼에도 그 시간은 단순한 회복의 시간이 아니라 하나님이 주신 '사명의 시간'이었다. 나는 나를 치료해주는 의사, 간호사, 그리고 휠체어를 밀어주는 봉사자들과 차례차례 친구가 되었다. 그리고 그들의 영적 상태를 조심스럽게 살폈다. 그들은 율법과 종교에는 열심이 있었으나, 거듭나지 않은 신자, 마치 예수님을 찾아왔던 니고데모와 같았다. 나는 부드럽게, 그러나 분명하게 복음을 전했다. 먼저 죄의 실상을 깨닫고, 회개하며, 예수 그리스도를 믿음으로 구원받는 길을 나누었다. 복음을 들은 그들의 눈빛은 달라졌다. 기쁨과 평안이 번져갔고, 마침내 예수님을 마음에 영접하는 결단을 내렸다. 그 순간, 병실은 단순한 치료의 공간이 아니라 하나님의 나라가 임한 거룩한 자리로 변했다. 육신의 회복과 함께 영혼의 회복이 일어나는 현장을 보며, 나는 아팠던 시간이 헛되지 않음을 깊이 깨달았다.

　퇴원 후, 나는 남아공 침례 게스트 하우스에서 요양하게 되었다. 배꼽 밑 두 개의 소변 주머니는 한 걸음 걸을 때마다 칼로 찌르는 듯한 고통을 주었고, 하루 종일 누워 지내야 했다. 운전도, 의자에 앉는 것도 불가능했다. 그때 선교부 간호 선교사 라슨과 게스트 하우스 담당자는 나를 위해 특별한 배려를 해주었다. 일반 방이 아닌 메디컬 병실을 사용하게 해주고, 방 안에는 큰 화면 TV와 안락의자를 준비해 주었다.

　라슨은 "환자들이 자신에게만 집중하지 않도록, 생각을 다른 곳으로 옮겨줘야 해요."라고 말했다. 그 말대로 나는 다큐멘터리, 코미디, 영화 등을 보며 시간을 보냈고, 그 속에서 하나님이 허락하신 휴식의 시간을 누렸다. 그 시간 속에서 나는 확신했다. 고통의 자리가 곧 하나님이 쓰시는 복음의 자리라는 것을. 병실과 요양소, 그리고 느린 걸음 속에서 하나님은 계속 사람들을 만나게 하시고 복음을 전하게 하셨다. 나는 다짐했다. 회복되면 더 많은 곳에서 복음을 전하리라고. 그리고 오늘도 고백한다. "하나님, 이 모든 시간을 통해 저를 다시 빚어주시니 감사합니다. 고통의 시간이 헛되지 않게 하시고, 주의 복음을 위해 저를 더욱 낮추시고, 더 깊이 사용해 주소서."

수술 후 게스트 하우스에서 요양하며 많은 시간을 TV 코미디 'Monk'를 보며 보냈다. 낮잠이 많아 밤에는 잠이 오지 않았고, 아내는 그로 인해 불편을 겪었다. 불면의 밤이면 부정적인 생각과 미래에 대한 두려움이 몰려왔다. 의사는 아무 설명 없이 "괜찮다"는 말만 반복해 답답함이 더해졌다. 그러던 중, 아내가 건넨 작은 MP3에서 흘러나오는 찬양을 들으며 하나님의 음성을 들었다. "나는 네가 아는 수많은 구원받지 못한 사람들보다 너를 더 사랑한단다." 이해할 수 없는 말이었지만 분명한 사랑의 선언이었다. 나는 그 사랑이 사람들을 오해하게 만들 수 있다고 항의했지만, 하나님은 반복해서 말씀하셨다. "나는 그들보다 너를 더 사랑한단다." 그 순간, 하나님의 믿을 수 없는 사랑이 내 마음 깊이 파고들었다. 부족한 나를 더 사랑하신다는 그 고백 앞에서 눈물과 콧물로 뒤범벅이 되어 침대에서 예배드릴 수밖에 없었다. 나는 늘 겉모습을 포장하고 인정받으려 애쓰는 사람이었지만, 하나님은 모든 것을 아시면서도 그대로의 나를 사랑하셨다. 그 사랑은 나를 무너뜨렸고 동시에 다시 세워주었다.

매일 밤, 게스트 하우스를 천천히 돌며 나는 찬송가 "Amazing Grace(My Chains are Gone)"을 부르며 기도했다. 다시 자유롭게 걷고 뛰며 복음을 전할 수 있도록 간구했다. 때로는 통증 때문에 아내의 치마를 입고 걸어야 했고, 이를 통해 환자가 되면 소유가 아무 의미 없음을 절감했다. 예수님의 "무엇을 입을까 염려하지 말라"는 말씀이 깊이 와 닿았다. 또한 잠비아로 돌아가 도시와 시골 신학교 사역을 계획대로 감당할 수 있도록 수술이 더 필요 없기를 기도하며, 교회 성도들에게도 기도를 부탁드렸다.

회복을 기다리던 어느 날, 게스트 하우스에 걸린 사진 한 장 앞에서 눈물이 터졌다. 작은 밥 한 공기 앞에서 두 손 모아 기도하는 할아버지 그림이었다. 그 그림을 보며 "나는 밥 한 톨만도 못한 존재"라는 생각이 들었다. 밥

한 톨이 희생하지 않았다면 나는 마른 좀비처럼 힘없이 살았을 것이다. 그러나 그 쌀알이 내 몸에 들어와 피가 되고 힘이 되어주었기에 나는 살아 움직이며 사역할 수 있었다. 그런데 나는 하나님의 나라와, 나를 위해 십자가에서 희생하신 주님을 위해 무슨 희생을 했던가? 떠오르는 것은 아무것도 없었다.

눈물의 회개와 치유의 기적

남침례교 선교사로 13년을 살면서, 나는 큰집에 살고 좋은 음식을 먹으며 좋은 차를 타고 다녔다. 월급도 꼬박꼬박 받았고, 자동차 연료비나 수리비조차 내 돈으로 내본 적이 없었다. 그렇게 편안하게 지내는 동안 "희생"이란 단어와는 거리가 멀었다. 그 13년이 밥 한 톨만도 못한 선교였음을 깨닫는 순간, 하나님께 부끄럽고 송구한 마음에 눈물로 회개했다. 들판 가득 핀 노란 꽃 사이를 가족들이 뛰노는 모습을 보며 또 울었다. 꽃들은 자신을 태워 사람들에게 기쁨을 준다. 그러나 나는 잠비아 사람들에게 그런 기쁨을 주는 선교사였는가? 아니었다. 겉으론 "오직 하나님께 영광"이라고 했지만, 실상은 나 자신을 위한 기쁨에 초점을 맞추고 있었다. 꽃처럼 헌신하지 못했다는 자각에 다시 눈물이 났다.

공원을 걷다 커다란 느티나무 아래 쉬고 있는 사람들을 보았다. 나무는 그늘을 주고, 끝내는 장작이 되어 자기 몸을 불사른다. 나는 그 나무처럼 다른 이들의 쉼터나 도움이 된 적이 있었는가? 떠오르는 것이 없었다. "나무만도 못한 존재"라며 하나님께 죄송하다고 또 울었다. 그 시기, 나는 하염없이 눈물을 흘리며 내 모습을 돌아보았다. 아내는 혹시 내가 정신적으로 이상해진 것은 아닌지 걱정했다. 그러나 나는 두렵고 떨리는 심정으로 회개하며 하나님 앞에 서 있었다. 그 사고를 통해 나는 결코 교만해서는 안 되는, 용서받은 죄인임을 깊이 깨달았다. 남아공 요하네스버그의 링크스 휠드 병원에서 한 주간, 그리고 게스트 하우스에서 회복을 기다리는 동안, 하나님은 그곳들을 나만의 영적 수양관으로 바꾸셨다. 병실과 침실은 기도원이 되었고, 하나님과 깊이 교제하며 영적 민감함과 부흥을 경험했다.

하나님은 진정한 역전의 명수이시다. 죽은 예수님을 다시 살리신 하나님, 물에 빠진 베드로를 물 위로 걷게 하신 주님, 죽은 나사로를 무덤에서 불러내신 예수님, 늙은 창녀 고멜을 다시 사서 신혼을 회복시키신 하나님-그 역전의 하나님이 나의 인생도 여러 번 역전시켜 주셨다. 한국에서 미국으로, 불교에서 기독교로, 시골 촌놈에서 미국 캘리포니아의 부유 지역으로, 그리고 다시 아프리카 잠비아 선교사로-그 모든 길을 주관하신 하나님의 손길에 감격하며, 나는 오늘도 순종하고자 한다.

한 달간 게스트 하우스에서 회복을 기다린 끝에 받은 검진에서 요도관이 잘 회복되고 있다는 소식을 들었다. 나는 잠비아로 돌아가기로 결정했고, 부지런히 걷기와 운동을 하며 빠른 회복을 보였다. 한 달 후 다시 병원을 찾았을 때, Dr. 휘셔는 "이렇게까지 회복될 줄 몰랐다."며, 믿지 않는 사람임에도 "하나님이 회복시켜 주셨다."고 고백했다. 그 고백을 하나님께서 기뻐하셨을 것이다. 1년 후에는 완전히 이전 건강을 되찾아 다시 사역을 활발히 감당했다. 이후 '사닥다리 사건'을 계기로 "조금만 높아도 올라가지 않겠다."고 다짐했고, 아픈 사람을 보면 나의 일을 떠올리며 진심으로 기도하고 권면하는 선교사가 되었다. 지금도 아이들과 매일 축구를 하며 운동할 수 있는 건강은 전적으로 하나님의 크신 은혜다.

제 11 부

25년 사역에 새겨진 하나님의 은총

지방 신학교 사역	268
'로마의 길 이야기 복음'과 4세대 제자 양성	269
죽어야 사는 복음과 랍손 목사의 유산	272
사람을 세우는 나의 선교 철학	274
부르심에 순종한 아내와의 여정	277
선교사의 여섯 가지 직무와 사명	281
복음으로 마침표 찍는 일상과 돕는 손길	282
멈출 수 없는 전도와 기도의 응답	286

제 11 부   25년 사역에 새겨진 하나님의 은총

지방 신학교 사역

나는 루사카 침례신학교 에즈론 무손다 총장에게 코퍼벨트 지방 신학교를 후속 신학교로 인정받아, 졸업 시 루사카 침례신학교 졸업식에서 "기독교 사역 수료증"을 수여받는 조건으로 2년 과정 커리큘럼을 운영하기로 합의했다. 2011년부터 지도자들과 목사들이 시무하는 교회를 직접 방문해 학생 모집을 시작했고, 시골 중심의 교회들을 지방 신학교로 삼아 소수라도 강도 높은 신학 훈련을 진행했다. 합숙을 하며 한 주 내내, 때로는 3박 4일 동안 강의했고, 아침과 저녁은 쌀쌀하고 어두운 가운데서도 모두 묵묵히 배우고자 했다. 학생들은 불편한 통나무 의자나 벽돌 위에 앉아 내 서툰 벰바어에 귀 기울이며, 잘못 가르쳤던 성경 구절을 회개하고 간증하느라 진도가 늦어지기도 했다. 그럴 때면 "그 간증은 밥 먹으면서 합시다"라며 진도를 이끌어야 했다. 학생들은 책상조차 없어 무릎 위에 노트를 두고 필기했고, 이동식 흑판을 들고 다니며 강의했다. 추울 땐 햇볕 아래, 더울 땐 나도 나무 그늘에서, 저녁에는 충전 배터리 형광등 아래서 모기와 싸우며 하루 길게는 17~18시간씩 공부했다. 첫 과목은 '영적 성장'이었다. 창세기 1~5장을 통해 인간이 하나님의 형상대로 영·혼·육을 받은 최고의 걸작품임을 가르쳤고, 자신이 누구인지 아는 것이 가장 어려운 일임을 강조했다. '거듭나야 천국에 간다.' 과목에서는 거듭남의 확신을 심어주었고, 영접 후에는 "지금 당장 죽어도 천국에 갈 수 있습니까?"라는 질문에 대부분이 "네!"라고 답하게 되었다. 전도학에서는 '벰바어 로마 복음 전도지'를 암기시켜 5분 안에 복음을 전하고 초대할 수 있도록 훈련했다. 가장 많이 전도한 학생에게 선물을 주어 다른 이들에게 도전이 되게 했다. 신학생 카무사키는 직장에서 트럭 운전기사에게 복음을 전해 영접하게 했고, 카늄바는 병상에서 순복음 감독에게 복음을 전해 영접하게 했다. 고등학생과 중학생으로 구성된 주일학교 선생님들도 훈련 받아 매주 50~60명에게 복음을 전했다. 나는 지방 신학교가 개척 교회들에게 성경적으로 훈련된 지도자와 목사를 지속적으로 제공하는 대안임을 확신했다. 지난 15년간 분산 토착화 신학교 설립과 운영에 재정, 노력, 시간을 모두 쏟았고, 남침례교 선교사된 지방 신학교 25년 사역의 유산으로 남기고 은퇴하는 것을 목표로 달려왔다. 여기에 나의 선교 인생 전체를 걸었다.

'로마의 길 이야기 복음'과 4세대 제자 양성

내가 벰바어로 조금 수정한 "로마의 길 이야기 복음(RRSG)"을 사용해, 한국에서 온 제1회 GMP(Global Mission Project) 단기 선교사인 김 신기, 정 회언, 김 민재 전도사님들이 2020년에 잠비아에 왔을 때, 이들은 5,3,1 비전, 즉 매일 전도 5명, 전천후 전도자 3명, 제자의 삶을 사는 제자 1명을 세우고 돌아간다는 목표를 세웠다. 전도사들은 영어도 서툴고 벰바어는 처음 들어보는 언어였지만, 내가 그들이 오기 전부터 2분 벰바어 로마 전도를 달달 외우라고 부탁했기에, 도착하자마자 서툰 발음으로 앵무새처럼 복음을 전했다. 그런데도 잠비아 사람들은 그 복음을 정확히 이해했고, 많은 이들이 예수님을 영접했다. 세 분의 단기 선교사들은 언어 공부를 마친 뒤 거리로 나가 복음을 전했고, 1년간 한 사람당 1,000명 이상을 전도했다. 한국에 돌아간 지금도 서로 깊은 동료애를 나누며 "아주 좋은 경험이었다."고 간증한다. 이들은 자신들의 5,3,1 비전을 모두 이루고 귀국했다.

GMP 2기 팀은 2023년에 왔다. 김 희준, 김 다빈 두 형제였다. 이들에게도 같은 과제를 주었다. 벰바어 로마 전도지를 달달 외우게 하고, 현지 발음에 맞춰 훈련한 결과, 1기보다 더 열심히 전도하여 1인당 3,000명 이상을 예수님께 인도하고 귀국했다. 두 형제 중 한명은 이후 한국 침례신학대학에 입학해 목회자의 길을 준비하고 있다.

지금 잠비아에는 부흥의 바람이 불기 시작했다. 죠지라는 청년은 만사(Mansa)라는 도시에서 불우한 가정환경을 피해 아는 할머니 집에 거하며 하루하루를 보내고 있었다. 2020년 5월 13일, 그는 GMP 선교사가 머무는 집에서 정원일과 청소를 돕고 있었고, 나는 성경공부를 마치고 나오다 처음 그를 만났다. 간단히 인사를 나눈 후 영적 상태를 점검해보니 예수님을 영접하지 않은 상태였다. 그래서 로마 복음을 전했고, 그는 그 자리에서 예수님을 구주로 영접했다. 그는 이미 다른 교회를 다닌다고 했지만, 나는 리버사이드 교회로 오라고 권했다. 기대하지 않았으나 다음 주일, 그는 모슬렘 복장을 하고 교회 앞줄에 앉아 예배에 참석했다. 설교 중 나는 그 이야기를 간증하며 복음의 씨를 뿌리면 반드시 열매가 맺힌다는 사실을 전했다. 그날 설교로 3명의 대학생이 예수님을 영접했고, 4명이 전도자의 길을 결심해 그중 2명이 침례를 받기로 헌신했다.

죠지는 GMP 선교사들과 가까워졌고, 통역과 전도를 함께 하며 빠르게 영적으로 성장했다. 고등학교 등록금과 교복이 없어 학업을 중단한 사실을 알고, 단기 선교사들이 헌금을 모아 도와준 덕분에 그는 다시 복학할 수 있었다. 미탄토 고등학교에서 그는 매 교실마다 들어가 로마 전도로 친구들을 주님께 인도했다. 그중 아론과 카망가라는 학생이 예수님을 영접했고, 현재 토요일에는 학생 성경교사, 화요일에는 부치 교회 전도와 교사, 주일에는 리버사이드 주일학교 교사와 예배 인도자로 섬기고 있다. 죠지는 금요일 방과 후 학교 나무 밑에서 제자훈련을 인도했고, 학생들은 그를 목사처럼 따랐다. 어느 날 그 성경공부에 학교 교장 선생님이 참석했고, 수업이 끝난 후 "다음 주에도 불러달라."고 요청했다. 성령의 바람이 학교 전체를 흔들기 시작한 것이다.

아론과 어린이들 이후에도 많은 영혼을 주님께 인도하며 제자를 세웠다. 이렇게 해서 나 → 죠지 → 아론 → 아이들로 이어지는 4세대(4th Generation) 제자 양성이 이루어졌다. 이러한 부흥의 열매는 2021년, 10명의 시골 목회자들이 카푸부 대포에서 신학훈련을 마치고 졸업식에 참여하면서 절정을 맞았다. 나는 루사카 신학교 학생처장인 미섹 주루 박사를 초청해 설교를 부탁했고, 이를 통해 시골 신학교가 인정받는 정식 과정이라는 이미지를 구축했다.

지방 신학교 사역은 시골 교회에만 국한되지 않았다. 도시 교회 목사, 집사, 리더들에게도 동일하게 훈련이 제공되었다. 이유는 분명했다. 훈련되지 않은 리더들이 예배를 어지럽히거나, 설교와 예배 인도를 어려워하는 일이 빈번했기 때문이다. 담임목사가 아닌 선교사의 입장에서 직접 개입하는 것은 한계가 있었지만, 건강한 교회를 위해 훈련된 리더의 필요성을 절감했고, 도시 교회 지도자들에게도 동일한 훈련을 적용해야 한다고 확신했다. 이렇게 지방과 도시를 아우르는 지도자 훈련은 복음이 뿌리내리고, 부흥이 지속되는 토대를 마련했다.

죽어야 사는 복음과 랍손 목사의 유산

....

랍손 잉암비 목사를 처음 만난 것은 내가 잠비아에 선교사로 와서 열심히 교회를 개척하던 시기였다. 깊숙한 시골 마을 미벵게(Mibenge)에서 매주 화요일이면 그 동네를 방문해 전도하고, 오후에는 제자 성경공부를 인도했다. 그렇게 사람들이 하나 둘 모이기 시작했고, 교회가 세워졌다. 그때 랍손은 조용하고 진지한 주의 일군으로, 작지만 열정 있는 소그룹을 인도하기 시작했다. 이후 내가 지방 신학교를 시골 지역에 세우고, 직접 며칠씩 머물며 조직적으로 성경을 가르치기 시작했다. 랍손도 신사도 교회 배경 속에서 구원의 확신 없이 목회를 하던 사람이었지만, 루화니야마 지방 신학교에서 공부하며 복음을 바로 깨달았다. 구원이 인간의 행위가 아닌, 100% 예수님의 은혜로 이루어진다는 진리를 붙든 그는 완전히 변화되어 하나님과 교회를 열심히 사랑하는 지도자가 되었다.

그는 자신의 집에서 무려 15km나 떨어진 치말렘바(Chimalemba)라는 마을에서 몇 안 되는 성도들을 매주 찾아가 제자훈련을 하고, 교회를 세우며 헌신적으로 섬겼다. 하지만 2020년 아파서 중앙 병원에 입원했고, 50세라는 젊은 나이에 세상을 떠났다. 그가 개척했던 미벵게 교회와 치말렘바 교회는 지역적 한계로 인해 성장에 어려움을 겪었고, 그가 떠난 후 교회는 큰 타격을 입었다. 나는 마음속으로 투덜거렸다.

"기껏 훈련시켜 놓으면 이렇게 허무하게 세상을 떠나 버리다니…"

기운이 쭉 빠졌고, 참으로 안타까웠다. 그가 오래 살아 이 지역과 도시 전체, 더 나아가 세계 선교에까지 쓰임 받았으면 좋았을 텐데 말이다. 그때부터 나에겐 깊은 고민이 생겼다. 왜 시골 지역의 목회자들은 후계자를 키우지 않고, 본인이 죽으면 교회도 함께 멈추게 하는가? 그래서 이후 목회자들을 만날 때마다 도전적으로 말했다. "차세대 제자를 훈련시키세요. 당신이 세상을 떠나도 복음은 계속 전해져야 하지 않습니까?"

그 후 몇 년 뒤, 랍손 목사의 자녀들로부터 연락을 받았다. "우리 지방회에도 성경학교를 다시 열어주세요." 당시 나는 루스위시, 무풀리라, 키트웨에서 지방 신학교 사역으로 너무 바빴기에 시간을 낼 수 없었다. 그래서 루스위시 지방 신학교로 직접 오라고 권했다. 놀랍게도 그들은 10km 떨어진 거리에서 고장 난 자전거를 타고 새벽같이 달려와, 수업 시작 전에 대기하고 있었다. 그렇게 7~9명의 청년들이 강의를 듣기 시작했고, 2023년에는 6명이 지방 신학교를 졸업하게 되었다. 그 중 랍손의 장남 화이손 잉암비는 치질로 앉지도 못하는 상태에서 수업 내내 서서 강의를 들었다. 그 모습을 보며 나는 내심 감격했다. 하나님의 생명의 말씀이 그의 발목에서 무릎으로, 가슴으로 흘러가는 것이 보이는 것처럼 느껴졌다. 이후 아내와 나는 화이손을 우리 집 가드너로 채용해서 그를 도왔고, 건강보험에 가입시켜 무료로 두 차례 수술을 받게 했다. 그는 악착같이 저축해서 내년에 루사카에 있는 침례교 신학대학에 진학할 예정이다. 성품은 온유하고, 연구를 좋아하며, 성경을 깊이 관찰하고 질문하는 참된 학자의 자질을 가지고 있다. 나는 그가 장차 잠비아 신학계를 이끌 조직신학자가 되리라 믿고 있다. 또한 랍손의 둘째 아들, 찰스 잉암비는 고등학교를 우수한 성적으로 졸업했고, 성경 지식, 조직력, 집중력, 리더십 모두 탁월한 인물이다. 지방 성경학교 비전 선언문인 디모데 후서 2장 2절 말씀을 삶으로 실천하며, 자원해서 4곳의 청년 신학교를 운영하고 있다. 매주 토요일, 하루 종일 성경을 가르쳐 책을 쓰는 이 시점 전주에 15명의 학생이 수료증을 받았다. 찰스는 복음을 무엇보다 우선시하는 리더 전도자다. 나와 같은 영적 마인드를 가진 그는, 내가 가장 감탄한 최연소 성경 교사다. 얼마 전 신학대학 장학금 인터뷰가 있었지만, 그는 지방회 청년 사역과 교회 사역이 더 중요하다며 입학을 거절했다. 그의 책임감과 헌신은 나를 깊이 감동시켰다.

셋째 아들 바울 잉암비는 현재 고등학교 3학년이다. 전도 1등, 교회 주일학교 교사, 금요일마다 굿 뉴스 클럽 사역, 어른 신학교 강의까지 경청하는 열정적인 청년이다. 그의 설교를 듣고는 내가 감동을 받아, 정규 신학교를 졸업한 목회자의 설교처럼 느껴졌다. 나도 모르게 '이들에게 더 많은 것을 전수하고 싶다.'는 마음이 생겼다. 화이손(26), 찰스(22), 바울(18)과 나는 복음 안에서 선생이자 제자이며, 친구이자 동역자, 아버지와 아들 같은 관계이다. 이게 바로 복음의 능력이다. 복음은 모든 장벽을 허물고 하나 되게 한다. 그리고 나는 깨달았다. 나는 랍손 잉암비를 너무 빨리 판단했다. 그가 죽은 후, 나는 회개했다. 그는 살아 있을 때 가장 귀한 유산을 남겼다. 매일 자녀들과 성경을 나누며 모범을 보였고, 그 씨앗은 몇 년 만에 열매 맺어 풍성한 생명나무가 되었다. 요한복음 12장 24절의 말씀처럼 말이다. "내가 진실로 진실로 너희에게 이르노니, 한 알의 밀이 땅에 떨어져 죽지 아니하면 한 알 그대로 있고, 죽으면 많은 열매를 맺느니라." 랍손 잉암비는 한 알의 밀알로서 떨어져 죽었지만, 그의 삶은 열매 맺는 나무가 되어 자녀들을 통해 지금도 복음을 증거하고 있다.

사람을 세우는 나의 선교 철학

나는 지난 25년의 선교 사역 가운데 '지방 신학교 개척과 성장'이라는 한 우물을 파기로 결심하고 달려왔다. 코퍼벨트 지역에는 흙벽돌로 지어진 시골 교회들이 있었지만, 예배당 건축보다 건강하고 성경적인 지도자 양성에 집중하기로 했다. 교회 건축을 시작하면 나머지 수십 개 교회들도 동일한 요구를 할 것을 알았기 때문에, 그 대신 교회 건축 시 부분적인 도움을 주거나 여러 지역에 우물을 파주는 사역만 진행했다. 그리고 모든 재정과 시간은 지도자 훈련에 집중했다.

사실 집을 지어주거나 건물을 세우는 선교는 눈에 잘 띄고 성과를 말하기도 쉬워서 가장 '폼 나는' 사역처럼 보인다. 그러나 지난 100여 년간 그런 사역은 충분히 이루어졌음에도 불구하고, 그 결과는 기대에 미치지 못했다. 나는 결론적으로 사람에게 초점을 맞추는 것이 더 중요하다고 판단했다. 그 결과 지금까지 200명이 넘는 목회자와 지도자가 배출되었고, 이들은 각 농촌 교회를 충실히 이끌고 있다. 특히 지방 신학교 졸업생들은 '로만 로드 스토리' 복음 전도법을 활용해 매주 예수님을 전하며, 설교에서도 본문에 맞는 강력한 제목과 전개, 결론으로 구원과 헌신을 이끌어내는 능력을 갖추었다. 나 역시 매주 신학교 강의 때마다 금식하며 말씀을 전했다. 연평균 70일 이상 금식했으니, 15년간 약 700일 이상 금식하며 가르친 셈이다. 학생들에게도 금식하며 (그러나 70일을 이어서 금식했다는 이야기는 아니다. 세어보니 70일이 된다는 것) 말씀에 집중할 것을 권면했고, 그 결과 신학교에는 '금식 공부의 장'이라는 별명이 붙을 정도로 진지한 배움의 분위기가 자리 잡았다. 내가 금식을 며칠 했다고 언급하는 이유는 그만큼 지방 신학교 사역이 내게 진지하고 소중하다는 것을 전하고 싶기 때문이다.

오는 2025년 8월 16일, 제5회 졸업식이 카미푼두 침례교회에서 열리며 40명의 졸업생이 졸업 가운을 입고 파송될 예정이다. 이들은 시골의 26개 교회에 흩어져 예수님의 전천후 전도자(Life Style Evangelist)로 활발히 사역하게 될 것이다. 나는 지금까지 건물보다 사람을 세우는 사역에 전념해 왔다. 지방 신학교들이 개척되는 교회에 성경적이고 검증된 지도자들을 공급하는 것이야말로 가장 효과적인 방법이라고 믿기 때문이다. 이것이 내가 지난 25년간 남침례교 선교사로서 일관되게 추구해 온 방향이며, 앞으로도 같은 비전을 따라 나아갈 것이다.

나의 선교 철학은 죽은 영혼을 살려내는 전도와 예수님의 제자 양성, 그리고 건강한 교회 세우기에 시간과 열정을 가장 많이 투자하는 것이었다. 이를 위해 지방 신학교를 개척하고, 그곳에서 배출된 지도자들을 각 교회로 다시 파송하여 건강한 개교회로 성장시키는 것을 선교 방향으로 삼았다. 궁극적으로는 이 건강한 교회들이 세계 각지에 선교사를 파송하는 '선교사 교회'로 세워지기를 목표로 했다. 나는 내가 떠난 이후에도 사역이 지속될 수 있도록 신학교 사역의 자립화를 준비했다. 수년간의 훈련 끝에 21명의 성경학교 교사를 세웠고, 모든 교인들 앞에서 엄숙한 임명식을 거행했다. 이들은 무푸릴라, 키트웨, 루스위시, 루화니아마, 그리고 새로운 선교사님이 시작한 루안도 지방 신학교를 포함한 총 5개의 지방 신학교를 맡아, 각 지역 안에서 지속적으로 운영해 갈 주역들이다. 앞으로도 이 신학교들을 통해 꾸준한 제자 양성과 교회 지도자 배출이 이루어질 것이다.

지난 25년 동안 나는 로마 전도법을 활용하여 수많은 죽은 영혼을 구원으로 인도했고, 4개의 지방 신학교를 통해 수많은 예수님의 제자를 길러냈다. 이 제자들이 각 교회의 지도자가 되어 교회는 점차 건강하게 성장했고, 복음은 더 넓게 퍼져 나갔다. 이 모든 사역은 남침례교 선교위원회(IMB)가 제시한 M-Task(선교 사역)와 '하나님의 네 가지 밭'(God's 4 Fields: 전도, 제자 양육, 리더 훈련, 교회 개척)이라는 선교 전략에 철저히 따라 이루어졌다. 남침례 선교부는 건축이나 복지 사업보다 복음 전파, 제자 훈련, 지도자 세움, 건강한 교회 개척에 집중할 것을 모든 선교사들에게 요청했다. IMB의 방향과 나의 선교 철학이 완벽히 일치했기에, 나는 누구의 간섭도 받지 않고 사역에 집중할 수 있었다. 그 결과 25년간 선교 사역을 흔들림 없이 지속할 수 있었고, 마지막까지 IMB의 전폭적인 지원과 신뢰 속에서 사역을 완주하게 된 것은 내게 큰 보람이었다.

부르심에 순종한 아내와의 여정

깡촌에서부터 잠비아에 이르기까지 나를 이끌어주신 하나님 은혜로, 나는 이 자서전을 출판하게 되었다. 이 책을 통해 세상 어느 한구석에서라도 성령의 감동으로 이 글을 읽고, 하나님을 이해하며 예수님을 믿어 삶의 주인으로 영접한 분이 단 한 사람이라도 생긴다면, 나는 이 책을 출판한 목적을 충분히 달성했다고 믿는다. 이 모든 여정 속에서, 나는 하나하나 하나님께 감사하지 않을 수 없다.

첫째는, 무조건적인 하나님의 은혜가 내 인생에 늘 아침 이슬처럼 내려주셨다는 사실이다. 만약 내가 한국에서 계속 살았다면 예수님을 만나지 못했을 것이다. 인천에서 냉동학원에 다니며 냉동기술을 배우던 시절, 나는 여호와 증인의 전도로 그들의 집회와 모임에 꾸준히 참석했다. 그들은 성경을 들고 나를 진지하게 대해 주었고, 그때 나는 인간적인 따뜻함을 느꼈다. 당시 나는 냉장고 수리점의 주인에게 거의 짐승 취급을 당하며 기술을 배우고 있었기에, 사람다운 대접을 그토록 갈망하고 있었다. 그런데 여호와의 증인들은 내게 고개 숙여 인사하고 따뜻한 차도 내주며 친절하게 대해 주니, 그게 마치 인간다운 인생을 사는 것처럼 느껴져 열심히 그 모임에 다녔다. 그들이 나눠주는 잡지도 읽고, 찬송도 따라 부르며 진지하게 임했었다. 그러나 결국 나는 그 냉장고 수리점을 도망치듯 떠나 미국으로 오게 되었고, 그렇지 않았다면 아마 지금쯤 여호와 증인의 열성분자가 되어 있었을지도 모른다. 나를 그곳에서 빼내 주신 것도 하나님의 은혜였다. 미국에 오자마자 처음으로 일하게 된 7/11 가게는 성결교회 목사님이 소개해주신 곳이었다. 산호세 쿠퍼티노에 살 때는 성결교회를 다녔다. 당시 나는 나이롱 신자였다. 그러다가 1년 뒤, 더 큰 집을 사게 되어 밀피타스로 이사하면서는 밀피타스 감리교회에 청년들 권유로 나 혼자 다니기도 했다. 이후 직장 동료의 권유로 알라마다의 높은 산 위에 있는 장로교회를 잠시 다녔는데, 성가대 지휘자의 극성에 못 이겨 테너로 몇 달간 하얀 가운을 입고 성가대에서 찬양을 하기도 했다. 그러나 얼마 안 가 그 교회 목사님이 나를 인도한 친구의 누나와 부적절한 관계를 맺으면서 교회가 무너졌고, 나는 교회 자체에 대한 신뢰를 완전히 잃고 더 이상 교회를 나가지 않게 되었다. 그렇게 교회를 외면하던 내가, 1981년 3월 29일 산호세 제일 침례교회에 갔고, 그곳에서 예수님을 영접하게 되었다. 그 후 나의 삶은 엄청나게 변했다. 그 후, 나는 침례교 청년회장, 전도사, 목사, 교회 개척자, 그리고 남침례교단 소속 장기 선교사로 살아왔다. 복음 전파와 교회 개척, 지도자 양성에 내 목숨과 삶을 모두 바쳐 헌신해 온 지난 44년의 여정은 돌이켜 보면 오직 하나님의 엄청난 은혜로 가능했던 길이었다는 사실을 고백하지 않을 수 없다. 두 번째는 내가 좋아하는 스타일과, 내가 갖고 있지 않은 영적 은사를 지닌 아내를 내게 주신 하나님께 감사드린다.

하나님께서는 내가 예수님을 만난 후, 3년 동안 연애 한 번 하지 않고 오직 기도만 하게 하셨다. 그때 나는 내가 선호하는 아내의 모습에 대해 6가지 조건을 정해놓고 기도했는데, 주변 사람들은 그 기도 제목을 보고 "무모하다."고 말했다. 그런데 놀랍게도 하나님께서는 1984년 겨울, 그녀에게서 받은 첫 번째 편지를 통해 그 6가지 모든 조건을 다 들어주시는 응답을 주셨다. 그 후 우리는 3달 동안 편지를 주고받다가, 1985년 2월 26일에 처음 만나고, 다음 날인 27일에 나는 그녀에게 프로포즈를 했다. 그리고 정확히 열흘 후인 1985년 3월 9일에 우리는 결혼식을 올리고 한 몸을 이루게 되었다. 그래서 나는 나의 아내에게 '은혜의 선물'이라는 의미로 그레이스라는 영어 이름을 지어 주었다. "자격 없는 자에게 주시는 하나님의 거저 주시는 선물", 바로 내가 그 케이스였기 때문이다. 우리는 결혼 후 40년 동안 늘 마음 맞추어 살며 늘 함께 했다.

우리 부부는 사역 뿐 아니라 가정과 삶의 모든 영역에서 한 팀이다. 아내는 항상 모든 일정을 계획하고 준비했고, 나는 그녀 계획을 확인하여 실행에 옮기는 역할을 맡았다. 아내는 각종 행사와 여행, 모임 등을 기획하고 직접 답사하며, 식사, 간식, 숙소, 물품 준비 등, 물론 항공권 예약, 해약, 비자, 여권, 신용카드, 필요한 도구들까지 꼼꼼하게 체크해 준비한다. 나는 최종 확인, 운전, 청소, 정리정돈, 짐 정리처럼 체력과 순발력이 필요한 일들을 담당하며 아내와 척척 맞는 호흡을 자랑하는 훈련된 팀이었다. 목회 중에도 우리는 종종 아이들과 함께 주말 캠핑을 떠나곤 했다. 예를 들어 코들레인 캠핑장에서는 낚시와 수영을 즐긴 뒤, 아이들과 내가 잡은 생선을 아내가 구워 근사한 식탁을 준비했다. 겨울이면 근처 스키장에 가서 눈싸움, 눈썰매, 눈밭 레슬링으로 하루를 보내고, 숙소에 돌아오면 아내가 슬로우 쿠커에 아침에 올려 둔 닭 요리를 나눠 먹으며 따뜻한 가족의 추억을 만들었다. 가끔 산에 올라 블루베리를 따고, 밤에는 아이스 링크에서 아이들과 스케이트를 타며 넘어지고 웃고 울었다. 아내는 김밥과 라면국물을 준비해서 저녁을 함께 나누고, 교회로 돌아오며 또 하나의 아름다운 기억을 사진으로 남겼다. 잠비아 선교지에 와서도 아내는 모든 자질구레한 일과 재정을 25년 넘게 책임져 주었다. 선교부의 까다로운 재정보고 시스템에 따라 매월 영수증을 정리하고 온라인 보고를 작성하며, 많은 이메일 질문에도 차분히 응답하고 서류를 보완했다. 또한 아내는 세금보고, 은행 계좌 관리, 연금, 예금, 이동 경비, 월말 및 연말 정산까지 담당해 왔다. 코퍼벨트 지역의 한인 선교사들의 생일, 행사도 기획하고 진행하며 모두를 위로하는 쉼과 따뜻한 공동체를 만들어 주었다. 두 명의 Journey Girls 선교사님들과 한국에서 온 단기 선교사님들을 위해 정기적으로 식사를 대접했다. 한식과 양식 모두 좋아하는 음식을 제공하며 그들에게 떠나온 집과 가족을 그리워하는 마음을 달래주었다

우리는 25년 동안 한 언어, 한 부족, 한 직업, 한 집, 한 팀, 한 아내로 함께 선교의 길을 걸어왔다. 우리는 어떤 어려움도 함께 이겨냈고, 또한 일 년에 몇 번씩 사역지에서 텐트를 치고 추운 바닥에서 자며, 남자들은 내가 여성들은 아내가 전도와 제자훈련을 했다. 며칠을 씻지 못하고 돌아오면 목욕물은 시꺼멓게 변했고, 몸무게가 줄어드는 것도 느낄 정도였다. 그러나 우리는 기쁨으로 복음을 전했고, 말씀의 능력을 믿었고, 제자 재생산의 꿈을 이루었다. 오늘 우리 현지 교회들이 다는 아니지만 말씀을 사랑하고, 스스로 성경을 해석하고 적용하는 성도들로 성장했음은 기적이다. 나는 감히 나와 아내가 하나님의 은혜로 이루어진 거의 완벽한 팀이었고, 지금도 여전히 그럴 수 있다는 게 너무도 감사하다.

세 번째는 남침례교 선교부의 선교 방향에 꼭 맞는 영적인 은사를 하나님께서 내게 부어주신 점이다. IMB 남침례 국제 선교부는 모든 선교사들에게 명확한 선교사의 직무를 기준으로 사역하도록 요청한다. 선교사들이 이 목표를 이루기 위해 전략을 세우고 팀을 구성하며, 재정을 책정하고 현지인들과 협력하여 결국 아프리카 교회가 아프리카 선교사를 전 세계에 파송하는 것을 최종 비전으로 삼고 있다. 이는 우리가 속한 '사하라 이남 아프리카'의 선교 방향과도 일치한다.

선교사의 여섯 가지 직무와 사명

선교부에서는 선교사들에게 여섯 가지 중요한 임무를 맡겼다.

진입(Enter) : 미전도, 미접촉 지역에 들어가 현지 문화와 언어를 배우며 관계를 맺는다.

전도(Evangelism) : 복음을 전하고, 아직 믿지 않은 이들에게 예수 그리스도를 소개한다.

제자화(Discipleship) : 복음을 받은 이들을 훈련시켜, 재생산 가능한 제자로 세운다.

건강한 교회 개척(Healthy Church Formation) : 성경적이며 자립 가능한 건강한 교회를 세운다.

지도자 훈련(Leadership Development) : 지역 교회의 지도자들을 단기·중기·장기 단계로 지속적으로 개발하고 세운다.

떠남(Exit) : 모든 사역은 '떠남'을 전제로 시작하며, 현지인이 사역을 이어갈 수 있도록 한다.

이 중 전도, 가르침, 제자 개발은 하나님께서 내게 주신 영적인 은사와 정확히 맞아떨어졌다. 하나님께서는 언제나 구원받아야 할 영혼들을 내 앞에 보내주셨고, 나는 그들을 복음으로 연결할 수 있는 영적 기술을 주셔서, 아주 짧은 시간 안에 한 영혼을 주님께로 인도할 수 있다는 확신을 갖고 있다. 나는 효과적인 전도를 위해 충분한 지식과 자료, 훈련 방법을 갖추었으며, 전도자를 세워 그들이 삶으로 전도의 능력을 증명하도록 이끌 수 있다.

제자 훈련 역시 나의 개인적인 간증과 깊이 연결되어 있다. 한때 구원의 확신이 없어 방황하던 시절이 있었지만, 그 확신을 얻은 이후로는 복음의 불이 꺼지지 않고 지금까지 타오르고 있다. 이러한 경험을 바탕으로, 나는 아프리카인의 문화와 상황에 맞춘 '1년 완성 맞춤형 제자 훈련 교재'를 개발했다. 이 교재를 활용하여 잠비아 코퍼벨트 지방회 산하 목사, 교사, 집사들을 대상으로 2년간 지방 신학교를 통해 훈련을 진행했고, 그 결과 202명의 훈련생이 졸업했다. 이들은 예수님의 제자다운 삶을 실천하며, 각 교회와 지역 사회에서 재생산 가능한 지도자로 섬기고 있다. 지금도 그들은 선교부가 꿈꾸는 '현지 중심의 자립 선교'의 씨앗으로 자라고 있다.

복음으로 마침표 찍는 일상과 돕는 손길

네 번째로, 나는 모든 불쾌하고 당황스러울 수 있는 사건들을 '복음으로 마침표' 찍게 하신 하나님께 감사드린다. 잠비아에서의 삶은 매일매일이 선교의 기회였다. 처음에는 불쾌하고 억울하게 보이는 사건도, 결국은 복음을 전하는 계기가 되어 하나님의 뜻을 이루는 길이 되었기 때문이다.

잠비아에서는 아시아인을 보면 거의 대부분 중국인으로 인식한다. 외형만으로 중국, 한국, 일본, 필리핀을 구분하기 어렵기 때문에 이해는 가지만, 잠비아 사람들은 우리를 보면 "니하오!", "잉양 옹양" 같은 중국어 흉내를 내며 놀리듯 반응하곤 한다. 한국에서 온 분들은 이런 상황에 기분이 상하거나 화를 내기도 하지만, 나는 오히려 복음을 전하는 기회로 삼는다. 그 순간 나는 현지어 벰바어로 "이네 치상가 다니엘 킴, 나 푸마 쿠 코리아(나는 한국에서 온 치상가 다니엘 킴입니다)"라고 인사한다. 그러면 그들의 태도는 놀랍게 바뀌어, 미소를 지으며 존댓말을 쓰고 자기 이름을 소개하며 나를 존중한다. 그때부터 나는 복음을 전하고, 영접을 권유하며, 제자 훈련 성경공부로 초대하고, 연락처를 받아 일기와 선교 리포트에 기록한다.

잠비아의 험한 도로에서는 펑크, 고장, 배터리 방전으로 차가 멈추는 일이 잦다. 그러면 어디선가 사람들이 몰려와 차를 밀어주거나 도와주면서 결국 돈을 요구한다. 내가 요청하지 않았는데도 돕고 나서 값을 요구하는 경우도 있다. 이럴 때 나는 "선교사입니다."라고 말하며 전도를 통해 건네고, "복음 한 번 전하게 해 주세요."라고 말한다. 그러면 대부분 태도가 달라지고, 오히려 의자를 갖다 주며 복음을 듣고 싶어 한다. 로마 길 전도지를 통해 복음을 전하면, 기쁘게 반응하고 분위기는 완전히 달라진다. 기분 나쁘게 시작된 상황이 복음의 기쁨으로 끝나는 것이다.

경찰에 잡혔을 때, 고사리 뜯으러 가는 길에서 만난 사람과의 대화, 목재소에서 톱밥을 기다리는 시간, 가게에서 영수증을 기다리는 순간, 일상 속의 말다툼이나 불편한 상황조차도 복음이 들어가면 달라진다. 처음에는 돈, 오해, 차별, 무례함, 요구로 시작되지만, 그 안에는 하나님의 섭리와 기회가 숨어 있다. 잠비아는 사람들의 마음이 순수하고, 복음을 기쁘게 받아들이며, 선교사와 목회자를 존경하는 문화가 있다. 그래서 나는 기분 나쁜 사건들조차 복음으로 마침표를 찍게 하신 하나님께, 그리고 이 땅 잠비아로 나를 보내주신 하나님께 진심으로 감사드린다.

2025년 5월 11일 주일, 우리는 은퇴를 앞두고 2024년부터 코퍼벨트 지방회에 속한 교회들을 한 교회씩 방문하며, 지난 25년간 우리를 위해 기도해주고 함께 협력해준 성도님들께 감사의 인사를 드리고 있었다. 아내와 나는 작별 찬송을 부르고 마지막 설교를 드린 후 축도로 사역의 마지막을 마무리하고 있었다. 그날 방문한 교회는 깊은 시골에 위치한 아주 외진 곳에 있었다. 길이 워낙 험하고 멀어 1년에 한두 번밖에 방문하지 못했던 교회였다. 오랜만에 방문하는 길이라 기억을 더듬어 시골길로 들어섰다. 꼬불고불

한 길을 따라 15km 이상 들어가야 했는데, 며칠 전 내린 폭우로 곳곳에 물이 고이고 진흙탕이 되어 있었다. 웅덩이를 피하며 조심스럽게 지나던 중, 어느 한 구간에서 옆길로 피해 지나가려 했지만 중간쯤에서 차량이 쑥 빠져 차 바닥까지 잠기고 바퀴가 헛돌기 시작했다. 결국 차는 꼼짝도 못 하게 되었다. 왼쪽은 흙탕물이 차량 문 바로 밑까지 차올라 아내는 내릴 수 없었고, 나는 오른쪽 문을 열고 점프해서 나왔다(잠비아는 운전석이 오른쪽에 있다). 도움을 요청하려 했지만, 그곳은 깊은 시골이라 통신 신호가 거의 잡히지 않았다. 몇몇 선교사님들과 연락을 시도했지만 모두 불통이었다. 간신히 그 지역 목사님과 전화는 연결되었지만 음성이 전달되지 않아 철저히 고립된 상황이었다. 마치 사막에 홀로 버려진 느낌이 들었다. 그때, 300m쯤 앞에서 한 부부가 자전거를 끌고 걸어오는 모습이 보였다. 감사했고 희망이 생겼다. 그들의 이름을 물어보니 마크와 실비아라고 했다. 상황을 설명하자 마크는 길 옆으로 가서 큰소리로 "거기 누구 없어요?" 하고 외쳤다. 나는 이런 산골에 누가 있겠나 싶었지만, 저 멀리서 "여기 있어요." 하는 응답이 들렸고, 이어서 다른 사람 목소리도 들렸다. 마크는 그들에게 "선교사 차가 빠졌으니 삽 두 자루를 가져와 달라."고 요청했고, 10분 후 두 남자가 삽을 들고 나타났다. 리차드와 데이비드라는 이들은 숯을 굽는 일을 하는 사람들로, 산에서 도끼로 나무를 자르고 그것을 구워 숯을 만들기 위해 삽을 챙겨온 것이었다. 나는 이들이 하나님께서 보내신 천사라고 느꼈다. 세 사람이 함께 바퀴 주위의 진흙을 삽으로 파내고, 내가 후진 기어를 넣어 겨우 빠져나왔다. 기적이었다. 내 손에 진흙 하나 묻히지 않고 하나님의 도우심으로 차가 빠져나와, 예배 시간에도 늦지 않을 수 있었다. 감사 인사를 드리고 수고비를 드린 후, 목적지인 칸코요 침례교회로 향했다. 어디선가 오른쪽으로 돌아가야 하는데 그 우회전 길이 기억나지 않아 잠시 헤매던 중, 길가에서 청년 세 명이 걸어오기에 교회 위치를 물었다. 감사하게도 길을 알려주었고, 혹시 함께 예배드리고 싶으면 차에 타라고 하자 모두 기쁘게 탔다. 그들의 이름은 엘리야, 조셉, 임마누엘이었다. 예배는 늦지 않았고, 은퇴 설교 대신 복음을 전하며 구원의 초청을 하자, 세 명 모두 예수님을 영접하고 기뻐했으며 스티브는 침례를 받고 교인이 되기로 결단했다. 정말 놀라운 하나님의 인도하심과 축복이었다. 하나님은 역시 역전의 명수이시다.

또 하나의 사건은 7월 9일, 물룬두 펠로우십 침례교회에서 고별 설교를 마치고 돌아오는 길이었다. 외진 시골길에서 도로가 너무 파여 차량이 심하게 흔들리는 바람에 바퀴를 고정하던 볼트의 너트가 빠져버렸고, 바퀴가 덜렁거리며 더 이상 주행할 수 없는 상태가 되었다. 인근 마을로 들어가는 작은 길이 있어 간신히 차를 세울 수 있었고, 차를 잘 고치는 한 선교사님께 전화를 드렸다. 다행히 이번에는 전화가 터졌고, 선뜻 먼 거리에도 불구하고 공구를 챙겨 바로 출발하시겠다고 하셔서 정말 감사했다. 기다리는 동안, 산길에 자전거에 짐을 가득 실은 두 남자가 지나갔다. 인사를 나누고 상황을 설명하자, 그들은 바퀴를 빼서 확인해 보자고 했다. 문제를 확인한 후, 빠진 볼트를 다시 끼우고 너트 대신 고무줄로 고정해 임시로 수리해 주었다. 시동을 걸고 타운으로 내려가 정식 부품으로 교체해 무사히 집에 도착할 수 있었다. 그 두 사람, 치시바와 사무엘은 안식교를 다니는 현지인으로, 나는 이 일을 통해 복음을 전할 기회를 얻었다. 하나님께서는 이 외진 시골 숲에서도 도우심의 손길을 보내주셨고, 다시 한 번 큰 사고를 막아 주셨다. 이 모든 하나님의 도우심의 이야기를 우리 부부의 삶을 통해 써 내려가게 하신 하나님께 모든 영광을 올려드린다. 할렐루야!

멈출 수 없는 전도와 기도의 응답

오년 전쯤에 그동안 20년 동안 나는 코퍼벨트 지역에 있는 3개 지방회 소속 60여 개 교회를 섬기느라 무척 바쁘게 지냈다. 그러나 안타깝게도 교회들은 좀처럼 성장하지 못하고 있었다. 나는 그런 교회들에게 권하여 전도 세미나를 열고 전도에 열심을 낼 수 있도록 훈련했다. 그러나 문제는, 훈련 후에도 스스로 나가 전도하는 교인이 거의 없다는 것이었다. 많아야 1~2명뿐이었다. 고등학생이나 초신자들은 내가 가르친 '로마로 가는 길' 전도지를 외워서 거리와 가정을 방문하며 복음을 전하고, 예수님을 영접하게 하고, 제자훈련까지 하고 있었다. 그러나 대부분의 교인들은 그날만 나왔다가 다시는 스스로 전도하지 않았다. 심지어 많은 목회자들도 '생활 속의 전도'를 하지 않았다. 설교로만, 말로만 전도와 제자양육을 이야기하면서, 그것이 곧 전도라고 착각하고 있었다.

어느 날 한 목사님이 길거리 전도를 한다며 큰 확성기와 야외 스피커를 빌려 달라고 했다. 그런데 보니 전도가 아니라 설교를 하고 있었다. 잠비아에서는 길거리 설교 후 헌금을 걷는 사람들이 많다. 그래서 주민들은 잠깐 듣다가 "또 헌금 하라고 하겠지?" 하며 자리를 뜬다. 그 모습을 보면서, 마치 과거의 나를 보는 듯했다. 나는 하나님께 간절히 기도했다. 마태복음 9장 38절, "추수할 것은 많되 일꾼은 적으니, 추수하는 주인에게 청하여 추수할 일꾼들을 보내 주소서." 말씀대로, 교인들과 신학교 학생들에게도 매일 오전 9시 38분이 되면 하던 일을 멈추고 선교사를 보내 달라고 기도하자고 권했다. 우리는 합심해 기도했고, 나는 IMB 본부에도 목회 경험이 있는 남침례 신학교 졸업자를 보내 달라고 요청했다. 그 기도에 하나님은 코로나

19 시기에 응답하셨다. 캘리포니아 베이커스필드 한인침례교회에서 30년간 단독목회를 하시고 은퇴를 앞둔 맹창호 목사님과 메리 사모님 부부가 오셨다. 맹 목사님은 나와 같은 골든게이트 신학교 동문이었다. 오시기 전부터 여러 차례 잠비아 선교 비전을 나누었고, 결국 IMB 선교사로 파송 받아 2020년 4월에 파송, 그해 시월에 무푸릴라에 부임하셨다. 두 분은 12개 기성교회에 M-Task(전도, 전도자 재생산, 제자 재생산, 건강한 지도자 세움, 건강한 교회 개척) 훈련을 실시하고, 건강한 지도자 발굴 세미나, 4주간 교회성장론 강의, 연 2회 리더십 컨퍼런스를 통해 지난 5년간 교회와 건물들을 새롭게 하셨다. 그 결과 현재는 14개 교회가 서로 협력하며 전도와 제자훈련에 박차를 가하고 있다. 사모님은 아파트 베란다에서 시작한 어린이 성경공부를 통해 어린이 예배 리더들을 세웠고, 그 모임이 발전해 '은데께 펠로우쉽 침례교회'를 개척해 2025년 2월 헌당 예배를 드렸다. 또, 무푸릴라시 산하 공립 중·고등학교를 매달 2회 방문해 '예수 영화'를 상영하고, '로마로 가는 길' 전도를 통해 2,700여 명의 학생이 예수님을 영접하는 놀라운 열매가 맺혔다. 두 분은 늘 "왜 이제야 선교사로 나왔는지 후회된다."고 말씀하신다. 미국에서 목회할 때의 에너지의 반만 써도 이곳에서는 수많은 사람이 복음을 받아들이는 것을 보고 놀라워하신다.

나는 또다시 같은 방식으로 기도하기 시작했다. 매일 오전 9시 38분, 이번에는 남쪽 루안샤 지역 11개 교회를 위해 건강한 지도자를 세울 선교사를 보내 달라고 기도했다. 그리고 하나님은 김상민 목사님 부부를 보내주셨다. 미국에서 30년 가까이 목회하신 김 목사님은, 오시기 전 내가 부탁한 '2분 전도지'와 '5분 구원간증'을 뱀바어로 외워 와서 교인들에게 깊은 인상을 남겼다. 오신 후에는 은행, 상점, 거리, 심지어 과속 단속 경찰까지 전도하시는 '전도 광'이시다. 김 목사님 부부는 2024년 1월 분통과 펠로십 침례교회를 개척했고, 24명이 침례를 받았다. 이후 제자훈련과 지도자훈련이 이어지고 있다. 또, 2023년 6월 루안도 지방 신학교를 개설해 64명이 등록했고, 매월 말 주말마다 합숙하며 신학을 가르치고 있다. 2026년 졸업식을 목표로 하고 있으며, 청년 지방 신학교 개설도 준비 중이다. IMB 지도자들은 우리의 CET(코퍼벨트 전도 팀)를 'IMB의 아프리카 지역의 유일한 한인 선교사팀'이자, M-Task를 충실히 이행하며 실질적 열매를 거두는 모범팀이라고 평가한다. 무엇보다 이곳에서 한인 선교사들과 함께 김치찌개, 된장국을 나누며 서로 위로하고, 만나는 모든 이에게 복음을 전해 제자로 세우는 은혜를 허락하신 하나님께 무한한 감사를 드린다.

에필로그 : 천국에서 꼭 뵙겠습니다

사랑하고 존경하는 독자 여러분께

 하나님이 끔찍이 사랑하시는 독자분들과 책으로 인연을 맺게 된 것은 결코 우연이 아니라 하나님의 섭리라 믿습니다. 서점의 수많은 유명한 저자들의 명저들도 많은데, 부족한 제 간증집 「깡촌에서 잠비아로 이끄신 하나님」을 읽어 주셔서 감사드립니다.

 저는 태어나서 24살까지는 마치 죽은 나무와 같은 삶을 살았습니다. 그러나 1981년 3월 29일, 예수님을 영접한 순간부터 요한계시록 22장 2절의 기적이 제 삶에 이루어졌습니다.

 "강 좌우에 생명나무가 있어 열두 가지 실과를 맺히되 달마다 그 실과를 맺히고, 그 나무 잎사귀들은 만국을 소성하기 위하여 있더라."

 그날 이후, 제 삶은 생명나무가 되어 감사, 기쁨, 충성, 전도, 기도, 말씀 사모의 열매들이 주렁주렁 열리는 44년의 신앙 여정이 되었습니다. 저는 장욱조 목사님의 찬양, 〈생명나무〉를 참 많이 불렀습니다.

"갈보리 언덕에 주님의 십자가
그 피로 내 죄를 깨끗하게 씻었네
아하, 생명의 꽃 피었네, 열매 맺었네
나는 다시 태어났네, 그 이름 생명나무라
지나온 인생길 부끄러움뿐이지만
주님의 은혜로 감사만이 넘치네
아하, 생명의 꽃 피었네, 열매 맺었네

나는 다시 태어났네, 그 이름 생명나무라"

　이 찬송을 부를 때마다 눈물이 흐르고, 은혜가 넘쳐 혼자 부흥회를 인도하며 선교하고 있습니다. 이 찬양을 제가 벰바어로 번역하여 지금은 잠비아 성도들 사이에서도 사랑받는 찬송이 되었습니다. 죽은 나무가 몇몇 생명나무가 될 수 있는 기회가 이제 독자분들 앞에 도착했습니다. 혹시 이 책을 읽으시고 예수님을 개인적으로 만나고 싶으신가요? 예수님께서 이미 독자님을 위해 이뤄 놓으신 일을 믿고, 예수님을 마음에 모셔드린다면 하나님의 아들과 딸로 다시 태어나게 됩니다. 이것이 바로 '구원'입니다. "영접하는 자, 곧 그 이름을 믿는 자들에게는 하나님의 자녀가 되는 권세를 주셨으니"(요한복음 1장 12절)

　예수님은 하늘에서 오셔서 죄로 인해 죽을 수밖에 없는 우리를 대신하여 금요일 오후 3시에 십자가 위에서 "다 이루었다"(요한복음 19:30) 하시고 죽으셨습니다. 그리고 주일에 죽음을 이기시고 부활하셨습니다. 예수님은 2000년 전, 죄와 사탄, 심판과 지옥에서 독자님을 이미 구출해 놓으셨습니다. 이제 독자님이 그 사실을 믿고, 예수님을 구주로 영접하신다면, 그 순간 예수님의 영이 독자님의 마음속에 들어오셔서 함께 살아가게 됩니다.

　마치 제가 젊은 시절, 아내에게 청혼했을 때, 잘 알지 못했던 처녀가 "예"라고 대답함으로 둘이 영원한 부부가 되었듯이, 예수님을 영접하면 예수님과 독자님은 영원한 하나님의 관계, 예수님의 신부가 되는 것입니다. "내가 너희를 정결한 처녀로, 한 남편인 그리스도께 드리려고 중매함이로다."(고린도후서 11:2) 만약 독자님께서 지금 이 순간 구원을 원하신다면, 아래의 기도를 진심으로 따라서 드려 보시기 바랍니다. 가슴에 손을 얹고 하나님께 진심으로 드리는 기도입니다.

　"예수님, 저는 죄인입니다. 저의 죄를 위해 천국에서 오셔서 저의 과거,

현재, 미래의 모든 죄를 짊어지시고, 십자가에서 죽으시고, 삼일 만에 부활하셨음을 믿습니다. 저의 모든 죄를 용서해 주십시오. 이제 저는 예수님을 구세주로, 제 마음속에 모시고 살기를 원합니다. 지금, 제 마음의 주인으로 들어와 주십시오. 저의 하나님이 되어주셔서 감사합니다. 예수님의 이름으로 기도 드립니다. 아멘."

첫째, 독자님께서 이 기도를 진심으로 드리셨다면, 독자님은 하나님의 자녀로 태어나셨습니다. 진심으로 축하드립니다! 아래 '하나님의 자녀 출생증명서'에 날짜와 이름을 적으시고, 오늘을 영적 생일로 기억해 주십시오.

하나님의 자녀 출생증명서

"영접하는 자, 곧 그 이름을 믿는 자들에게는 하나님의 자녀가 되는 권세를 주셨으니"(요한복음 1장 12절)

본인은, 내 모든 죄를 예수님께서 짊어지시고 십자가에서 죽으시고, 3일 만에 부활하신 것을 믿고 예수님을 나의 구세주로 오늘 영접하였습니다.

날짜: _____ 이름: _____

둘째, 요한일서 1장 9절 말씀대로, 하나님께 진실되게 죄를 자백하신 독자님은 이미 죄사함을 받고 깨끗함을 입으셨습니다. "만일 우리가 우리 죄를 자백하면, 그는 미쁘시고 의로우사 우리 죄를 사하시며 모든 불의에서 우리를 깨끗하게 하실 것이요."

셋째, 요한계시록 3장 20절의 말씀처럼 예수님은 지금 독자님의 마음 안에 들어와 계십니다. "볼지어다 내가 문 밖에 서서 두드리노니, 누구든지 내 음성을 듣고 문을 열면, 내가 그에게로 들어가 그와 더불어 먹고 그는 나와 더불어 먹으리라."

이제 어떤 상황 속에서도, 주님과 함께 든든한 삶, 흔들리지 않는 믿음의 길을 걸으시기를 바랍니다. 혹시 교회생활을 오래 하셨고 침례도 받으셨지만, "지금 죽는다면 천국에 100% 들어간다."고 확신하지 못하시는 분이 계시다면, 그 이유는 구원의 근거가 "내 노력"이나 "내 행위"에 있기 때문입니다. 천국 문 앞에서 하나님께서 "내가 너를 왜 들여보내야 하느냐?" 물으실 때 단 한 가지 대답이 정답입니다.

"예수님께서 나를 위해 모든 구원을 이루셨고, 그 예수님을 믿고 영접했기 때문입니다."

그 외의 대답은 모두 틀린 것입니다. 이 진리를 명확히 이해하시려면, 부디 제 간증집 page 162를 꼭 읽어보시길 권해드립니다. 혹시 알고 싶거나 좋은 아이디어가 있으시다면 아래 이메일로 연락주시기 바랍니다.

이메일: danielngracekim@gmail.com 전화번호: 213-734-9254

이 책을 읽으시고 예수님을 마음에 영접하셨다면, 이제 성경을 바르게 가르치는 교회를 찾으시기를 권합니다. 그리고 매주일 빠지지 않고 예배 드리며 말씀을 가까이하신다면, 여러분의 삶에는 전에 경험하지 못한 놀라운 변화가 일어나게 될 것입니다.

독자님, 책을 통해 잠시나마 만나 뵐 수 있어 하나님께 감사드립니다. 지상에서는 못 뵐지라도, 천국에서 꼭 뵙겠습니다. 오늘도 예수님 한 분만으로 행복한 하루가 되시기를 기도드립니다. "카비리 뚜까모나나 꾸물루, 나미 템와 싸나"(그럼 천국에서 뵙겠습니다. 사랑합니다.)

IMB 사역 25년을 마치고 새로운 사역지로 떠나며
2025년 7월 31일 잠비아에서 김영민 선교사 올림

사진으로 보는 감사와 선명한 은혜

[잠비아에서 우리 부부]

[추억의 앨범]

[어릴 때 모습]

[마라톤 훈련]

[고교시절 마라톤 연습 모습]

[결혼]

[결혼식]

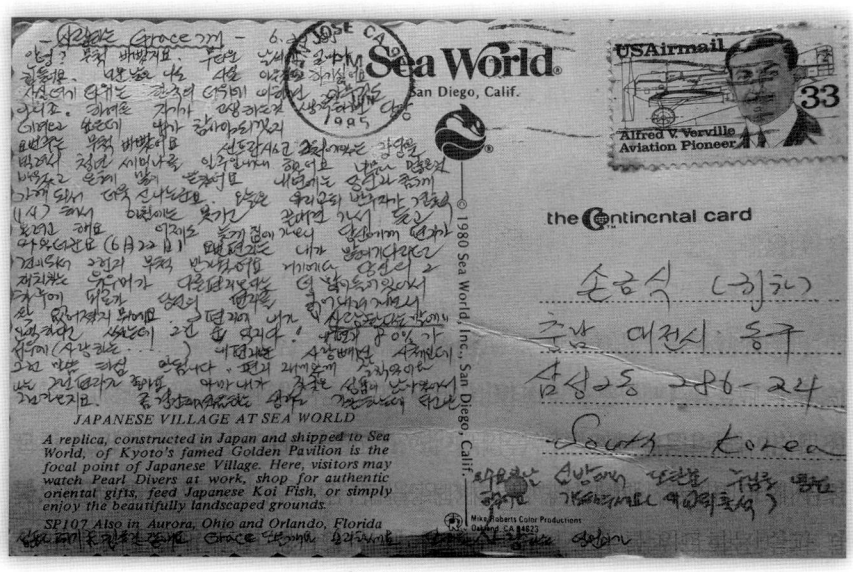

[아내에게 보낸 엽서]

[졸업식]

[산호세 신학대학교 졸업]

[그레이스 Spokane Community College 졸업식]

[스포켄 시절]

[골든게이트 재학시절 도움 준 Doug]

[산호제 제일 침례교회 학생 사역]

[스포켄 교회 창립 멤버]

[스포케인 한인 침례교회 사역 시절]

[스포켄 교회 창립 예배]   [마틴 루터 킹 데이]

[헤이워드 침례교회 청소년 사역]

[마틴 루터 킹 데이 스포켄 침례교회 연합 기념예배]

[저자와 그레이스]

[가족]

깡촌에서 잠비아까지 이끄신 하나님 | 299

[잠비아에서의 삶과 사역]

[카사마에서 에녹과 아론]

[자원 봉사자와 단기 선교사]

[교회 리더 꾼다]

[GMP 1기 단기 선교사]

[GMP 2기 단기 선교사]

[주일 설교]

[루화니아마 여선교회 총회]

[루스위시 지방회 주일학교 교사 훈련]

[카피발레 침례교회 헌당예배 설교]

[루화니아마 지도자 훈련]

[리버사이드 어린이 예배 설교]

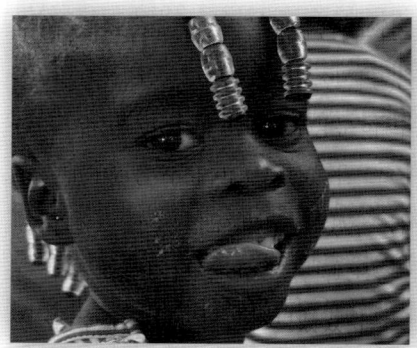
[마르다]

[멋진 석양]

[잠비아 신문]

[매해 초 목사님들 대접]

[민돌로 전도]

[바닥에 앉아 밥먹기]

[우리 집에서 연 김 쎄라 선교사 은퇴식]

[부치 어린이 사역]　　　　　　　[아가페 사역]

[루스위시 신학교 졸업식]

[집에서 9시간 떨어진 세렌제 지방회에서 설교]

[시니어 교사들과]

[아이들 설교]

[어린이 사역]

[무손다 마을 어린이 사역]

[우리 부부]

[주일 예배]

[여선교회 지도자 훈련]

[여선교회 유니폼]

[여선교회 지도자 훈련 후]

[여선교회 교사 훈련]

[어린이 성경나눔]

[여선교회 지도자 훈련]

[졸업생 이름을 부르며]

[주일학교 교사들과 준비]

[주일 설교 사역]

[지방 신학교 음식 준비]

[창칼라모 교회]

[졸업식]

[주니어 티쳐 리트릿]

[2025년 9월 레 루환야마 신학교 졸업생 39명]

[예수영화 상영]

[칸양게 침례교회 설교]

[카템불라 교회]

[치방가 교회]

[카와마 교회]

[카와마 교우들과]

깡촌에서
잠비아까지
이끄신
하나님

발행일 · 2025년 10월 13일
초판 1쇄 · 2025년 10월 13일

지은이 · 김영민
발행인 · 김영란
발행처 · 북산책

주소 · 경기도 파주시 교하읍 문발리 513-5
한국 · (010) 4823-2320
미국 · 1-408-515-5628
이메일 · 4mybook@gmail.com
ISBN 978-89-94728-60-5(03230)

*잘못된 책은 구입처에서 교환해 드립니다.